U0873478

高等职业教育轨道交通新形态一体化系列教材

铁路运输调度

孙建晖　谢迎春　主编

冯俊杰　宁红军　主审

西南交通大学出版社

·成都·

图书在版编目（CIP）数据

铁路运输调度 / 孙建晖，谢迎春主编. 一成都：西南交通大学出版社，2022.4

ISBN 978-7-5643-8455-5

Ⅰ. ①铁… Ⅱ. ①孙… ②谢… Ⅲ. ①铁路运输－调度－职业教育－教材 Ⅳ. ①U292.4

中国版本图书馆 CIP 数据核字（2021）第 257922 号

Tielu Yunshu Diaodu

铁路运输调度

孙建晖　谢迎春　**主编**

责任编辑　周　杨
封面设计　何东琳设计工作室

出版发行　西南交通大学出版社
（四川省成都市金牛区二环路北一段 111 号
西南交通大学创新大厦 21 楼）
邮政编码　610031
发行部电话　028-87600564　028-87600533
网址　http://www.xnjdcbs.com
印刷　四川森林印务有限责任公司

成品尺寸　185 mm × 260 mm
印张　12.25
字数　306 千
版次　2022 年 4 月第 1 版
印次　2022 年 4 月第 1 次
定价　39.00 元
书号　ISBN 978-7-5643-8455-5

课件咨询电话：028-81435775

前　言

《铁路运输调度》是根据铁道交通运营管理专业学生职业能力要求和职业发展需要，按照专业理论与现场实践相结合的模式进行改革而编写的教材。本教材主要内容包括：货物列车编组计划、列车运行图、铁路运输生产技术计划、铁路运输调度计划与指挥、调度工作分析等。

铁道交通运营管理专业作为铁路运输行业的特有专业，其培养目标是一个岗位群集合，涵盖了车站接发列车工作、车站作业计划组织与实施、铁路运输调度计划与指挥、铁路货运组织与管理、铁路客运组织与管理等铁路运输组织所涉及的各个岗位。按照以培养学生实际动手能力为目标，本教材对应列车调度员、计划调度员等岗位，以实现培养目标的工作过程为主线，全面系统地阐述了铁路运输调度工作所涉及的专业理论知识和实践技能。

近 20 年来我国铁路发展势头强劲，客运高速、货运重载、既有线电化、计算机联锁、调度集中、列车运行自动控制、智能化高速铁路等新技术、新设备不断投入使用，已经使铁路运输的组织方法发生了质的改变，调度指挥工作也因时而变。为把本教材编撰得更加贴近铁路现场实际，辽宁铁道职业技术学院铁道运输学院教师联合沈阳铁路局集团公司调度指挥中心工程技术人员，共同编撰完成了本教材编写任务，力争使本书成为一本理论联系实际的校企合作教材。

本教材注重吸收铁路运输调度一线的新知识、新技术，与铁路现场新的行车组织方法、新的行车规章保持一致，融入了现行的《铁路技术管理规程》《铁路货车统计规则》《铁路运输调度规则》等铁路规章的有关内容，使教材内容不过时、培养目标不落伍，紧跟铁路运输的发展步伐，达到更好地培养铁路运输生产后备人才的目的。此次编写在原来的基础上修正了“货物列车编组计划”“列车运行图”“铁路运输生产技术计划”等铁路运输计划的编制程序、编制方法及相关名词指标内涵。

本教材注重突出以培养学生实践动手能力为主导、以技能训练为主线的特点，在每一章的末尾都增加了复习思考题和技能训练题，既有利于进行“教学做”理实一体化教学，又集专业教材和习题集于一身，方便了教学双方。

参加本书编写的有：辽宁铁道职业技术学院谢迎春（第一章）、孙建晖（第二章，第三章，第五章），沈阳铁路局集团公司调度指挥中心张伟（第四章）。全书由孙建晖统稿，辽宁铁道职业技术学院冯俊杰、沈阳铁路局集团公司调度指挥中心宁红军主审。

本教材的编写得到了沈阳铁路局集团公司调度指挥中心杨志国、孙健、高欣、袭祥利，西南交通大学交通运输与物流学院倪少权教授，河北轨道运输职业技术学院赵矿英，辽宁铁道职业技术学院刘婉玲、张宪、夏菁等铁路现场专家和学校老师的大力支持，在此一并表示感谢。

由于编者水平有限，书中难免存在疏漏和不足之处，敬请各位读者批评指正。

编 者

2021 年 5 月

目　录

第一章　货物列车编组计划

➢ **主要内容**

列车编组计划的主要内容，装车地直达列车编组计划的编制，技术站列车编组计划的编制，列车编组计划的最终确定，违反列车编组计划的有关规定。

➢ **重点掌握**

列车中车辆的编挂方法，一个到达站一昼夜的集结时间，货车无改编通过技术站的节省时间，选择技术站最优列车编组计划的方法，违反列车编组计划的有关规定。

货物列车编组计划是全路的车流组织计划。它统一安排全路的车流组织方案，具体规定货运站、编组站、区段站等编组货物列车的要求、方法和内容，是编制列车运行图、运输方案、日班计划及改善站场布局的依据，是加强货运营销工作的重要手段。货物列车编组计划是各级运输生产人员必须严格遵守的基本作业规则。

本章主要介绍货物列车编组计划概述、装车地直达列车编组计划的编制、技术站列车编组计划的编制以及列车编组计划的执行等内容。

微课：货物列车编组计划基础知识

第一节　概　述

一、列车编组计划的意义和任务

规章原文

《技规》普速版第 224 条　列车编组计划是全路的车流组织计划。列车中车组的编挂，须根据铁路总公司和铁路局集团公司的列车编组计划进行。

列车编组计划的编制，应在加强货流组织的基础上，最大限度地组织成组、直达运输，合理分配各编组站、区段站的中转工作，减少列车改编次数。

《技规》普速版第 247 条　列车应按本规程、列车编组计划和列车运行图规定的编挂条件、车组、重量或长度编组。

列车重量应根据机车牵引力、区段内线路状况及其设备条件确定。编组超重列车时，编组站、区段站应商得机务段调度员同意，在中间站应得到司机的同意，并均须经列车调度员准许。

列车长度应根据运行区段内各站到发线的有效长，并须预留 30 m 的附加制动距离确定。超长列车运行办法，由铁路局集团公司规定。

> 动车组以外的旅客列车按列车编组表编组，机车后第一位编挂一辆未搭乘旅客的车辆作为隔离车。行李车、邮政车、发电车等非乘坐旅客的车辆应分别挂于机车后第一位和列车尾部，起隔离作用；在装设集中联锁的区段，并设有列车运行监控装置时，旅客列车可不挂隔离车。如隔离车在途中发生故障摘下时，可无隔离车继续运行。局管内旅客列车经铁路局长批准，可不隔离。
>
> 军用列车的编组，按有关规定办理。

货物列车编组计划简称列车编组计划，它既是全路的车流组织计划，又是站场设备运用计划；既是全路车站分工的战略部署，又是调节铁路方向和站场工作负担、缓和运输紧张情况的有效工具；既是行车组织工作的基础技术文件，又是铁路与地方企业单位联劳协作的具体体现。因此，正确编制和执行列车编组计划是充分发挥铁路运输能力、提高铁路效率、保证完成和超额完成铁路运输任务的重要手段。

列车编组计划的基本任务：根据货流、车流特点和主要站场、线路设备情况以及货物运输市场需求，充分发挥既有设备潜力，科学合理组织货流、车流，积极组织直达运输，加速货物运送和机车车辆周转，创造良好的运输秩序，节约运输成本，提高运输效率和经济效益。

车流组织是铁路行车组织的一项重要工作，它包括车流径路的选择、列车编组计划的制定以及日常车流推算与控制等主要内容。

在铁路网上，装车站把装出的重车向卸车地点输送就构成了重车流；卸车站把卸后的空车送往装车地点又形成了空车流。流向有同有异，流量有大有小，流程有长有短，且各站设备条件和作业能力又不尽相同，如何把这些重空车流合理地组织成列车流，以保证各站所产生的车流都能迅速而又经济地送到目的地，这就是车流组织所要解决的核心问题。

因此，简单地说，车流组织要解决的核心问题就是如何把车流变为列流。

货车组成列车可以有两种最简单的方法。一种是不管车流数量大小、去向远近，一律编入摘挂列车或区段列车。这样势必造成远距离车流逐站或逐段进行改编作业，既延误货物送达，延缓车辆周转，又增加有关技术站的改编作业负担，引起不必要的设备的投资和用于调车作业的人力物力消耗。另一种是不管各个去向的车流大小，一律在装车站分别集结，编开到达卸车站的直达列车。这样，由于车流不必在途中技术站进行改编作业，虽然可以节省一些时间，但车辆要在装车站等待凑够成列，将会导致在站停留时间大大延长，同样不能达到快速运送货物、加速车辆周转的目的。显然，上述两种极端的车流组织方法既不合理又不经济，都是不可取的。

正确的解决方法应该是：根据车流的大小和性质，结合各站设备条件，采取不同的车流组织形式。在装车量较大的车站或联合邻近的几个装车站组织始发直达列车。将未纳入始发直达列车的其余车流送到就近的技术站集中，然后按车流去向的远近分别编入适当的列车，主要是技术直达列车、直通列车和区段列车，逐步转送到卸车站。在区段内中间站到、发的零星车流，一般应由摘挂列车输送。

列车编组计划具体规定了路网上所有重空车流在哪些车站编成列车，编组哪些种类的列车和到达哪些车站（装卸站或解体站）的列车，以及各种列车应编入的车流范围和编挂办法等。

列车编组计划的正确制定应以对车流结构、站场布局、设备能力、作业条件的调查研究为基础，以车流径路方案为前提，以技术经济分析和计算为依据，进行多方案优选，以期达到以下目的：

（1）最大限度地从装车地组织成组、直达运输，合理分配各编组站、区段站的中转工作，以减少技术站的改编工作量，加速货物输送和车辆周转；

（2）最大限度地减少列车改编次数，并尽量将调车工作集中到技术设备先进、编解能力大、作业效率高的主要编组站上进行，以减少人力物力消耗，节约开支，降低运输成本；

（3）合理确定各技术站编组列车的办法和列车编解任务，以确保各站工作的协调配合，维持良好的作业秩序；

（4）合理组织区段管内和枢纽地区的车流，以减少重复改编，加速车流输送。

列车编组计划是铁路行车组织工作较长期的基础性质的技术文件，起着理顺车流的作用。它把路网上交错分布的各种车流按到站的远近和运输性质的不同分别组织到不同种类的列车之中，保证货物能以最快的速度送达目的地，机车车辆得到最好的运用。因此，列车编组计划在铁路运输工作组织中占有十分重要的地位。

列车编组计划在路网各站间合理分配列车编解任务，集中掌握并使用各站的运输设备和能力，既能保证各站所负担的编解任务与其设备能力相适应，又能考虑到各站之间的协调配合，起着统一分配路网各编组站改编能力的作用，是整个路网车站分工的战略部署。列车编组计划具体规定了各货运站、技术站编组列车的种类、到站和车辆编挂方法，确定了各站的办理车数、改编作业车数、运用调车机车台数、使用编组线数，以及技术作业过程和技术设备的运用办法等，对车站的行车工作起着指导性的作用。

列车编组计划是运输计划和列车运行图之间的重要联系环节。它根据运输计划确定计划车流，并进一步将车流组织为列车流。它所规定的列车数量、列车分类、发站和到站以及定期运行的列车等，是编制列车运行图的基础。

在日常运输工作中，通过变更列车编组计划，可以调整枢纽和方向的作业负担，疏导车流运行，从而确保运输畅通。在制定铁路枢纽发展规划、进行站场扩建和新建设计时，有必要根据远期的最优列车编组计划所规定的改编任务来确定枢纽的规模以及站场设备的数量和布局。

此外，铁路运输企业也通过组织装车地直达运输，与厂矿等各类企业在物资输送的组织方法与设备使用等方面紧密协作配合。因此，列车编组计划体现了产、供、销各部门的共同利益，是铁路与国民经济其他部门紧密联系的重要环节。

二、列车编组计划的编制程序

货物列车编组计划的编制和调整根据货物运输市场、铁路设备能力变化情况和运输组织需要进行。在全路货物运输市场、铁路设备能力发生较大变化时，应编制全路编组计划，并与列车运行图同步实施。在铁路设备能力、货流车流发生局部变化时，应根据需要调整跨局编组计划。铁路局集团公司管内编组计划的调整由铁路局集团公司根据需要确定。

货物列车编组计划的编制工作通常分三个阶段：准备资料阶段，计划编制阶段，实行前的准备阶段。

货物列车编组计划的编制质量在很大程度上取决于编制资料的准备工作，只有充分掌握可靠的编制资料，才能编出既能适应市场经济需要，又能体现铁路整体效益的列车编组计划。

（一）列车编组计划编制前需要准备的有关资料

为了正确编制列车编组计划，在编制前，各铁路局集团公司有关业务主管部门要根据职责分工，在编组计划负责部门的协调下做好准备工作，提供下列资料：

（1）根据年度、月度运输计划主要物资、货源、货流资料，并参照规划运量提出编组计划实行期间的运输计划和说明。

（2）根据上述运输计划和说明，结合实际车流规律，编制分品类、分到局、分主要发到站和技术站间的计划车流；根据计划车流编制始发直达、煤炭直达、石油直达列车计划。

（3）根据货流、车流及市场营销需求，提出快运货物班列资料及开行计划。

（4）各线路、区段的区间通过能力、牵引质量、列车换长。

（5）车站设备、能力、技术标准资料：

① 主要装卸站的装卸能力，包括主要专用线装卸线长度、容车量，平均每日装卸分批次数、车数、时间等。

② 主要技术站技术设备资料，包括车站平面示意图、车场分工、股道（股道数、有效长、容车数、现在用途）、调车机车台数、改编能力及其利用程度。

③ 主要技术站有关作业时间标准和实际完成情况，按到站和方向别的列车平均编组辆数、集结系数、无改编节省时间。

（6）编组计划执行情况分析报告及改进意见。

（二）列车编组计划的编制和调整

列车编组计划的编制和调整实行逐级负责制，全路跨局列车（区段、摘挂、小运转列车除外）编组计划的编制，由铁路总公司负责组织各铁路局（包括集团公司，下同）运输、货运、营销、计划等部门的领导及有关人员，在总公司集中领导和统一安排下进行。跨局区段、摘挂、小运转列车编组计划的编制，由有关铁路局集团公司协商确定后报总公司，意见不一致时由总公司进行协调。

各铁路局集团公司管内列车编组计划，由铁路局集团公司根据全路跨局列车编组计划并结合自局管内车流和设备情况进行编制。

全路编组站、区段站调车场线路的分工使用，要按照先跨局后管内的原则，优先安排跨局列车编组计划规定需要的线路。

全路跨局列车编组计划由总公司经理批准，铁路局集团公司管内列车编组计划由铁路局集团公司批准并报总公司备案。

（三）编制列车编组计划需要确定的有关事项

（1）全路跨局列车编组计划的编制由铁路总公司运输局组织召开全路编组计划编制工作会议，研究确定有关主要事项：

① 全路快运货物班列开行方案；

② 跨局始发直达列车开行方案；

③ 跨局技术直达、直通列车开行方案，确定各编组站的合理分工；

④ 相关铁路局集团公司商定跨局区段、摘挂、小运转列车开行方案，意见不一致时，由

铁路总公司协调确定；

⑤ 相关铁路局集团公司商定车流组号的车流去向范围；

⑥ 铁路局集团公司间分界站分发到站、种类的货物列车开行对数方案。

（2）跨局列车编组计划的调整由铁路局集团公司根据设备能力、车流变化情况向总公司运输局提出调整申请报告，由总公司运输局组织相关铁路局集团公司协调确定。

（3）铁路局集团公司管内列车编组计划的编制由铁路局集团公司运输处组织计划、货运等部门和主要车站召开铁路局集团公司列车编组计划编制工作会议，研究确定编组计划有关事项。铁路局集团公司管内列车编组计划的调整由铁路局集团公司运输处根据管内车流和设备情况的变化组织进行。

（四）编制列车编组计划的程序

（1）确定编组计划实行期间的计划运量，并在此基础上制定日均计划重空车流。

（2）检查各铁路方向的运量负担，选择车流径路或制定分流办法。

（3）审定各线的列车重量标准和换算长度，研究可能发生的增减轴作业问题，制定某些方向统一重量标准的办法。

（4）审定各主要站的装卸、改编能力及各项技术标准，研究提高能力、增加任务的可能性。

（5）编制快运货物列车编组计划，包括快运货物班列编组计划，编制集装箱快运直达列车编组计划以及我国铁路传统开行的供应港九地区的快运货物班列编组计划等。

（6）编制始发直达列车编组计划，包括一站始发、阶梯直达及基地直达等直达列车的编组计划。

（7）编制空车直达列车编组计划。

（8）编制技术站间的列车编组计划。

（9）检查始发直达列车与技术直达列车编组计划是否配合，修改不配合的始发直达列车的到达站，对不能统一重量标准的区段规定补轴、减轴办法，规定摘挂列车、小运转列车的开行办法。

（10）整理列车编组计划文本，总结编制工作，拟订保证措施等。

同时，还要为编制列车运行图提供列车分类、对数、车流接续和固定时刻、固定车次要求等资料。

三、列车编组计划的编制原则

编制列车编组计划是一项十分复杂而又细致的工作。在整个铁路网上，编组列车地点的数量很大，车流支数更多，各支车流之间相互联系、相互渗透，只有将全路的车流组织作为一个整体来考虑才可能找到最优方案。但是，这样一来，车流组织的方案数就十分庞大，且每一方案需要考虑的因素又很多，要想通过计算选出最优方案非常困难。为了解决好全路货物列车编组计划的编制问题，我国铁路采用分块编制的做法：一方面对装车地直达运输和技术站列车编组计划分别编制，另一方面又将全国铁路划分为若干个铁路方向，按各铁路方向分别编制货物列车编组计划。为实现列车编组计划的编制、管理现代化，提高铁路运输组织水平，适应铁路运输发展要求和加强营销工作的需要，全路要逐步改进列车编组计划编制管理手段，利用统一的编制管理系统编制、调整和管理列车编组计划，提高列车编组计划的信息化管理水平。

数十年来，国内外学者对确定列车编组计划最优方案进行了很多研究，近年来又围绕着应用数学方法和计算机技术来解决这一问题做了大量工作，取得了一定的进展。然而，目前所有的列车编组计划计算方法都还不能全面地反映各种有关因素的影响和要求，所提供的所谓最佳方案也还只能作为人们决策的参考。因此，如何全面地解决好这个问题，还需要广大科技工作者继续努力。

编制列车编组计划的基本原则是：坚持全局观点，局部服从整体，管内服从跨局；根据货流调查、车流规律和车流径路，合理采用多种车流组织方式，以直达运输为主，发展快速运输，适应运输市场需求；统筹安排各编组（区段）站任务，减少车辆中转，提高车站作业效率。

从我国铁路设备条件和车流结构的现实情况出发，编制列车编组计划应该遵循以下基本方法。

（一）编制始发直达列车编组计划

（1）为适应市场经济发展的需要，应尽可能在铁路运量较大的车站、枢纽或地区间开行定点、定线、定车次、定时、定价的快运货物班列。

（2）对大宗稳定的车流，有条件时应在装车地循环集结，全部组织直达列车。

（3）从产、运、销整体效益出发，结合装卸车条件，本着“能高勿低、先远后近”的原则尽可能多地组织各种直达列车。

（4）对有一定技术设备和中转车流接续的装车站，采取自装车流和中转车流配合组织始发（技术）直达列车的方法，越过能力紧张的编组站。

（5）以组织多站合开或者选定直达基地的办法，将零散车流汇集起来组织直达列车。

（6）凡流向稳定、能保证经常开行的始发直达列车，应固定车次、定期开行。

（二）编制快运货物班列计划

编制快运货物班列开行方案时，应优先按点（发站）到点（到站）形式组织，也可以按阶梯式或集散式等形式组织，阶梯式班列由同一径路上几个相邻装车站共同组织编成，集散式班列由发送枢纽附近装车站共同组织编成。除有特殊规定外，班列到站范围为到达站枢纽内车站及下一区段内车站。快运货物班列开行方案应规定班列的装卸站、发到站、编组内容、运行径路、牵引质量、换长、开行周期等。

（三）编制技术直达列车、直通列车编组计划

技术直达列车、直通列车具有可以减少沿途改编次数、压缩集结时间、加速车辆周转等优势，应优先编制。编组站应根据每股车流强度、调车设备和改编能力情况、不同区段列车牵引质量和换长等多方面因素，采用先进方法进行计算、分析、比较，确定优化且切实可行的编组计划方案。技术直达列车、直通列车原则上采用单组列车、循环列车的方式开行。

直达列车运行区段牵引定数不一致时，原则上在技术站进行补减轴，甩挂作业确有困难时，可由编组计划指定列车牵引质量、换长。

（四）编制空车列车编组计划

空车车流应合理调配。组织空车列车应本着“以空保重、快速送达”的原则，尽量从卸车地组织整列空车列车。凡大量卸车的专用线、车站、区段或地区，均应就地组织空车整列。车流量大而又稳定的整列空车应固定运行线，定期开行。对不能组织的零星空车，也要尽可能在编组站集中，组织成列或成组挂运。对于通过能力紧张的区段，可采用重空结合的方式，尽量满足列车满吨满长，提高区段通过能力。

（1）空车应合理调配，按最短径路排送，并尽可能直接从卸车地组织空车直达列车。

（2）本着“以空保重、重空结合”的原则，尽量多组织定期空车直达列车。

（3）对于有大量卸车的专用线、车站、区段或地区均应就地组织空车专列。

（4）对需大量排往外局装车的空敞车，采取由卸车站和集中空车站将其全部组织成专列的办法，按交空分界站选定若干固定运行线均衡地排送。

（五）编制技术站单组列车编组计划

技术站编组的列车包括技术直达列车、直通列车、区段列车、摘挂列车、小运转列车等，有单组列车、分组列车，也有大运转列车、小运转列车。在编制单组列车编组计划时应考虑：

（1）坚持全局观点，局部服从整体，小运转保证大运转，装车地缓和编组站，确保运输畅通。

（2）充分发挥技术站设备效能，组织好协调配合，保证车站正常工作。

（3）根据车流的集散规律，尽量组织中转车流集中在路网主要编组站上进行改编，并对某些能力不足的主要编组站指定相邻技术站进行辅助作业。

（4）对枢纽内的若干车站，通过技术经济比较选择好分散集结和分别到达列车的方案。

（5）对去往有驼峰设备的技术站解体的列车应减少分组。

（6）为适应当前各技术站调车线数不足，较难全部按规定组号固定线路的情况，除因特殊需要或必须组织空车专列者外，其他空车应与重车混编。

（六）编制技术站分组列车编组计划

编制分组列车编组计划时应考虑：

（1）换挂车组站的车流要稳定，防止列车欠轴或被拆散。

（2）换挂车组站的技术设备条件要有保障，避免在不便进行成组换挂作业的车站换挂车组。

（3）挂到中间站的车组，只能是到达该站或到达有小运转机车取送的邻近站卸的车组。

目前我国开行区段列车原则上日均车流量不应少于 2 列，区段列车采用单组或分组列车方式开行。摘挂列车应根据车流量安排，每个区段原则上开行 2 对，摘挂车流较大时可安排开行重点摘挂列车。摘挂列车原则上应按站顺编组，甩挂作业方便区段可按到站成组编组，必要时应规定区间留轴。

列车编组计划规定的车流组号（车流去向范围），应根据铁路总公司颁布的车流径路文件，按车流走行径路最短、各组号车流相对均衡、有利于提高车站作业效率的原则确定，具体还要由相关铁路局集团公司协商明确，意见不一致时由铁路总公司协调解决，并在铁路局集团公司编组计划文本中公布，作为编组列车的依据。

各种货物列车应根据计划车流量推算的开行列数按发到站排定相应的列车车次。临时调整编组计划引起的车次不对应时，由调度日班计划安排，远程直达列车在前方技术站按相应到站的接续车次运行。

四、车流径路管理

车流径路是编制列车编组计划最主要的依据之一。同时，车流推算与车流调整、路局完成运输产品的清算和统计分析以及对发货人核收货物运费都要以车流径路为依据。因此，车流径路方案的选择和车流径路管理一直是铁路运营管理工作中备受关注的问题之一。

（一）车流径路的概念

车辆从始发站被输送至终到站所经过的路线称为车流运行径路，简称为车流径路。现行车流径路通常分为车流最短径路、车流特定径路和车流迂回径路三种。车流最短径路是指铁路网上两个车站之间拥有最短里程或最少运输成本或最短运输时间的径路。大多数情况下，以里程最短为衡量标准。

如果路网上的车流都按最短径路输送，会因车流分布的不均匀而导致某些铁路线路或区段所承担的运量超过其运能的容许范围，因此在实际工作中常常需要将繁忙线路或区段的部分通过车流调整给指定的另一些径路输送。此外，某些特定需要（例如冷藏车的加冰、加油，阔大货物的运输等）也需指定径路输送。这类车流输送的指定径路相对于其最短径路而言称为特定径路。

有时为了利用临管线或地方铁路输送部分车流，或者为充分利用某些平行线路上的单机以节省运用机车台数，也可规定某些车流的特定径路。

车流迂回径路是指在日常运输工作中，由于某些铁路线运营条件发生临时性变化而临时指定的一些车流径路。例如，由于水害、塌方、施工封锁、发生行车事故等导致中断行车或通过能力下降，而且在较短时间内不能恢复正常行车时，对于按最短径路或特定径路输送的在途车流或紧急待运物资，可下达调度命令采用绕道运输的方法转送到目的地。

以最短径路作为最基本部分、特定径路作为补充部分构成车流输送的正常径路。迂回径路是在日常调度指挥工作中进行车流调整时临时指定的经由线路，属非正常径路。按规定的正常径路输送车流有助于路网上运用车的合理分布及铁路线上车流的动态均衡，是建立稳定运输秩序的必要条件。当必须采用迂回径路时，要根据迂回径路的运输能力规定一日迂回输送的车数、重车方向、空车车种及有关技术站列车编组计划的调整办法，尽量减少对运输秩序的干扰。

（二）影响车流径路选择的主要因素

（1）货车经由铁路线路的运输距离。

（2）货车经由铁路线路运输所需的时间。

（3）各区段的通过能力、各技术站的改编作业能力以及能力的利用程度。

（4）货车经由铁路线路运输所需的总费用。

（三）车流径路管理的基本内容

车流径路管理主要包括两个方面：一是确定全路的车流径路方案（文件），即确定输送各支车流的正常径路；二是在日常运输工作中认真执行车流径路文件，保证路网上车流的平稳有序流动。

对于某个铁路方向或铁路区段，如果由于通过能力或改编能力不足，全部通过车流不可能都经由最短径路输送时，就需要考虑利用平行径路进行分流。如果能力的利用程序本来就比较高，则运量增长后，由于行车量的增加，可能引起列车在区段内交会、越行的停站次数增多，停站时间延长，并由于改编作业车数的增加，可能引起车辆在技术站停留时间延长；而且当能力利用程度接近饱和时，还会使方向上的运输组织工作丧失机动性，以致遭受不应有的损失。在这种情况下，改变一部分通过车流的运行径路，将它们调整到比较空闲的方向或区段，不仅可以发挥铁路技术设备的潜力，而且还能提高整个路网货车送达速度，无疑更为有利。

由此出发，在车流数量与结构不变的前提下，以整个路网车流输送的总车小时和总费用最小为目标来确定各支车流的输送径路，优化车流径路管理似乎更合适一些。

一旦车流径路方案确定，并以总公司颁布文件形式下达后，各有关技术部门在制定与车流径路有关的技术文件时，非经授权部门批准不得违反车流径路文件的各项规定；各级调度部门在进行车流调整时不得擅自变更车流的输送径路。

我国铁路现行的车流径路管理体系是 20 世纪 50 年代初期全面实行计划运输时开始逐步建立并完善起来的。径路文件的制定和执行，由当时的铁道部运输局调度处和铁路局集团公司运输处主管技术计划和车流调整的工作人员承担。以往通常由人工制定全路的车流径路方案，每隔 4 年或当有新线修建形成新的环状铁路线时，再在原有方案的基础上经修订、补充形成新的径路方案。

近年来，我国铁路在车流径路管理现代化方面做了很多工作，其中主要包括：运用计算机确定全路车流径路方案的算法研究；全路车流径路管理信息系统的开发；车流径路计算软件在车流推算、运输计划编制及精密统计等运营管理工作中的应用；车流迂回径路的合理确定等。

五、列车编组计划的主要内容

从表 1-1 得知，列车编组计划主要有以下内容：

（1）发站：指列车编组始发的车站。

（2）到站：指列车的终到站（解体站）。

（3）编组内容：规定该列车用哪些车流编组及车辆的编挂方法。

（4）列车种类：表示该种列车的种类。

（5）定期车次：若该列车为装（卸）车地组织的直达列车，则表示该列车开行期间的固定车次。

（6）附注：对编组内容栏加以补充说明，常见的说明如按站顺、按组顺、规定基本组重、开行列数等。

表 1-1　甲站列车编组计划

发站	到站	编组内容	列车种类	定期车次	附注
甲	丁	丁及其以远	技术直达		
甲	丙	1. 丙及其以远（不包括丁及其以远） 2. 空棚车	直通		按组顺编挂
甲	乙	乙及其以远（不包括丙及其以远）	区段		
甲	乙	甲—乙间中间站车流	摘挂		按站顺编组

编组内容栏规定的列车中车辆的编挂方法，通常有以下几种：

（1）单组混编：该列车到达站及其以远的车辆，不分到站、不分先后混合编挂。

（2）分组选编：一个列车中分为两个及其以上的车组，属于同一组的车辆必须编挂在一起。对车组的排列，无特殊要求者，可以不按组顺编挂。

（3）按到站成组：在列车中同到站的车辆必须编挂在一起。

（4）按站顺编组：在列车中除同一到站的车辆必须挂在一起外，还要求按车辆到站的先后顺序进行编挂。

以上各种列车编组方法是根据各有关车站的能力以及所需列车的性质分别确定的，达到加速车辆周转和货物送达的目的。

知识拓展——全国 49 个编组站

路网性编组站（15）：郑州北站、哈尔滨南站、苏家屯站、裕国站、山海关站、丰台西站、石家庄南站、襄阳北站、徐州北站、济南西站、南京东站、南翔站、阜阳北站、鹰潭站、株洲北站。

区域性遍组站（17）：哈尔滨站、三间房站、四平站、南仓站、大同站、武汉北站、武昌东站、新丰镇站、宝鸡东站、向塘西站、江村站、衡阳北站、柳州南站、贵阳南站、成都北站、兴隆场站、兰州北站。

地方性编组站（17）：牡丹江站、长春北站、通辽南站、梅河口站、太原北站、包头西站、安康东站、蓝村西站、淮南西站、艮山门站、来舟站、乔司站、怀化西站、昆明东站、武威南站、迎水桥站、乌西站。

第二节　装车地直达列车编组计划

PPT：装车地直达列车含义及分类

一、装车地直达列车的分类

在装车地区，由一个或几个装车站以自装货车直接组成直达列车的车流组织方式，称为装车地直达运输。在装车地组织的直达列车，根据组织条件、到站、车辆编挂办法及运行条件的不同，可有多种分类形式。

（一）直达列车按组织条件分类

（1）在同一车站的一个或几个装车地点，由一个或几个发货单位所装车辆组成的直达列车，通常称为始发直达列车。

（2）由同一区段内（包括衔接支线）或同一枢纽内的几个车站所装车辆组成的直达列车，称为阶梯直达列车。

（3）在基地站（一般为装车区的技术站或干支线联轨站）所组成的直达列车，称为基地直达列车。

（二）直达列车按到站分类

（1）到达同一卸车站的一个或几个卸车地点卸车，或到达国际过轨站过轨的直达列车。

（2）到达同一区段内 2 ~ 3 个邻近车站卸车的直达列车，通常称为反阶梯直达列车。

（3）到达同一枢纽内几个车站卸车的直达列车。

（4）到达卸车基地站的直达列车。

（5）到达技术站解体的直达列车。

直达列车内车辆的编挂办法，可以按同一卸车站的不同卸车地点、同一卸车区段或枢纽内的不同卸车站或解体站编组计划规定的组号选分成组并按规定顺序编挂，也可以不分组混编。

按直达列车的运行条件，可以是固定车底的循环直达或不固定车底的非循环直达；可以是变更重量的直达列车或固定重量的直达列车；可以是每日定期开行的直达列车或不定期开行的直达列车等。

装车地直达运输中还有一种日行 600 ~ 800 km 的快运货物列车，其组织形式主要有：

（1）专门运送鲜活易腐货物的快运货物列车，其中以编挂冷藏车为主的列车又称为冷藏列车。

（2）专门运送集装箱的快运货物列车，一般要求指定挂运车次，优先安排运行线间的接续，称为集装箱快运直达列车。

（3）运送快运货物班列，一般要求运行线全程贯通，车次全程不变，发到时间固定，实行以车或箱为单位报价。

此外，由同一站装车、不通过编组站、到达同一站卸车、固定车底循环运用或不固定车底的整列短途列车，也是装车地直达运输的一种形式，需要单独统计。

二、组织装车地直达列车的意义

货物运输直达化是衡量铁路运输组织水平的重要标志之一。组织装车地直达运输可以促进物资产、供、运、销各部门间的密切协作，使货流组织与车流组织更好地结合起来，最大限度地减少中间作业环节，实现运输组织工作现代化与科学化。

由于直达列车在沿途有关技术站可以不必进行改编作业，这就减轻了技术站的作业负担，缓和了运输能力紧张的程度，加速了物资运送和机车车辆周转，从而可获得扩大运输能力、降低运输成本、减少国家流动资金、推迟铁路基建投资期限等多方面的技术经济效果。

装车地直达运输是大宗货物运输的最合理、最基本的形式之一。组织好大宗货物的装车地直达运输，特别是重载运输，对于促进国民经济的发展具有重要的作用。货物运输直达化也是铁路拓展市场、加强货运营销工作的重要保证。其中，快运货物直达列车、集装箱运输直达列车在这方面尤为突出。例如，我国铁路长期开行港九地区的三趟鲜活运输直达列车，保证了港九地区的鲜活供应，社会效益显著，同时也为铁路带来了良好的经济效益。在集装箱运输方面，我国铁路建设了集装箱基地与港口站，增开了专门的集装箱运输直达列车，积极参与了国内与国际集装箱运输市场的竞争，集装箱运输直达列车的开行将成为我国铁路货物直达运输的重要发展方向。

在日常运输工作中，把直达运输组织与运输方案编制结合起来，加强旬间直达列车日历装车计划的编制与执行，广泛实行按阶段分去向集中出车等先进作业组织方法，即使在不增加设备的条件下也可进一步增加直达运输比重，延长直达列车运行距离和缩减货车在货物作业站的停留时间。因此，大力组织装车地直达运输是铁路当前挖潜提效的重要途径之一。

三、组织装车地直达列车的基本条件

装车地直达列车的优点是显著的，应当大力组织。但是，并非所有装车站都可以组织直达列车，如装车能力不足、货位少或空车来源没有保证的车站就不宜组织装车地直达列车。

组织装车地直达列车一般应具备以下条件：

（1）发货单位或发站的直达货流充足而稳定，流向集中。

（2）发收货单位或装卸车站有足够的货位、仓库和装卸能力，能保证整列或成批地进行装车和卸车。如果不能进行整列装卸，而进行分批装卸，将产生大量的车辆等待停留时间。

例如，某站专用线组织始发直达列车，该地点每批只能装 15 辆，列车编成 45 辆，则需要经过三批装车后才能组织一列始发直达列车。如果空车是整列送到，那么等于 45 辆车都要消耗三批的装车时间。这样组织直达列车损失太大，是不经济的。

（3）有足够的符合车种要求的空车供应，以满足装车需要。

（4）直达列车运行途中如果需要增加重量时，有合适的补轴车流。

（5）如果组织到达技术站解体的直达列车，应符合前方技术站列车编组计划的有关规定。

例如，甲—乙方向列车编组计划规定：甲站编组到达己站的技术直达列车，编组内容为己站及其以远；到达丁站的直通列车，编组内容为：① 丁站及其以远；② 庚站及其以远。如图 1-1 所示。

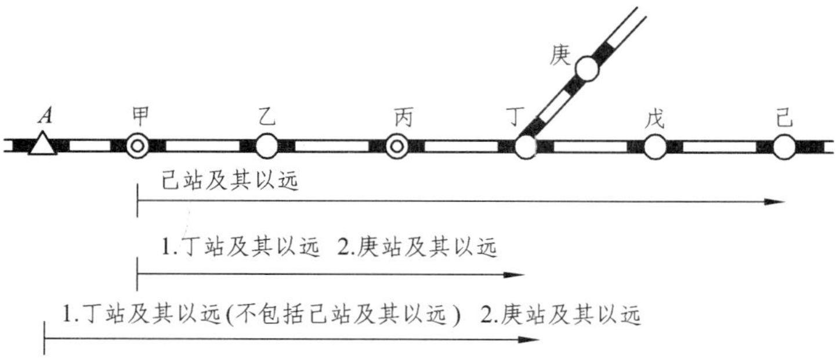

图 1-1 始发直达列车与前方技术站列车编组计划配合示意图

如 *A* 站组织开到丁站解体的始发直达列车，所吸收的车流及分组选编的办法应符合甲站列车编组计划的规定，即不得编入己及其以远的车流，也不得把庚及其以远和丁及其以远的车流混编在一起。否则，将延缓到达己站车流的运送，增加丁站和戊站的改编作业量，会使有关技术站的作业因车流条件变化而受到影响。所以，这种列车到达甲站后就可能被提前在甲站解体，将车流分别编入开往己站和丁站的列车。

四、衡量直达运输效果的标准

组织直达运输的可能性与合理性，不仅取决于是否具备上述各种条件，也取决于所欲达到的某种效果。衡量直达运输效果的标准主要有以下几种。

1. 保证重要物资的优先、快速、及时疏运

它着眼于最大限度地加快疏运速度而放弃对其他指标的要求，主要适用于紧急军运、抢险救灾物资运输，以及疏港工作等短期性的特殊需要。

2. 最大限度地减轻有关技术站的改编作业负担

它着眼于解决某些技术站改编作业能力不足的实际困难，而不计算对于因组织直达运输而增加的费用。为此，采用这一标准时要求尽量多编装车地直达列车，并尽可能无改编通过沿途更多的技术站，以缓和编组站作业能力紧张的局势。这种“以装缓编”的办法对解决某些铁路线运输能力不足的困难是现实而有效的。

3. 车小时节省

它着眼于加速铁路车辆的周转，当直达运输有多种组织方案可供选择时，优先选用节省车小时最多的方案。这种办法在日常计划中得到普遍的采用。

4. 铁路企业的经济效益（特别是长远的经济效益）

为了增加铁路运输在整个运输市场中的占有份额而开行某些直达列车，虽然在短期内可能不会给铁路企业带来经济效益，但只要有利于铁路运输营销策略的实施，从长远上来看将给企业带来经济效益，那么也应该积极组织开行这类直达列车。

直达运输的经济效益是通过与非直达运输相比较而显示出来的。因此，在计算其效益时，只需比较这两种车流组织方法下节省与损失的不同部分。如果节省大于损失，则认为组织装车地直达列车有利。

在不同的车流组织方式下，装车站、运行途中及卸车站的车小时和调车工作小时消耗有所不同，因此直达运输经济效益的确定还应和装车地直达列车组织方案的选择结合起来研究。

五、装车地直达列车编组计划的编制

装车地直达运输计划根据其编制目的和实行期限不同，可分为远期、近期及月度计划三种。近期计划即装车地直达列车编组计划，它与技术站列车编组计划一起编制，着重解决铁路现有技术设备条件下列车编组工作的最合理分配问题，并对各装车站规定组织直达列车的基本要求。月度直达运输计划属于执行性计划，它以列车编组计划的有关规定和批准的运输生产计划车流为依据，通过合理组织货源货流编制出高于列车编组计划基本要求的直达列车计划，并在旬间运输方案中做好日历装车安排。

装车地直达列车组织计划通常采用上下结合的做法进行编制。首先由铁路总公司根据以往的实绩和运输市场的发展，研究和规定各局应完成的直达运输任务，结合装车计划一并下达。各铁路局集团公司根据铁路总公司规定任务，编制计划车流，从品类别、发到站别车流资料中查定直达车流，填写装车地直达列车计划车流表，并结合装卸站的设备条件、装卸能力，参考以往实绩与有关厂矿企业单位共同研究协商，拟订装车地直达列车计划草案报铁路总公司。制定装车地直达列车计划时，要在保证达到主要目标的前提下，优先采用经济效益好、在实际工作中易于实现的组织方式，并根据货流构成及装卸站作业条件等因素，本着“先远后近、能高勿低”的原则，采取如下做法：

（1）先组织直接面向市场和有特定条件要求的直达列车，如“五定”班列、集装箱直达列车、鲜活快运货物列车、重载单元列车、循环直达列车等，再组织一般的装车地直达列车。

（2）先组织一个发站一个发货单位装的直达列车，再组织同一发站几个发货单位装的直达列车，最后组织几个车站联合配开的直达列车。

（3）先组织到达同一车站或同一专用线的直达列车，再组织到达同一区段或枢纽内几个站卸的直达列车，最后组织到达技术站解体的直达列车。

（4）在一定条件下采用建立直达基地或联合出车区的方法，把零散车流汇集起来组织多个点配开的直达列车。

例如，甲—丁方向上煤炭装车计划见表 1-2，并已知主要装、卸站装卸能力充足，空车来源有保证。

表 1-2　甲－丁方向煤炭装车计划表

装车站＼卸车站	甲	乙	丙	丁	*R*	*S*	*T*	合计
X	3			2	165	25		195
Y				5			30	35
M			4	30				34
N					10	10	5	25
合计	3	5	4	32	175	35	35	289

编制装车地直达列车编组计划时，先组织一站（*X* 站）装至一站（*R* 站）卸者 165 辆，再组织两站（*X*、*Y* 站）装至两站（*S*、*T* 站）卸者 55 辆，最后组织 *M*、*N* 两站装至丁站解体者共 55 辆，如图 1-2 所示。这些始发及阶梯直达列车即可纳入列车编组计划。

在召开列车编组计划会议期间，各局集团公司应将所拟直达列车编组计划草案根据调整的计划车流、到站接卸能力的变化等情况进行必要的调整。如需变更重量，还要研究直达列车的补轴、减轴及其编组办法。对于流向稳定并能保证每日（至少是隔日）开行的直达列车，应规定固定车次，以便更好地组织车流与运行线的结合，使列车在技术站有良好的接续。对于到达技术站解体的直达列车，必须保证其编组内容和分组办法与沿途技术站的列车编组计划相配合。为此，在确定技术站列车编组计划的同时，应修正装车地直达列车编组计划，使之与技术站列车编组计划保持一致。

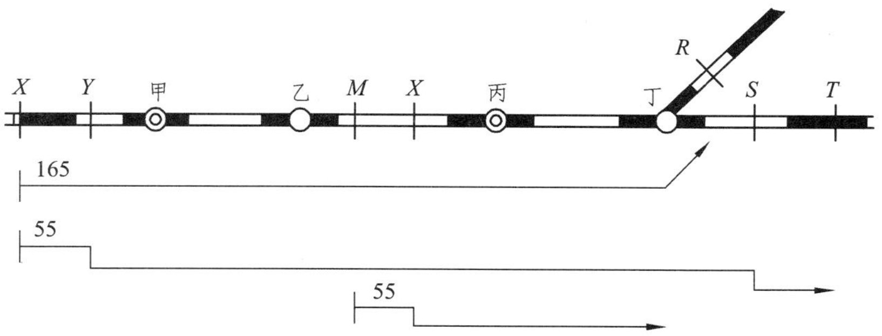

图 1-2　甲—丁方向装车地直达列车编组计划示意图

注：编成辆数为 55 辆。

第三节　技术站列车编组计划

没有被装车地直达列车吸收的车流，都要到相应的技术站上汇集，集结编成各种列车，直接或逐步送到目的地。这就产生了各个技术站编组哪些列车的问题——技术站列车编组计划的基本任务。

一、技术站间的计划车流

计划车流是编制列车编组计划最重要的依据之一。

为提高编组计划的稳定性，首先要正确选定能够反映整个编组计划实行期间车流特点的计划运量。为此，铁路总公司根据所掌握的主要物资的生产计划和主要流向，国家对市场经济进行宏观调控的方针政策，运输市场预测及铁路运输占有份额分析，参考各铁路局集团公司品类别装车实绩和运输能力紧张地段增加运输能力的可能性，拟订出运输计划轮廓并下达给各铁路局集团公司。在此基础上，各铁路局集团公司经过货源调查、核实运量等步骤，提出分品类分到局的运输计划和有具体发到站的品类别装车去向计划。而后，由铁路总公司主持，各铁路局集团公司参加，按照中央与地方、计划与实际、装车局与卸车局相互结合共同平衡、反复落实的办法，对各铁路局集团公司提报的数字进行调整，最终审定计划运量，并计算出编组计划实行期间的日均计划重车流。

其次，确定计划重车流的径路方案，并在此基础上编制重车车流表，进而按各分界站交接差和各铁路局集团公司的装卸差调整局间的排空车数，制定分装卸站、区段和技术站的空车车流计划，最后汇总为各方向主要技术站间的计划车流表。

技术站间车流与装车站的车流不同，除本站产生和消失的车流外，大量为中转车流，如图 1-3 所示。

在图 1-3 中，乙站向丙站发出的车流包括：

① 乙站装到丙站、丙—丁间各站及丙—H 支线各站卸的车辆；

② 甲—乙间各站装到丙站、丙—丁间各站及丙—H 支线各站卸的车辆；

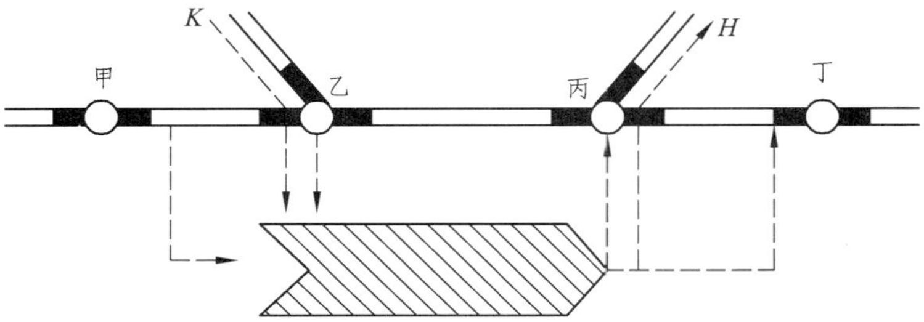

图 1-3　乙—丙车流组成示意图

③ 乙—K 支线各站装到丙站、丙—丁间各站及丙—H 支线各站卸的车辆。

除以上三种车流外，还有装车地直达列车到乙站解体后需转送到丙站、丙—丁间各站和丙—H 支线各站卸的车辆。

综上所述，每一技术站发出的车流包括：

（1）该站自装车流。

（2）该站与其后方相邻技术站间各站及衔接支线所装车流。

（3）该站衔接支线所装车流。

（4）到达该站解体的装车地直达列车中需继续运送的车流。

到达每一技术站的车流包括：

（1）到达该站所卸车流。

（2）到达该站与其前方相邻技术站间各站及衔接支线所卸车流。

（3）到达该站衔接支线所卸车流。

技术站间车流不包括被装车地直达列车吸收的车流及同一和相邻区段到发的摘挂车流。

按照上述技术站车流包括的内容，对发到站别的计划车流进行归并和整理后，便可编制技术站间计划车流表。例如，根据表 1-3 的内容，将甲—丁方向重车车流表归并整理后编制出甲—丁方向技术站间计划重车车流表（见表 1-4），已被装车地直达列车吸收的车流应从有关数字中减去。

表 1-3　甲—丁方向重车车流表（日均车数）

由＼往	甲	甲—乙	乙	乙—K	乙—丙	丙	丙—H	丙—丁	丁	计
甲		28	170	10	40	100	10	55	470	883
甲—乙	25	1	10	4	5	5	2	3	10	65
乙	230	5		10	5	35	3	2	185	475
乙—K	10	2	1	2	10	5	2	3	5	40
乙—丙	20	3	1	4	3 1	2	4	3	55	96
丙	30	2	40	3	2		10	5	35	127
丙—H	15	3	4	2	6	1	1	1	15	48
丙—丁	5	2	3	3	4	2	3		5	27
丁	250	25	165	10	10	70	15	3		548
计	585	71	394	48	86	220	50	75	780	2 309

表 1-4　甲—丁方向技术站间计划重车车流表

由＼往	甲	乙	丙	丁	计
甲		170+10+40 = 220	100+10+55 = 165	470 − 220 = 250	635
乙	230+10+20 = 260		35+3+2+5+2+3 +5+2+3 = 60	185+10+5 = 200	520
丙	30+15+5 = 50	40+2+3+4+3+2 +3+2+3 = 62		35+55+15 − 55 = 50	162
丁	250	165+25+10 = 200	70+10+15 = 95		545
计	560	482	320	500	1 862

注：带双下划线的车数为已被装车地直达列车吸收的车流。

在技术站间车流表的基础上，还应按上下行方向分别绘制车流梯形图，如图 1-4 所示。

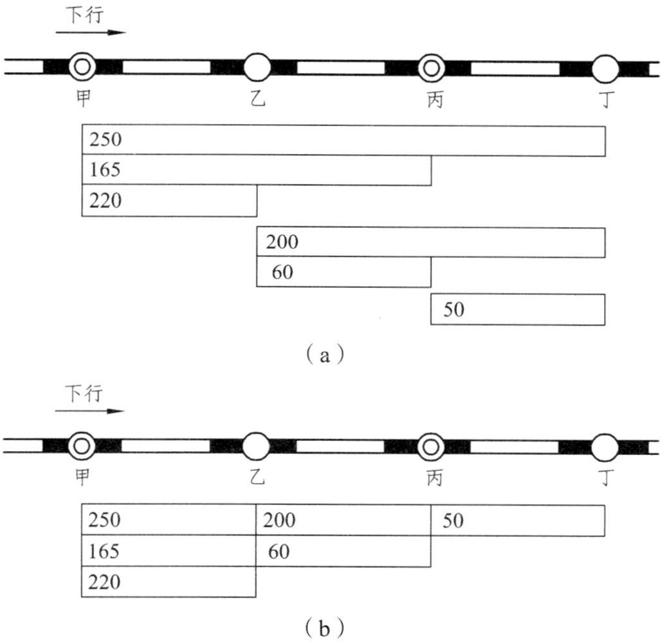

图 1-4　甲—丁下行方向车流梯形图

二、货车集结时间

（一）货车集结过程

由于列车在质量和长度上有一定的要求，技术站上为编组某一个到达站的出发车列时，陆续进入调车场的货车存在先到等待后到凑集成车列、达到规定的重量或长度的过程，即为货车的集结过程。货车在此过程中消耗的时间，称为货车集结车小时。

为了便于分析和研究货车的集结过程，假设组成车列的各个车组大小相等、各车组的到达间隔相同，车列的集结过程如图 1-5 所示。

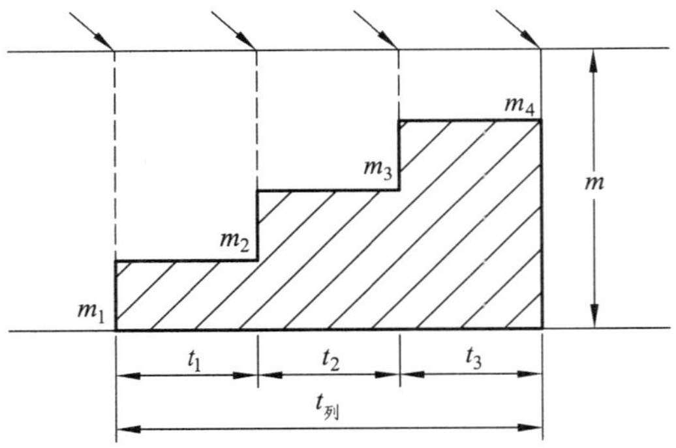

图 1-5　车组大小相等并均衡到达的车列集结过程图

从图 1-5 可以看出，一个车组的集结车小时可用车数与延续时间所形成的面积表示，将所有面积相加即可求出一个车列的集结车小时 $T_{集}^{列}$。其计算公式为：

$$
\begin{aligned}
T_{集}^{列} &= m_1(t_1+t_2+t_3)+m_2(t_2+t_3)+m_3t_3+m_4\times 0 \\
&= \frac{1}{4}m\times\frac{3}{3}t_{列}+\frac{1}{4}m\times\frac{2}{3}t_{列}+\frac{1}{4}m\times\frac{1}{3}t_{列}+\frac{1}{4}m\times 0 \\
&= \frac{1}{4}mt_{列}\left(\frac{3}{3}+\frac{2}{3}+\frac{1}{3}\right) \\
&= \frac{1}{2}mt_{列}\text{（车小时）}
\end{aligned}
$$

式中　$t_{列}$——车列的集结期间；

m——列车的编成辆数。

（二）一个到达站一昼夜的货车集结时间（$T_{集}$）

假定组成一个车列的各车组的大小相等且到达间隔时间相同，一昼夜内各车列之间不发生集结中断（见图 1-6）时，则一个列车到达站一昼夜消耗的集结车小时为：

$$T_{集}=\frac{1}{2}\left(t_{列1}+t_{列2}+t_{列3}+\cdots+t_{列n}\right)m=\frac{1}{2}\times 24m=12m\text{（车小时）}$$

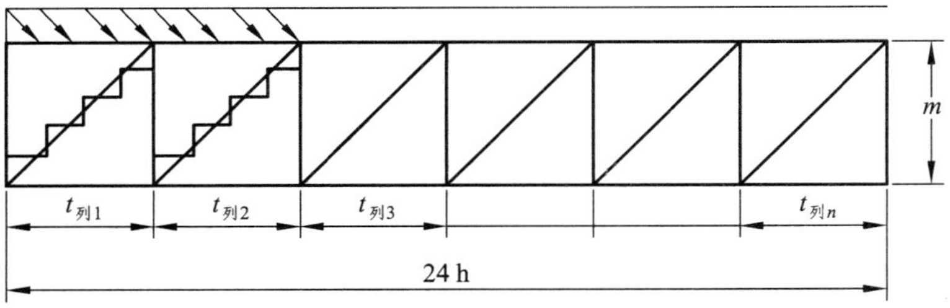

图 1-6　某到达站一昼夜均衡集结图

在实际工作中，上述假定的条件几乎是不存在的。车组大小一般不相等，车组到达间隔时间也不会都相等，车列间常产生集结中断的情况。

（1）当大车组先到，小车组后到，车列集结初期车组到达间隔小、后期车组到达间隔大

时，则

$$T_{集}^{列} > \frac{1}{2}mt_{列}$$

（2）当小车组先到，大车组后到，车列集结初期车组到达间隔大、后期车组到达间隔小时，则

$$T_{集}^{列} < \frac{1}{2}mt_{列}$$

（3）因车列间有集结中断，则

$$t_{列1}+t_{列2}+t_{列3}+\cdots+t_{列n}<24\ \text{h}$$

所以在一般情况下，$T_{集}$不等于 12 m，而是经常小于 12 m，通常用下式来表示：

$$T_{集}=cm\ （车小时）$$

式中 c——集结系数。

设某一列车的到达站一昼夜的车流量为 N，则每辆货车的平均集结时间按下式计算：

$$t_{集}=\frac{T_{集}}{N}=\frac{cm}{N}\ （\text{h}）$$

由上式可知，任一列车到达站一昼夜消耗的集结车小时（$T_{集}$）只与集结系数和列车平均编成辆数有关，而与参加集结的车流量无关；每车平均集结时间（$t_{集}$）与车流量 N 成反比。

【例 1-1】设甲站编组到丁站的列车一昼夜的车流量 N'=300 车，列车平均编成辆数 $m=50$ 辆，则每日集结列车 $n=\frac{N'}{M}=\frac{300}{50}=6列$，每列平均集结时间 $t_{列}=\frac{24}{n}=\frac{24}{6}=4\ \text{h}$。此时：

$$T'_{集}=\frac{1}{2}mt_{列}n=\frac{1}{2}\times4\times50\times6=600\ （车小时）$$

$$t'_{集}=\frac{T'_{集}}{N'}=\frac{600}{300}=2\ （\text{h}）$$

当 N''=600 时，则 $n=\frac{600}{50}=12$（列），$t_{列}=\frac{24}{12}=2$（h）

此时：
$$T''_{集}=\frac{1}{2}\times2\times50\times12=600\ （车小时）$$

$$t''_{集}=\frac{600}{600}=1\ （\text{h}）$$

由计算结果可知，$T''_{集}$并没有因其车流量增加而发生任何变化，说明 $T_{集}$ 的大小与车流量 N 无关。而 $t''_{集}$ 则因车流量 N 增大一倍而比 $t'_{集}$ 缩小为原来的 1/2，说明 $t_{集}$ 与车流量 N 成反比关系。

另外，对于技术站而言，其总的集结车小时消耗与其编组列车的到达站数有关，即多开一个到达站的列车，就多消耗一个 $T_{集}$。例如，甲站一昼夜到丁站的车流量 $N_{甲-丁}$=200 车，到丙站的车流 $N_{甲-丙}$=100 车，列车平均编成辆数相同，均为 50 车。若丁和丙两种车流各自单独开行专门化列车时，其货车集结车小时消耗为：

$$T_{集}^{甲-丁}=\frac{1}{2}\times6\times50\times4=600\text{（车小时）}$$

$$T_{集}^{甲-丙}=\frac{1}{2}\times12\times50\times2=600\text{（车小时）}$$

则 $$\sum T_{集}=T_{集}^{甲-丁}+T_{集}^{甲-丙}=600+600=1\ 200\text{（车小时）}$$

若丁和丙两种车流合为一个到达站，即列车开到丙站，其车流总数为200+100=300，甲站的货车集结车小时消耗为：

$$\sum T_{集}=T_{集}^{甲-丙}=\frac{1}{2}\times4\times50\times6=600\text{（车小时）}$$

以上计算说明，技术站多编开一个到达站的列车，就多消耗一个$T_{集}$；少编开一个到达站的列车，就少消耗一个$T_{集}$。

（三）集结系数 c 的查定

货车集结时间$T_{集}$是编制列车编组计划的主要资料之一。为便于计算$T_{集}$，各技术站均应查定集结系数。

集结系数c与车流配合到达情况即货车集结过程有关，但影响很小。因此，可通过现有的货车集结过程查定集结系数，以便在编制列车编组计划时使用。

集结系数c应按车站编组的列车到达站分别查定，然后再计算全站平均集结系数。对于摘挂列车和小运转列车，由于不要求其必须满轴开车，因而可以不必查定其集结系数。

根据公式$T_{集}=cm$，有$c=\dfrac{T_{集}}{m}$，所以，查定集结系数 c 必须先查定每一列车到达站一昼夜的集结车小时$T_{集}$和列车编成辆数m。为查定$T_{集}$，可以在调车场记录每组车辆的调入时间，从而计算出货车集结过程中消耗的车小时，也可以按各个车组随列车到达车站的时间来推算货车集结过程中消耗的车小时，本站货物作业车应按装卸完了的时刻计算参加集结过程。不管用哪一种方法，均应选择车流比较稳定、工作比较正常且连续不少于 5 天的情况进行查定，以提高其准确度。

用车组随列车到达车站的时间推算$T_{集}$时，可使用表 1-5 所示的推算表格，每一到达站使用一张。表中的到达车次栏应按到达时间的先后填写。本站货物作业车则按其装卸完了时间插入适当车次之间。根据集结车数的累计情况，按列车编成辆数可以确定各个车列集结完了的时间。将各行的集结车数乘其相应的集结间隔时间，计算出其集结车分。将各行的集结车分加总，即为该到达站的集结时间。表 1-5 就是甲站编组乙到达站的车辆集结时间推算表。

表中集结车数栏画圈处为一个车列的集结终了的时刻，圈外数字为满足列车编组辆数后的剩余车数。根据集结时间推算表，即可计算一个到达站的集结系数，其公式为：

$$c_i=\frac{\sum(Nt)_i}{60Dm}$$

式中 $\sum(Nt)_i$ ——到达站 i 车辆集结车分总数；

D ——查定集结时间的天数，d。

表 1-5 乙到达站车辆集结时间推算表

到达车次	时刻	车数/车	集结车数/车	间隔时分/min	车分/min
	18:00 结存	46	46	20	920
30011	18:20	8	(54) 2	17	34
30013	18:37	9	11	13	143
44001	18:50	6	17	20	340
20033	19:10	12	29	60	1 740
30015	20:10	12	41	10	410
	20:20	8	49	50	2 450
44003	21:10	3	(52)	10	—
自装					
5 天计		1 255			142 147

根据表 1-5 所列数据，代入上式即可求得甲站编组乙到达站列车的集结系数：

$$c_{乙}=\frac{142\,147}{60\times5\times52}=9.1$$

全站编组的各种列车到达站集结时间推算后，可将表 1-5 的有关数字汇总于车站集结系数计算表，计算全站的平均集结系数。

例如，甲站共编组乙、丙、丁三个列车到达站，汇总计算见表 1-6。

表 1-6 甲站集结系数计算表

到达站	车数/车	列数/列	平均辆数/辆	集结车分/min	每车集结分钟/min	集结系数
乙	1 255	24	53	142 147	113	$c_{乙}=9.1$
丙	775	15	52	151 253	195	$c_{丙}=9.7$
丁	1 424	26	54	159 659	112	$c_{丁}=9.9$
合计	3 454	65	53	453 059	131	$c=9.5$

注：本表是查定 5 天的数字。

全站平均集结系数的计算公式为：

$$c=\frac{\sum_{i=1}^{k}(Nt)_i}{60Dm_{均}K}$$

式中 $m_{均}$——全站各到达站列车平均编成辆数；

K——该站编组的列车到达站数。

例如，甲站的全站平均集结系数为：

$$c = \frac{453\,059}{60 \times 5 \times 53 \times 3} = 9.5$$

集结系数的查定，还可利用日计划图推算调车场内各到达站一昼夜的集结时间，然后再计算 c 值，这种办法称为图解法。

三、货车无改编通过技术站的节省时间

货车作为有调中转车在途经技术站需要办理到达、解体、集结、编组、出发等项作业，而如果将货车编入直达或直通列车，无改编通过沿途技术站时，只需办理无改编中转列车技术作业。显然，货车以后一种方式通过技术站较前一种方式所用的中转停留时间要少。

货车因编入直达或直通列车在所经技术站上进行无调中转作业比有调中转作业平均每车减少的停留时间，称为货车无改编通过技术站的节省时间，可用 $t_{节}$ 来表示。

现以具有甲、乙、丙三个技术站的甲—丙方向为例加以说明。该方向下行共有三支车流，有两种编组方案，如图 1-7 所示。

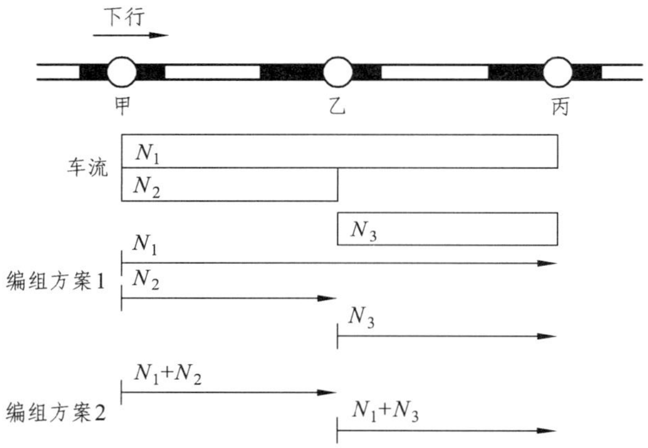

图 1-7　三个技术站方向上编组方案示意图

设乙站无调中转车停留时间为 $t_{无调}$，有调中转车停留时间为 $t_{有调}$。采用编组方案 1 时，甲站将甲—丙车流 N_1 编入直达（直通）列车无改编通过乙站时，这支车流将得到车小时节省 $T_{节}$，其值为 N_1（$t_{有调} - t_{无调}$）。但是，N_1 车流单独划出开行直达（直通）列车后，将引起乙站的集结车流量减少，与方案 2 比较，可导致乙站每辆货车的平均集结时间因车流量减少而增大。

N_1 不开直达（直通）列车时，乙站每车平均集结时间 $t_{集}$ 为：

$$t_{集} = \frac{cm}{N_1 + N_3}$$

N_1 开直达（直通）列车后，N_1 车流不再参加乙站的货车集结，乙站开往丙站的车流则只剩下 N_3，此时，乙站的每车平均集结时间 $t'_{集}$ 为：

$$t'_{集} = \frac{cm}{N_3}$$

这就意味着，由于 N_1 单独编开直达（直通）列车后使乙站每车平均集结时间增加了，增

加值$T_{增}$为：

$$T_{增}=t'_{集}-t_{集}=\frac{cm}{N_3}-\frac{cm}{N_1+N_3}=\frac{N_1}{N_3}t_{集}\ (\text{h})$$

因此，造成的集结车小时损失为：

$$N_3\frac{N_1}{N_3}t_{集}=N_1t_{集}\ (\text{车小时})$$

这样，N_1编开直达（直通）列车时，既在乙站得到车小时的节省，也给乙站造成了车小时损失，其车小时纯节省为：

$$T_{节}^{纯}=T_{节}-T_{增}=N_1(t_{有调}-t_{无调})-N_1t_{集}=N_1(t_{有调}-t_{无调}-t_{集})$$

因此，N_1这支车流无改编通过技术站乙站时，每车平均节省的时间$t_{节}$为：

$$t_{节}=\frac{T_{节}^{纯}}{N_1}=t_{有调}-t_{无调}-t_{集}\ (\text{h})$$

由于车辆无改编通过技术站不仅在停留时间方面有节省，而且因减少了改编作业量而引起了调车费用的节省。通过相应换算后，车辆无改编通过技术站的换算节省时间$t'_{节}$可为：

$$t'_{节}=t_{有调}-t_{无调}-t_{集}+\gamma_{车}$$

式中　$\gamma_{车}$——改编作业当量，即由每车改编作业的额外支出换算的停留车小时。

货车无改编通过技术站节省时间$t_{节}$应就每一个技术站分别确定，其中$t_{有调}$与$t_{无调}$的数值可以根据车站技术作业过程和列车运行图来查定，$t_{集}$的数值可以用统计分析的方法查定。

应该指出，车辆无改编通过技术站节省时间的组成因素是相当复杂的，而每一因素又经常会发生变化，因此利用上述公式计算的只是一个近似值，必要时还需进行调整。关于$t_{节}$的精确计算方法还有待进一步研究。

PPT：开行技术直达列车基本条件

四、开行直达（直通）列车基本条件

在技术站编组某一到达站的列车时，其所需车流主要是随到解车列或车组从各衔接方向陆续到达的。为了编组某一到达站的列车，必须将该到达站的车流划分出来单独集结，等凑足整列后才能编组。因而每编组一个到达站的列车，就要产生一个到达站列车的货车集结车小时消耗，这是技术站编开直达（直通）列车不利的一面。但是，由于所编直达（直通）列车经过沿途各技术站时无须进行改编作业，从而可得到无改编通过沿途各技术站的车小时节省（包括调车工作小时的节省）。因此，将车流划为单独编组到达站是否合适应通过比较有关得失来判定。如果车流无改编通过沿途技术站所得车小时（或换算车小时，下同）节省，大于（至少是等于）其在列车编成站所产生的集结车小时损失，就可认为该支车流具备了划为单独编组到达站的基本条件，一般可用下式表示：

$$N_{直} \sum t_{节} \geqslant T_{集}$$

式中　$N_{直}$——某直达列车到达站日均车流量；

$\sum t_{节}$——车流无改编通过沿途技术站节省的时间之和；

$N_{直} \sum t_{节}$——划出单独开行直达（直通）列车的那支车流（包括合并后的车流）在沿途各技术站节省的车小时总和。

只要开行一个直达（直通）列车，节省与消耗就同时产生，当节省大于消耗时，开行这种列车是有利的；当二者相等时，由于直达（直通）列车在沿途技术站不需进行调车作业，因而还有调车机车小时、调车设备投资等项的节省，所以，也可以开行。

如图 1-8 所示，甲—丁方向的两支车流 N_1 和 N_2，可以用上式检查其可否单独开行直达(直通）列车：

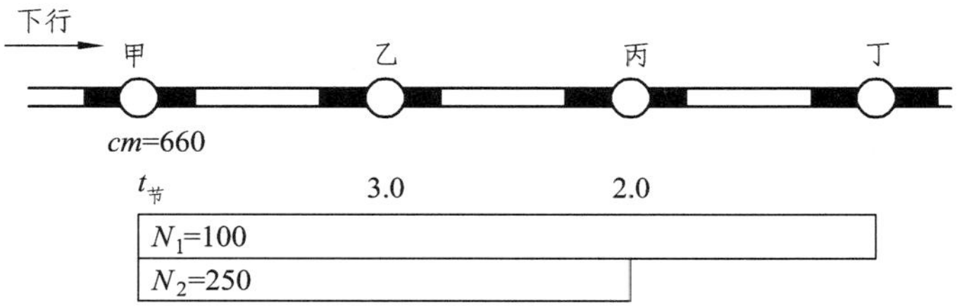

图 1-8　甲—丁方向两支车流示例图

（1）$N_1 \sum t_{节}$ =100×（3.0 + 2.0）=500（车小时）

由于 500 < 660，即节省小于消耗，所以 N_1 不应单独编开直达（直通）列车。

（2）$N_2 \sum t_{节}$ =250×3.0=750（车小时）

由于 750 > 660，即节省大于消耗，所以 N_2 可以单独编开直达（直通）列车。

当然，将 N_1 和 N_2 合并后开行甲—丙的直达（直通）列车，节省比消耗更大，所以也可以合并开行。

必须指出，某支车流满足了上述条件时，只表明这支车流具备了开行直达（直通）列车的基本条件，即不会造成损失，但并不表明这样编开列车就是最好的办法。最优方案需要通过对整个方向上所有车流的各种组合方案进行统筹比较后才能确定。

五、选择技术站列车开行最优方案的基本方法

（一）列车编组方案的意义

一个线路方向上有数个技术站，每个技术站又有数支车流，这些车流按照它们的共同运行径路可以有各种组合方法，各技术站间的各种到达站的列车之间又互相衔接密不可分。这种动态的相互联系的编开列车的方法称为列车编组方案。

例如，在甲—丁方向上的车流情况如图 1-9 所示，图中（a）、（b）就是两编组方案。方案（a）是将 N_{14} 和 N_{13} 合并开行甲—丙方向的列车，N_{12}、N_{24}、N_{23} 各自单独开行，丙—丁的列车除编挂 N_{34} 的车流外，因 N_{14} 随甲—丙的列车送到丙站，尚未送到目的地，所以还要和 N_{34} 合

并挂于丙—丁的列车内送至丁站。以上甲、乙、丙三站编开的这 5 个到达站的列车，互相配合和衔接，就构成一种列车编组方案，并用车站的代号和车流组合方式以数字表示出来，称为编组方案特征。图 1-9（a）方案的方案特征如下：

2，3+4——表示甲站开两种列车，一种到第 2 站，另一种为第 3 站和第 4 站的车流合并开到第 3 站。

3，4——表示乙站开两种列车，一种到第 3 站，一种到第 4 站。

4——表示丙站开一种列车，到达第 4 站。

在编组方案中，任何一个技术站的列车编开方法发生变化都可能影响其他站，其他列车也可能随之发生变化。例如，甲站改变以上列车的编开方法，将 N_{14}、N_{13}、N_{12} 三种车流合并只开一个到达站的列车，如图 1-9（b）所示。因 N_{14} 和 N_{13} 均未送到目的地，所以就增加了乙站的改编工作量，需将 N_{14} 和 N_{24} 合并后开到丁站，将 N_{13} 和 N_{23} 合并后开到丙站；由于 N_{14} 和 N_{24} 编入了直达（直通）列车，在丙站不再进行改编作业，所以丙站编组到丁站的列车也只有 N_{34} 一支车流了。这样，图 1-9（b）中 4 种到达站的列车编开方法，又构成了另一种列车编组方案。

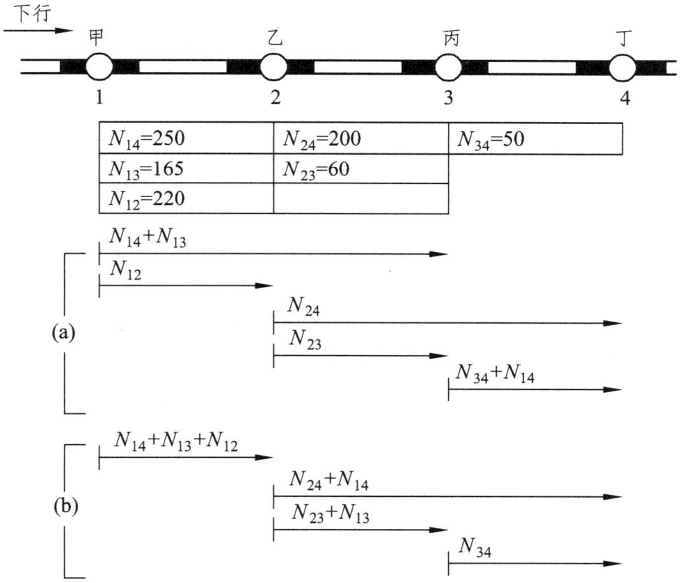

图 1-9 列车编组方案示例图

在一个方向上，编组方案的数量与技术站数有关。在有四个技术站的方向上有 10 种方案，因为此时，甲站有 3 支车流，有 5 种可能的车流组合方案；乙站有 2 支车流，有两种可能的车流组合方案；丙站有 1 支车流，只有一种编开方案。该方向可能的编组方案数为各技术站车流组合方案数的乘积，即 5×2×1=10 种，如图 1-10 所示。

如果方向上有 5 个技术站，第一站就有 4 支车流，就有 15 种可能的车流组合方案，则整个方向上就有 150 种列车编组方案，即 15×5×2×1=150 种。可见，技术站数越多，列车编组方案数也越多，而且，编组方案数增加的幅度要比技术站数增加的幅度大得多。

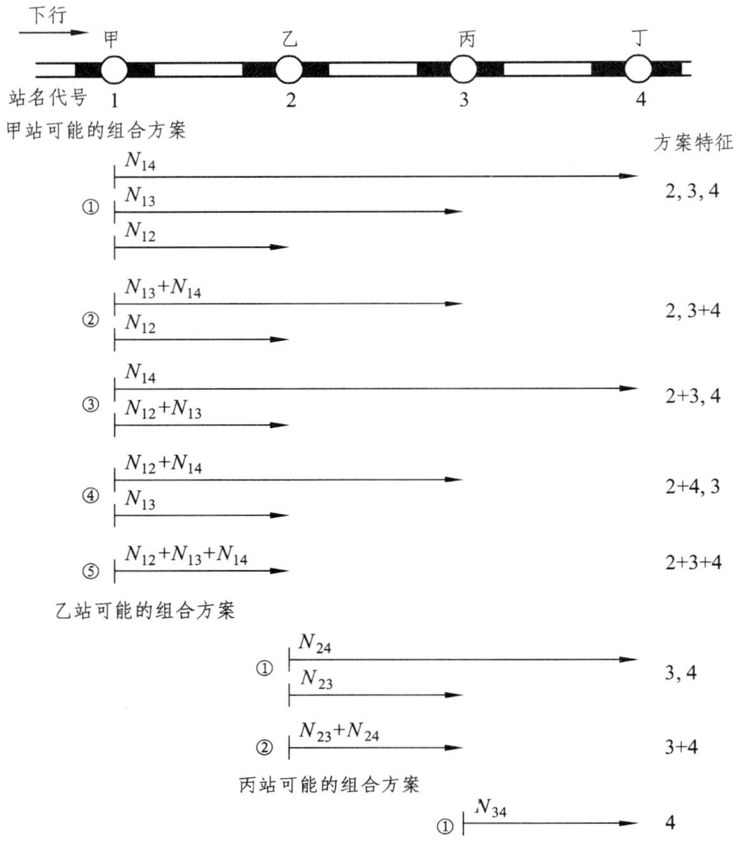

图 1-10　四个技术站方向上可能的编组方案示意图

（二）选择技术站开行列车最优编组方案的基本方法

数年来，国内外专家对如何从众多的列车编组方案中选出最优的方案进行了大量的研究，并提出了各种各样的确定最优方案的计算方法。在传统算法中主要是以手工方式完成，基本上可概括为两大类：一类是绝对计算法，即对所有可能方案都加以计算，然后从中择优选用；另一类是分析计算法，即按一定的原则与程序对各具体编组去向及车流有利组合方式进行分析比较，然后确定取舍。

技术站单组列车编组计划的传统算法是一类面向手工操作的局部优化算法。由于目前在实际工作中技术站单组列车编组计划的确定，大多是依据车流和技术设备的变化情况以及车流径路的改动情况，通过对原有的列车编组计划进行相应的局部调整来完成的，因此传统算法仍具有十分重要的使用价值。

1. 绝对计算法

传统算法中的绝对计算法主要通过对每一可能方案的车小时消耗进行计算，最终找出节省车小时最多或消耗车小时最少、又与车站能力相适应的方案作为最优方案。寻求节省车小时最多的编组方案的计算公式为：

$$Nt_{节} = \sum\left(N_{直}\sum t_{节}\right) - \sum T_{集}$$

式中　$\sum\left(N_{直}\sum t_{节}\right)$——该编组方案所有编入直达（直通）列车到达站的车流在沿途技术站无改编通过的车小时总节省；

$\sum T_{集}$——该编组方案所有直达（直通）列车到达站的集结车小时总消耗。

$Nt_{节}$指列车编组方案纯节省车小时最多，为最经济的方案。现以甲—丁方向上有 4 个技术站、10 种列车编组方案为例，计算比较见表 1-7。

表 1-7　四个技术站列车编组方案计算比较

方案号	编组方案特征	示意图	直达列车集结时间总和（车小时）$\sum T_{集}$	沿途各技术站节省车小时之和（车小时）$\sum\left(N_{直}\sum t_{节}\right)$	$\sum\left(N_{直}\sum t_{节}\right)-\sum T_{集}$	直达车流在沿途改编车数	
		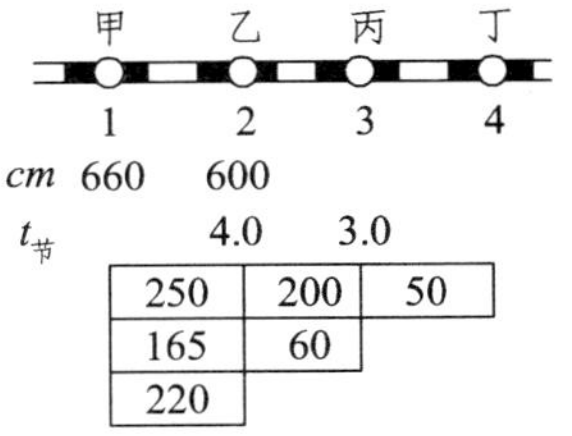				在乙站	在丙站
1	2，3，4 3，4 4	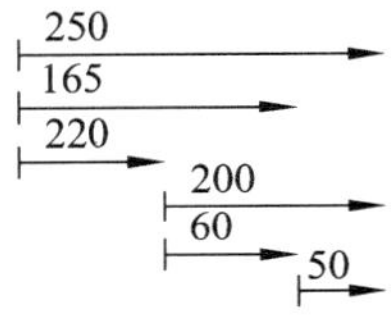	660×2 + 600 = 1 920	250×7+165×4+ 200×3 = 3 010	1 090	—	—
2	2，3+4 3，4 4	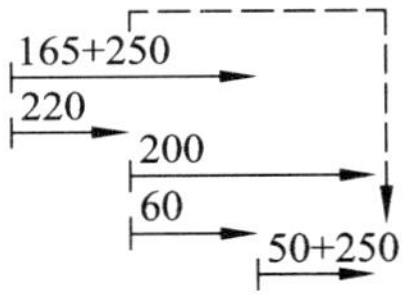	660+600 = 1 260	415×4+200×3 = 3 010	1 750	—	250
3	2+3，4 3，4 4	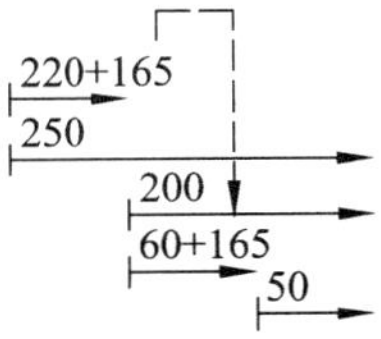	660+600 = 1 260	250×7+200×3 = 2 350	1 090	165	—
4	2+4，3 3，4 4	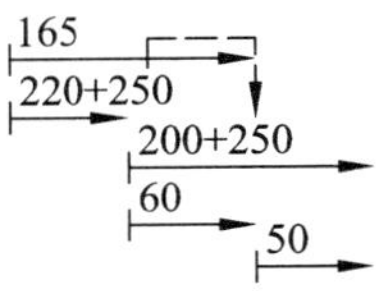	660 + 600 = 1 260	165×4+450×3 = 2 010	750	250	—
5	2+3+4 3，4 4	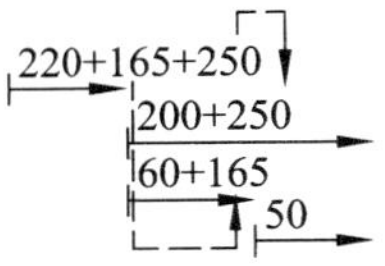	600	450×3 = 1 350	750	165+250 = 415	—
6	2，3，4 3+4 4	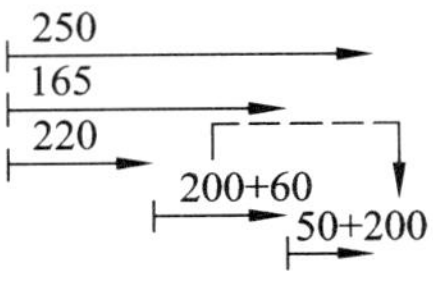	660×2 = 1 320	250×7+165×4 = 2 410	1 090	—	200

续表 1-7

7	2，3+4 3+4 4	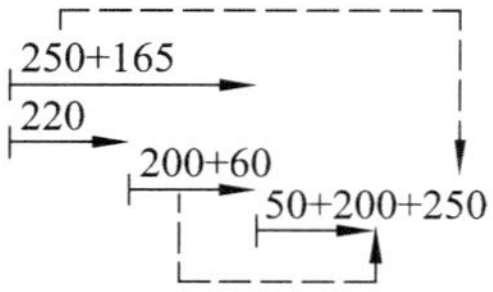	660	415×4 = 1 660	1 000	—	250+ 200 = 450
8	2+3，4 3+4 4	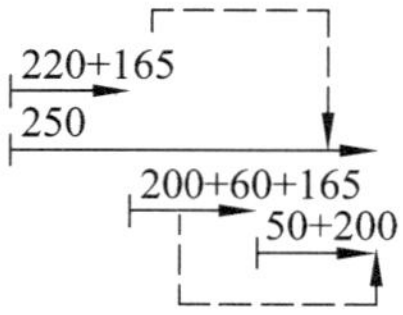	660	250×7 = 1 750	1 090	165	200
9	2+4，3 3+4 4	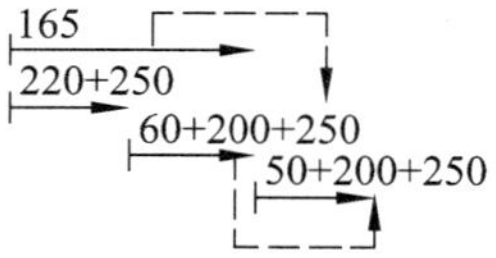	660	165×4 = 660	—	250	250+ 200 = 450
10	2+3+4 3+4 4	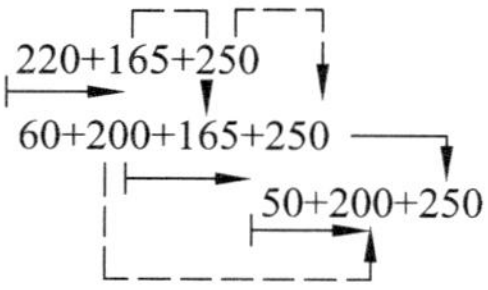	—	—	—	250+ 165 = 415	250+ 200 = 450

由计算结果可知，第 1、3、6、8 四个方案的 $Nt_{节}$ 为最多，均为 1 090 车小时。

在实际工作中，车小时消耗最少的方案，并不一定是可以实现的方案，考虑到方案的可行性，往往要选择车小时消耗与之接近而能在各站间合理分配编解调车工作任务的方案作为最佳方案。上例中，为寻求最优方案，应在最经济的四个方案中和各站改编能力相适应的前提下选择改编车数最少的编组方案，即为最优方案。通过比较可知，第 1 方案在乙、丙两站均不产生改编车数，因而是最优方案。

如果 $Nt_{节}$ 最多的编组方案，在沿途技术站改编车数较多，有关车站改编能力不能适应时，应选择节省车小时次之、改编能力适应的其他方案。总之，最优方案应是既经济有利、又切实可行的编组方案。

2. 分析计算法

随着技术站数量的增加，编组方案数量也将大大增加，绝对计算法的计算工作将会非常繁杂，这时可以采用分析计算法对列车编组方案进行选优。分析计算法又可分为表格分析法、直接计算法等。

分析计算法就是按一定的步骤和方法首先建立一个初始方案，然后在此基础上，以某支车流能否满足必要条件、充分条件和绝对条件为依据，对初步建立的各具体编组到达站进行检查和分析，确定该支车流是否应划为单独的直达编组到达站。

具体方法本书略。

六、区段列车和摘挂列车编组方案

在计算和选定技术直达和直通列车之后，就可以确定区段列车的编组方案了。一般情况下，区段列车都应该单独开行，但如果区段车流量比较小，不足以单开区段列车时，可考虑将区段车流与摘挂车流合并开行摘挂列车。到底单开区段列车有利，还是区段列车与摘挂列车合并开行有利，应进行必要的计算比较。

如果区段车流单独编开区段列车，就要在技术站多消耗一个$T_{集}$，如果区段车流与区段管内车流合并编开摘挂列车时，虽在技术站少消耗一个$T_{集}$，但同时区段车流会因摘挂列车在中间站停车作业而增加在区段内的旅行时间，同样会损失一定数量的车小时。

当不增加摘挂列车对数时，从车小时消耗来说，单独开行区段列车应满足下式要求：

$$cm < N_{区}\ (t_{摘} - t_{区} + t_{摘集})$$

式中　cm——编开区段列车时一昼夜集结时间；

$N_{区}$——区段列车车流量；

$t_{摘}$——摘挂列车在区段内的旅行时间；

$t_{区}$——单开区段列车时其在区段内的旅行时间；

$t_{摘集}$——单开区段列车时摘挂车流的平均集结时间。

当增加摘挂列车对数时，单开区段列车情况下的集结车小时为：$cm + N_{摘} + t_{摘集}$，运行车小时为：$N_{摘}t_{摘} + N_{区}t_{区}$；不单开区段列车情况下的集结车小时为：$(N_{摘} + N_{区})\ t'_{摘集}$，运行车小时为：$(N_{摘} + N_{区})\ t_{摘}$。其中，$N_{摘}$为摘挂列车的车流量，$t'_{摘集}$为区段车流和摘挂车流合并开行摘挂列车时的平均集结时间。

于是，单独开行区段列车应满足下面的条件：

$$cm + N_{摘} + t_{摘集} < (N_{摘} + N_{区})t'_{摘集} + N_{区}(t_{摘} - t_{区})$$

上述仅为是否单独开行区段列车进行的简单比较，在选定是否单开区段列车时，还应考虑区段运送物资的品类及相应运输时间要求、区段通过能力的利用率以及各站的设备和作业条件等因素。

我国铁路在实际工作中经常采用以区段车流为区段管内列车补轴的做法，以达到不增加区段管内列车行车量却能减少区段列车数量，从而减少区段内总行车量的目的。

一般情况下摘挂列车都是必开的，摘挂列车编组计划主要是确定摘挂列车的开行对数及开行方案，这部分内容将在第二章详细介绍。

七、列车编组计划的最终确定

在技术站列车编组计划编制完成后，应检查其与装车地直达列车编组计划的互相配合情况，应符合技术站列车编组计划中有关列车到达站的车流组织办法、列车编组方法等规定，否则将被提前解体而达不到预期目的。另外，应检查各技术站的改编能力是否适应改编车数的要求，特别是装车地直达列车和技术站编组的列车的共同解体站，更应注意审核。对改编能力不适应的技术站，应制定解决办法，如对到达解体列车规定分组选编等。若不便解决时，应调整部分列车编组计划。

为实现编组计划的编制、管理现代化，提高铁路运输组织水平，适应铁路运输发展要求，加强营销工作，全路要逐步改进列车编组计划编制管理手段，利用统一的现代化编制管理系统编制、调整和管理列车编组计划，提高编组计划的信息化管理水平。

在甲—丁方向上，根据车流资料等有关数据，假定各区段均可单独编开区段列车和摘挂列车，纳入技术站列车编组计划，形成最终的甲—丁下行方向货物列车编组计划，见表 1-8。

表 1-8 甲—丁下行方向列车编组计划

顺号	发站	到站	编组内容	列车种类	定期车次	附注
1	X	R	R 站卸	始发直达	85011～85015	每日 3 列
2	X、Y	T	（1）S 站卸（2）T 站卸	阶梯直达	85021	每日 1 列
3	M、N	丁	丁站及其以远	阶梯直达	85051	每日 1 列
4	甲	丁	丁站及其以远	技术直达		
5	甲	丙	丙站及其以远	直通		
6	乙	丁	丁站及其以远	技术直达		
7	甲	乙	乙站及其以远	区段		
8	乙	丙	丙站及其以远	区段		
9	丙	丁	（1）丁站卸（2）丁站以远	区段		
10	甲	乙	（1）甲—乙间站顺 （2）乙及其以远	摘挂		按站顺编组 按组顺编挂
11	乙	丙	乙—丙间站顺	摘挂		按站顺编组
12	丙	丁	丙—丁间站顺	摘挂		按站顺编组

列车编组计划最终确定后，可绘制列车编组计划图（见图 1-11），印制列车编组计划手册（见表 1-8），发给有关人员学习和执行。

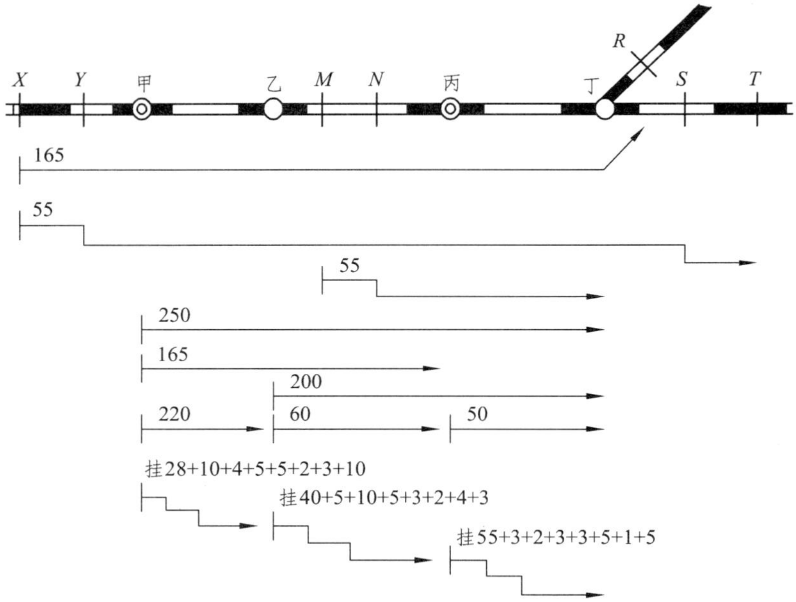

图 1-11 甲—丁下行方向最优列车编组计划方案图

知识拓展——郑州北站

郑州北站，位于中国河南省郑州市，是中国铁路郑州局集团有限公司管辖的特等站，京广铁路和陇海铁路交汇处，于1963年建成运营。郑州北站雄踞中原，扼腕四方，位居路网中心，主要担负南北京广、东西陇海四个方向货物列车的到发、改编作业，在路网运输中具有十分重要的战略地位。

截至2017年1月，郑州北站站场采用双向三级八场纵列式站型、正线外包布置；共设有四个列检作业场，分别为上行系统到达、出发场和下行系统到达、出发场；在上下行编组场间设交换场；在下行到达场与上行出发场间设机务段；站场中部设维修基地；站场北部设机务折返段；在下行调车场尾部设有辅助调车场。

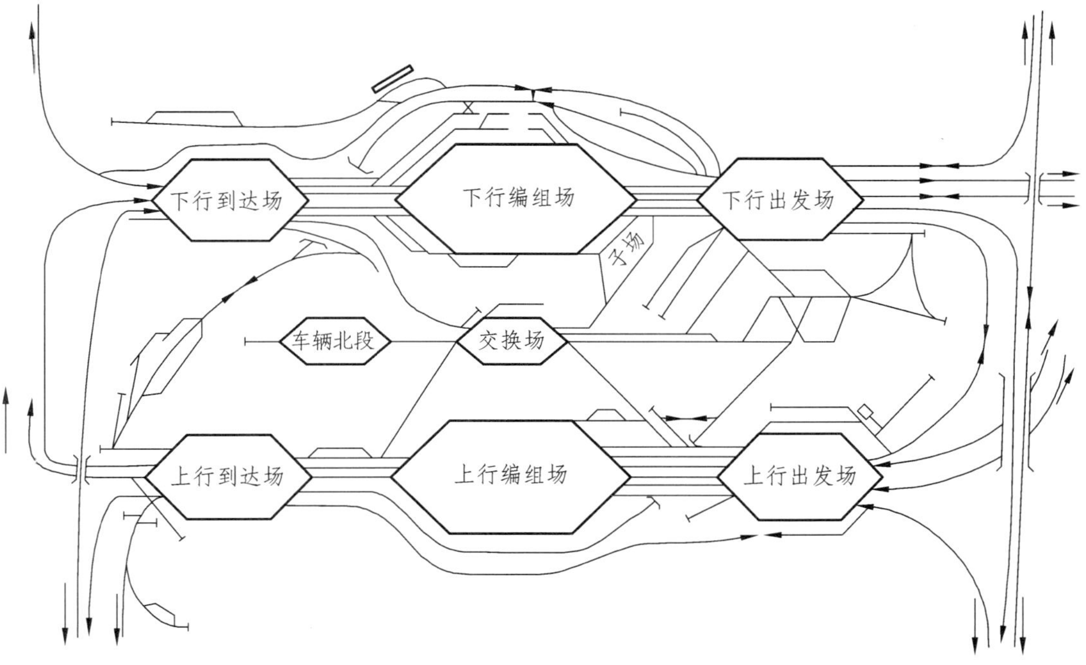

郑州北站是我国第一个双向纵列式三级八场半自动化的特大编组站，也是亚洲作业量最大的列车编组站。承担京广、陇海两大干线东、西、南、北4个方向货物列车的解体、编组任务。该站南北长6 000余米，东西宽800余米，占地约5.3平方千米。全站共有道岔898组，信号机828架，各种线路228条，线路总长度约454千米，其中站线151条，总长度约390公里。2010年日平均接发列车约600列，编解能力约为36 000辆。

郑州北站又是我国第一个综合性现代化编组站，它以电子计算机为主体，实现了车站各项业务运营管理的自动化。郑州北站自动化系统包括货车管理信息处理系统、驼峰作业过程控制系统、编组场尾部微机集中联锁系统、站场无线通信系统和郑州枢纽地区调度监督系统。实现了编组站以信息收集处理、调度指挥到作业过程、统计分析及监督检查的全过程的自动化。

郑州北站被称为全国设计布局最科学的编组站，有“编组站教科书”之称。作为陆桥通道中的重要站点，对东部沿海的集装箱运输将起到重要的作用。

第四节　列车编组计划的执行

微课：列车编组计划的执行

为安全、迅速地完成货物运输任务，列车必须按列车编组计划、列车运行图和《技规》规定的编挂条件、车组、重量或长度编组。

列车编组计划是全路的车流组织计划，是车站解编作业合理分工和科学地组织车流的办法。它确定了各站的作业任务和相互关系，编组计划一经确定，必须严格执行，任何车站不得违反列车编组计划编车，否则，必然会打乱站间分工，增加改编作业，带来作业困难，甚至造成枢纽堵塞。

编组计划不得经常变更。如因车流或技术设备发生较大变化，必须调整时，要有计划有准备地进行，并及时向有关单位布置。铁路局集团公司变更编组计划时，变更内容要报铁路总公司备案。下列人员有权变更编组计划：总公司有权变更跨局列车编组计划；铁路局集团公司有权变更本局管内编组计划，在征得有关铁路局集团公司同意后有权变更跨局区段、摘挂、小运转列车编组计划，变更后应报总公司运输局。

各铁路局集团公司应经常对职工进行运输纪律教育，建立和健全监督检查和分析考核制度。各级列车调度人员应组织站、段严格按编组计划规定编车，认真掌握直达列车和定期列车按时开行和正常运行，发现违反编组计划时，应及时督促车站纠正。车站调度员、车站值班员、调车区长等有关人员应严格执行编组计划，不得违反。如发现违反编组计划，应查明原因，立即纠正。

各铁路局集团公司应组织主管编组计划及有关人员深入现场调查研究，总结分析车流动态、货源货流变化、直达列车开行、技术站作业、能力使用及编组计划执行等情况，不断总结经验，及时提出改进意见。

为了正确执行编组计划，各铁路局集团公司在每次新编组计划实行前，须制定保证实现编组计划的措施，组织各级有关人员认真学习新编组计划的内容、特点和要求。各技术站根据需要和可能安排好车场分工、固定线路用途、调整劳动组织等准备工作，并将本站的列车编组计划摘录及注意事项张贴在车站调度室及调车区长室等有关场所。

技术站对正确执行编组计划负有重要的责任。在日常工作中，车站调度员和调车区长应按照列车编组计划的规定，正确编制阶段计划和调车作业计划；调车人员在编组列车的过程中，应考虑所挂车辆是否符合列车编组计划；车号员在编制列车编组顺序表和核对现车时，要检查其中编挂的车辆及编组方法是否符合列车编组计划，发现问题及时汇报。

列车调度员应监督车站按编组计划编组列车，如发现违反编组计划，应及时督促车站改正，不得滥发承认违反编组计划的命令。

一、执行货物列车编组计划的有关规定

（1）编组列车应按列车运行图规定的列车牵引质量或换长满轴编组，尾数波动执行有关规定。运行区段牵引定数不一致的直达列车，由编组计划指定列车牵引质量、换长时，按编

组计划指定的牵引质量、换长编组。摘挂列车、小运转列车允许欠轴开行。

（2）分组列车不受车组号顺位的限制（单独指定编挂位置者除外）。临时排送的空车，应单独选编成组（摘挂、小运转列车除外）。按回送单据向指定到站回送的空车（特殊规定者除外），按该到站的重车办理。

（3）摘挂列车主要是为中间站服务的，其编组方法应按摘挂列车在中间站甩挂作业方便的要求编组：

① 摘挂列车的始发站应将到达途中各站的车组挂于列车前部（特殊规定者除外），为区间留轴后尚有余轴时，可加挂指定车流；

② 限速的机车、车辆虽属直达、直通或区段车流，也可利用摘挂列车挂运。

（4）列车的补轴（包括超轴）除另有规定外，应利用与该列车相同到站的车流补轴，相同车组应连挂在一起。如没有相同到站的车流补轴时，可用符合编组计划规定、不超过该列车到达站的最远到站车组补轴。

（5）车辆应按规定的径路运行。对需要加冰、加油的冷藏车，可视作前方加冰、加油站的重车办理（特殊指定者除外）。

二、违反货物列车编组计划的有关规定

凡有下列情况之一者（另有规定除外）均为违反编组计划：

（1）直达列车的车流编入直通、区段、摘挂和小运转列车；直通列车的车流编入区段、摘挂和小运转列车；区段列车的车流编入摘挂和小运转列车。

因为这种把远程车流编入近途列车的做法，势必会造成远程车流在沿途技术站重复改编，延缓货物运送和车辆周转，打乱站间分工。但对于装载超限货物的限速货车，虽属直达、直通、区段车流，也可利用摘挂列车挂运，而不算违反编组计划。

（2）直通、区段、摘挂和小运转列车的车流编入直达列车；区段、摘挂和小运转列车的车流编入直通列车；摘挂和小运转列车的车流编入区段列车。

这种把近程车流编入远途列车的做法，其后果必然使远途列车在有关技术站提前改编，同样延缓货物的运送和车辆的周转，破坏站间分工。但为加速到达中间站（包括中间站挂出）而需要快运的鲜活、易腐货物，可优先用直达、直通、区段列车挂运，而不算违反编组计划。如有特殊需要，各局集团公司可在编组计划中指定车次，利用直达、直通、区段列车甩挂中间站车辆。

（3）未按规定选分车组或未执行指定的编挂顺序（由于执行隔离限制确实难以兼顾时除外）。主要有以下几种情况：

① 分组列车和按规定选分车组的单组列车未选分成组；

② 应按站顺编挂的摘挂列车未按站顺编挂；

③ 指定连挂位置的车组未按指定的位置连挂。

若发生上述情况，则会打乱站间分工，造成有关站作业困难，延长停留时间，降低运输效率。

（4）未按补轴、超轴规定编组列车。

列车在变更重量和长度的车站补轴时，应尽量用与该列车编组内容相同的车流补轴，或者按规定补轴。如图 1-12 所示，*A* 站编组 *A*—丁的直达列车，编组内容为丁站卸。在甲站补轴时，应用丁站卸的车流补轴，如果无丁站卸的车流，编组计划又规定可用丁站以远的车流补轴时，则可用该车流补轴。如果未用丁站卸或丁以远车流补轴而用其他车流补轴时，则违反了编组计划。如果甲站不编开到达丁站的列车，则应用最远到达站但不远于补轴列车解体站的车流补轴，即用丙到达站车流补轴，若用乙或戊到达站车流补轴，同样违反了列车编组计划。

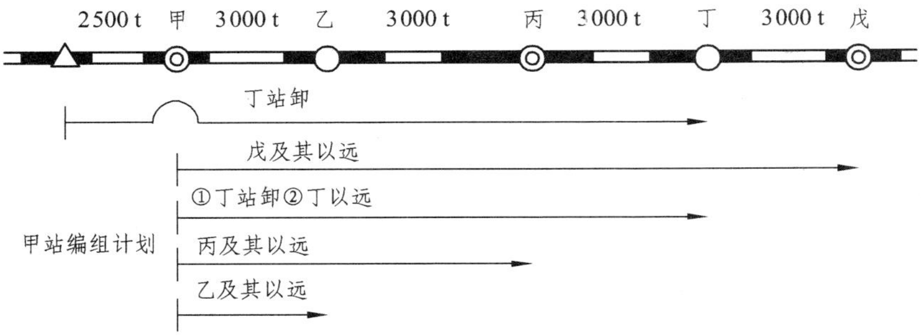

图 1-12　补轴示意图

（5）违反车流径路，将车辆编入异方向列车。

因为在编组计划中，根据各方向区间通过能力、运输距离、列车牵引质量标准和运行速度等因素，规定了各支车流经济合理的经路。如果车站不按规定的经路编组，将加剧通过能力紧张的状况，增加有关技术站的作业负担，降低运输效率。例如，对有平行经路的车流，未按规定的经路编组或错误地将上行车流编入下行列车等，都算违反编组计划。

（6）未达到列车运行图或编组计划规定的列车（基本组）牵引质量、长度（摘挂列车、小运转列车除外）。

例如，甲—乙区段的列车重量标准为 3 200 t，乙—丙区段为 2 500 t，丙—丁区段为 2 000 t，由于重量标准不统一，在列车编组计划中规定甲—丁的直达列车基本组重量为 2 000 t，甲站用乙站及其以远 700 t、丙站及其以远 500 t 分组补轴，如图 1-13 所示。

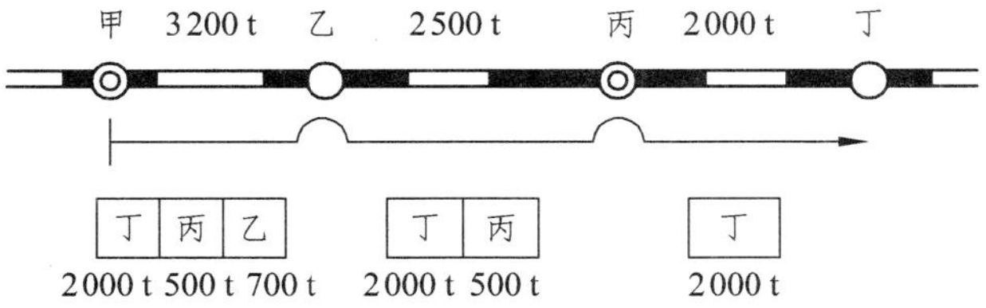

图 1-13　按基本组重量编组列车示意图

如果甲站编组甲—丁的直达列车，基本组只编了 1 500 t，未达到规定的基本组质量，势必会造成在乙站补轴或改编。若乙站无车流可补轴时，还有可能拆散这一直达列车，因此算作违反列车编组计划。

（7）其他未按编组计划规定编组的列车。

以上 7 种情况属于违反列车编组计划的编车，在日常工作中，各有关人员均应严格执行编组计划，加大考核力度，对违反列车编组计划的编车，及时做出处理。

在特殊情况下，必须违反编组计划时，跨局列车由铁路总公司、局管内列车由铁路局集团公司调度下达调度命令。对违反编组计划的列车，应记录车次、原因、责任者，以便核查。

车站对所有始发、到达或交接的列车完成列车编组计划的情况，应逐日、逐列在专门的登记簿上进行统计，逐旬上报铁路局集团公司。对其中违反编组计划的列车，只要未纠正，不论是否有承认违编的调度命令，也不论是否开车，均视为违编列车，且应注明违编性质、原因、承认违编的调度命令号码和调度员姓名、采取的纠正措施等。铁路局集团公司则根据车站上报的资料编制主要站完成列车编组计划的报告，并按月、按旬进行分析，查明违反列车编组计划的情况和原因。对于组织的高质量直达列车要及时加以总结，促进各编组站认真执行编组计划。各铁路局集团公司每季度应将执行编组计划情况分析报告铁路总公司运输局。

◆ 思考题

1. 为什么要编制列车编组计划？其主要内容是什么？要解决哪些问题？
2. 列车中车辆编挂的方法有哪几种？
3. 什么是车流径路？影响车流径路选择的因素有哪些？车流径路管理包括哪些主要内容？
4. 如何确定技术站间的计划车流？如何绘制合并式车流梯形图？
5. 如何确定货车集结时间？如何查定集结系数？
6. 车流开行直达（直通）列车的基本条件是什么？
7. 如何计算 $t_{节}$？为何要考虑 $t_{集}$ 的影响？
8. 何谓列车编组方案？如何选择一个方向上的列车最优编组方案？
9. 哪些情况属于违反列车编组计划？对违编列车应如何处理？

【技能训练题】

1. 甲—丁方向车流示意如图 1-14 所示，确定单独编开直达、直通列车的车流号。

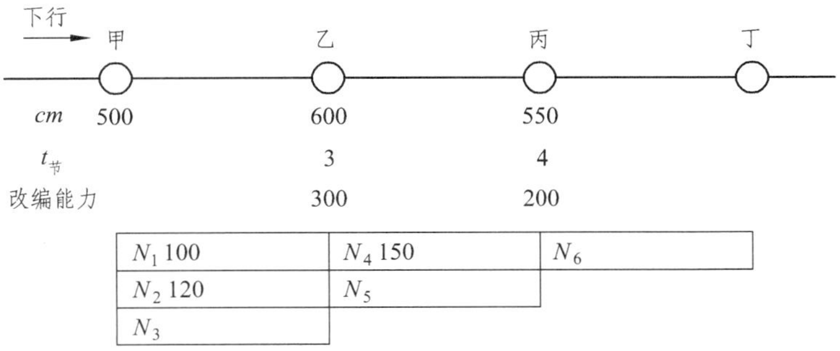

图 1-14　甲—丁方向车流示意图

2. 设乙站、丙站改编能力没有限制，计算比较下列条件下哪种方案最优。

表 1-9　乙站、丙站方案比较

方案号	方案特征	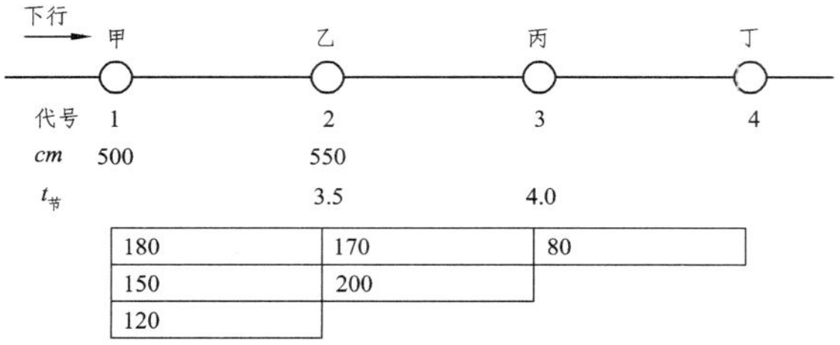	$\sum T_{集}$	$\sum N_{直} t_{节}$	$\sum N_{直} t_{节} - \sum T_{集}$	直达车流在沿途技术站改编车数	
						乙站	丙站
1	2，3，4 3，4 4						
2	2，3+4 3，4 4						
3	2+3　4 3，4 4						
4	2，3，4 3+4 4						

第二章　列车运行图

➢ 主要内容

列车运行图的格式和分类，列车运行图的组成因素，铁路区间通过能力，列车运行图的编制，铁路通过能力加强等。

➢ 重点掌握

车站间隔时间的组成因素及确定方法，追踪列车间隔时间的确定方法，铁路区间通过能力及其计算，提高区间通过能力的主要措施，管内车流变动图的绘制方法，摘挂列车铺画方案的选择及区段管内工作列车运行线的铺画，列车运行图的编制方法，列车运行图指标计算等。

列车运行图是列车运行的图解，是用以表示列车在铁路区间运行及在车站到发或通过时刻的技术文件，是全路组织列车运行的基础。它规定各次列车占用区间的顺序，列车在区间的运行时分，列车在各个车站的到达、出发（通过）时刻，列车的会让、越行，列车的重量和长度标准、机车交路等。

本章主要介绍列车运行图的格式和分类，列车运行图各项组成因素的概念及确定方法，区间通过能力的计算，加强通过能力的措施，列车运行图编制及其主要指标的计算等。

第一节　概　述

规章原文

《技规》普速版第 225 条　列车运行图是铁路行车组织工作的基础。所有与列车运行有关的铁路各部门，必须按列车运行图的要求，组织本部门的工作，以保证列车按运行图运行。

列车运行图应根据客货运量、区段通过能力等因素确定列车对数，并符合下列要求：

1. 列车运行、车站间隔、技术作业等时间标准；
2. 迅速、便利地运输旅客和货物；
3. 充分利用通过能力，经济合理地运用机车车辆和安排施工、维修天窗；
4. 做好列车运行线与车流的结合；
5. 各站、各区段间的协调和均衡；
6. 合理安排乘务人员作息时间。

机车周转图应与列车运行图同时编制。

一、列车运行图的作用

一方面，由于列车运行图规定了列车占用铁路区间的顺序和时间，实际上就规定了与列车运行有关各部门的工作。例如，车站根据列车运行图所规定的列车到达和出发时刻，安排车站的行车工作、调车工作和全站的运输工作计划；机务部门根据运行图的需要，确定每天需要派出的机车台数、派出的时刻，以及安排机车的整备和乘务员的作息计划；供电等部门应按列车运行图的要求组织施工及维修工作等。

另一方面，列车运行图又是铁路运输企业向社会提供运输服务的一种有效形式，供社会使用的铁路旅客列车时刻表及“五定”货运班列运行计划，实际上就是铁路运输服务能力目录。因此，列车运行图既是行车组织工作的基础，又是联系各部门工作的纽带，也是铁路运营管理工作的综合性计划。

二、列车运行图的格式

列车运行图是运用坐标原理表示列车运行时间、空间关系的一种图解形式。以垂直线等分横轴表示时间，按每一等份表示的时间不同，运行图分为二分格运行图、十分格运行图和小时格运行图。将纵轴按一定比例用横线加以划分，每一横线表示一个车站的中心线，大站或有技术站作业的中间站用粗线表示，小站用细线表示。由于列车速度的不断变化，列车运行线本来是一条不规则的曲线，为简化起见而将其画为斜直线。

这种用横、竖、斜三种线分别代表车站、时间和列车运行的图表，就构成了列车运行图的基本框架。在一张既有旅客列车又有货物列车，既有快车又有慢车的运行图上，为了区分不同种类的列车，规定各种列车用不同符号和不同颜色表示。

为了适应使用上的不同需要，运行图在使用上分为三种格式：

1. 二分格运行图

二分格运行图（见图 2-1）主要在编制新运行图时作为草图使用。在这种运行图上，小时格和十分格用粗线、二分格用细线表示。其时分标记不需填写时分数字，而是以规定的符号表示。

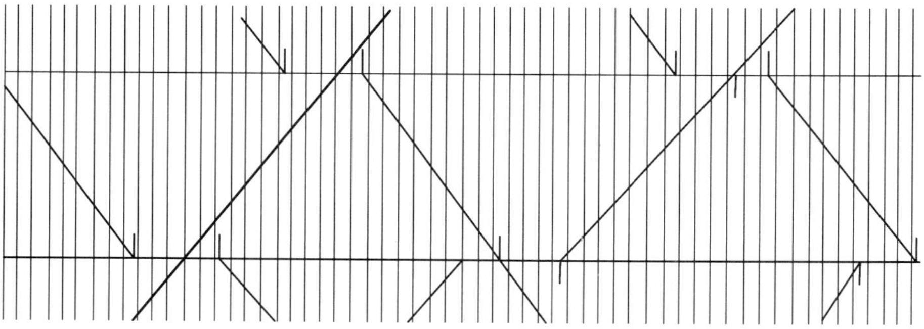

图 2-1　二分格运行图

2. 小时格运行图

小时格运行图（见图 2-2）主要在编制旅客列车方案图和机车周转图时使用。在小时格运行图上，列车到发时刻需将 60 min 以下数字写出来。

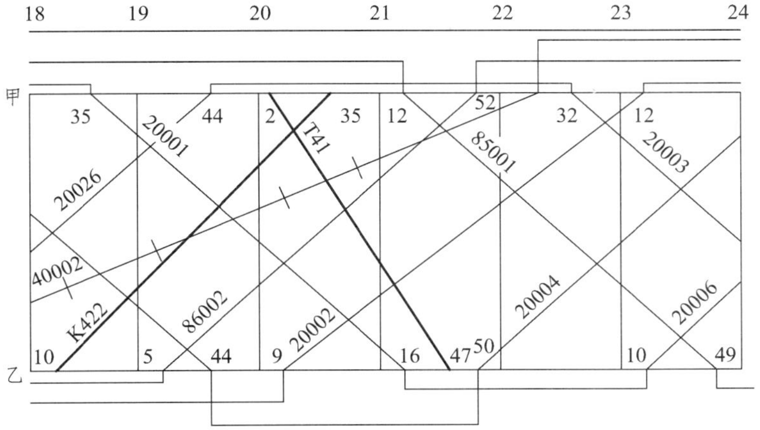

图 2-2　小时格运行图

3. 十分格运行图

十分格运行图是列车运行图中常用的格式，主要用于列车调度员绘制实际运行图。这种运行图的横轴以十分为单位用细竖线加以划分，半小时格用点线、小时格用粗线表示。列车到发时刻只填写 10 min 以下的数字。

三、站名线的画法

站名线即列车运行图中表示车站位置的横线，其确定方法有以下两种。

PPT：站名线的画法

1. 按区间里程的比率确定

按区间里程的比率确定是按整个区段内各车站间实际里程的比率来画横线，每一横线即表示一个车站的中心线。采用这种方法时，运行图上站名线间的距离能明显地反映出站间距离的大小。但由于各区间线路的平面和纵断面情况不一，列车运行速度有所不同，列车在整个区段上的运行线往往是条斜直线，既不整齐，也不容易发现铺画中的错误。所以，一般不采用这种方法。

2. 按区间运行时分比率确定

按区间运行时分比率确定指按整个区段内下行（或上行）列车在各区间运行时分（当上下行运行时分差别较大时可加以调整）的比率来画横线，采用这种方法时，可以使列车在整个区段的运行线基本上是一条斜直线，既整齐美观，又便于发现运行时分上的问题，所以现实中多采用此法。如图 2-3 所示，甲—乙区段下行方向货物列车运行时分共计 100 min。制图时首先确定技术站甲、乙的位置，然后在代表乙站的横线上向右截取相等于 100 min 的线段，得 F 点。连接甲、F 两点，得一斜直线。最后按照下行货物列车在各区间的运行时分标出各车站的位置，通过这些点，即可画出代表 A、B、C、D 车站的横线。

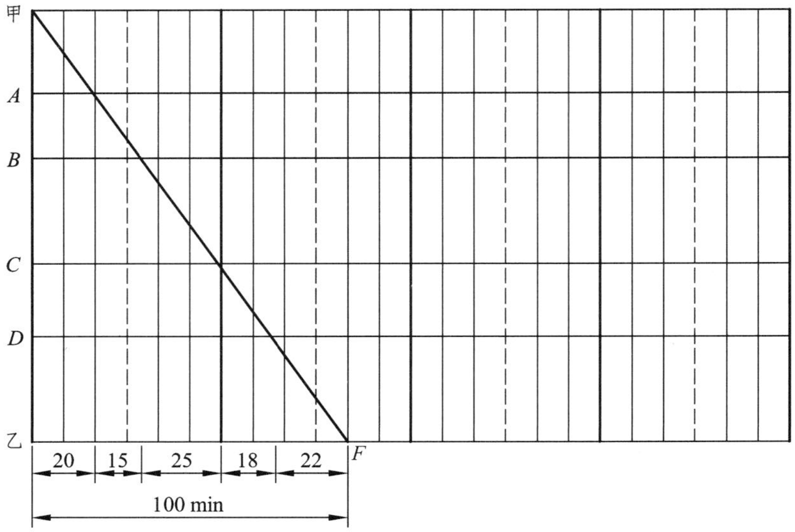

图 2-3 按区间运行时分比率画站名线例图

四、列车运行图分类

列车运行图根据铁路线路的技术设备（如单线、双线）、列车运行速度、上下行方向的列车数目、列车运行方式等条件，可以分为多种不同的类型。

（一）按照区间正线数目划分

按照区间正线数目的不同，列车运行图可分为单线运行图、双线运行图和单双线运行图。

1. 单线运行图

单线运行图是指在单线区段采用的运行图。列车的交会越行只能在车站进行，如图 2-4 和图 2-5 所示。

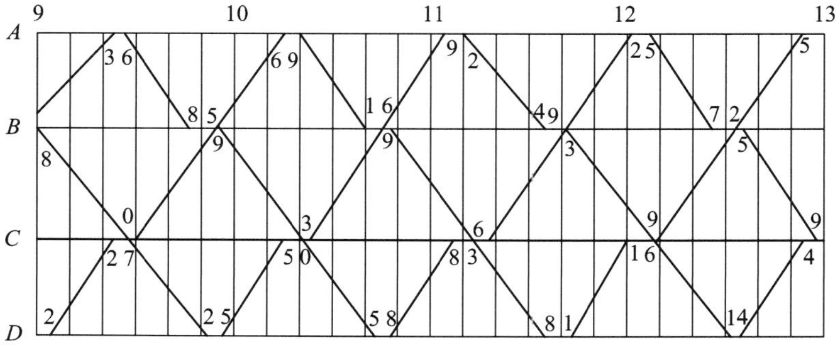

图 2-4 单线平行运行图

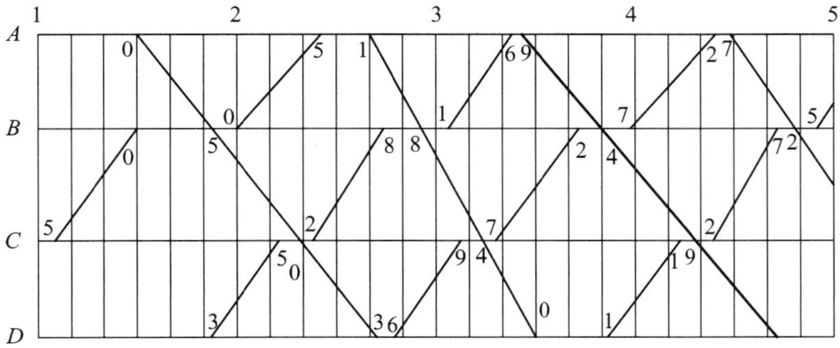

图 2-5　单线非平行运行图

2. 双线运行图

双线运行图是指在双线区段采用的运行图。列车的交会可以在区间或车站上进行，但列车的越行必须在车站上进行，如图 2-6 和图 2-7 所示。

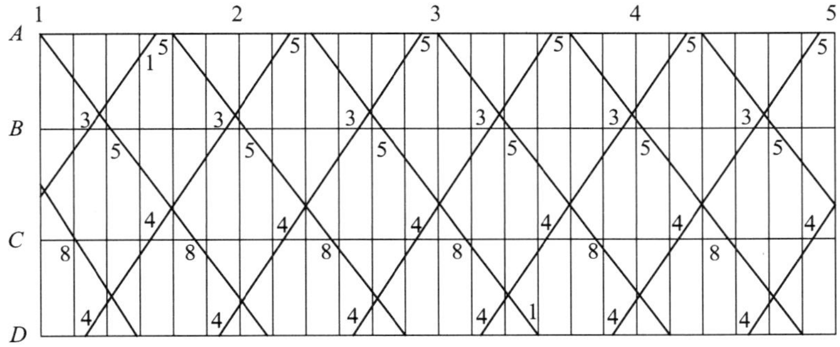

图 2-6　双线非追踪平行运行图

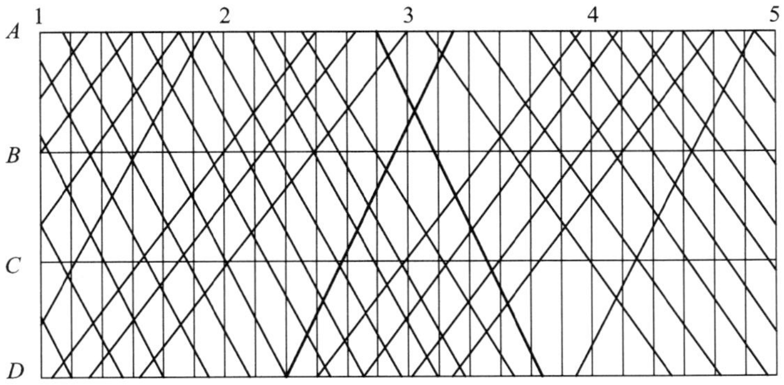

图 2-7　双线追踪非平行运行图

3. 单双线运行图

既有单线区间也有双线区间的区段称为单双线区段，为单双线区段编制的运行图称为单双线运行图。它兼有单线运行图和双线运行图的特征，如图 2-8 所示。

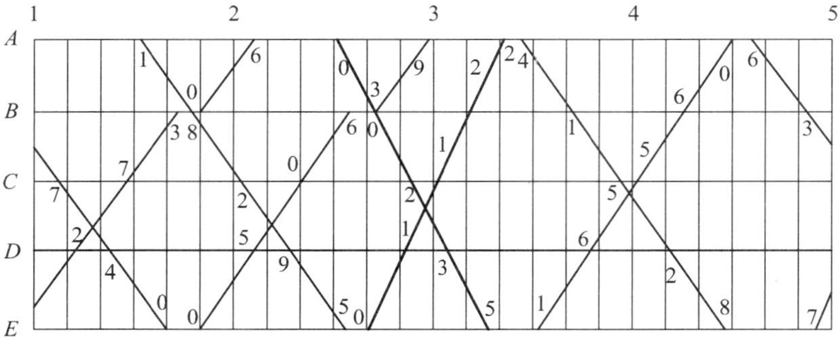

图 2-8　单双线运行图

（二）按列车运行速度划分

按列车运行速度的不同，运行图可分为平行运行图和非平行运行图。

1. 平行运行图

在运行图上同一区间内，同方向列车的运行速度相同，因而列车运行线相互平行，且区段内无列车越行，如图 2-4 和图 2-6 所示。

2. 非平行运行图

在运行图上铺画有各种不同速度和不同种类的列车，因而部分列车运行线互不平行，在区段内可能产生列车越行，如图 2-5 和图 2-7 所示。

（三）按照上、下行方向列车的数目划分

按照上、下行方向列车的数目的不同，列车运行图可分为成对运行图和不成对运行图。

1. 成对运行图

成对运行图指同一区段内，上、下行方向列车数目相等。

2. 不成对运行图

不成对运行图指同一区段内，上、下行方向的列车数目不相等。

我国铁路大多数区段的上、下行列车数是相等的，所以一般多采用成对运行图。只有在上、下行方向运量不等的个别区段或行车量较大方向的能力不足时，才采用不成对运行图。

（四）按照同方向列车运行方式划分

按照同方向列车运行方式的不同，列车运行图可分为追踪运行图和非追踪运行图。

1. 追踪运行图

在自动闭塞区段上，同方向的列车是以闭塞分区为间隔运行，在这种运行图上，一个站间区间内允许同时有几个列车按追踪方式运行，如图 2-7 所示。

2. 非追踪运行图

这种运行图的特点是同方向列车是以站间区间或所间区间为间隔，即在非自动闭塞区段采用的运行图。图 2-6 所示即为双线非追踪平行运行图。图 2-4、2-5 所示为单线非追踪运行图。

以上所列举的分类方法，都是根据运行图的某一特点加以区别的，而每一区段列车运行图都具有各方面的特点。例如：甲—乙区段运行图（见图 2-2），它既是单线的、成对的，又是非平行和非追踪的运行图。

第二节　列车运行图组成因素

列车运行图虽然分为各种不同的类型，但它们都是由一些基本因素组成的。在每次编制运行图之前，必须首先确定组成运行图的各项因素。

列车运行图要素包括：列车区间运行时分；列车在中间站的停站时间；车站间隔时间；追踪列车间隔时间；列车在机务本段和折返段所在站的停留时间标准；列车在技术站的技术作业过程及其主要作业时间标准。

一、列车区间运行时分

列车区间运行时分，是指列车在两个相邻车站或线路所之间的运行时间标准。它由机务部门用牵引计算和实际试验相结合的办法确定。

区间运行时分的计算距离以车站中心线或线路所通过信号机之间的距离计算。有的车站当到发场中心线与车站中心线不一致时，则按到发场中心线计算。

微课：列车区间运行时分

区间运行时分应按以下几种情况分别查定：

（1）旅客列车和货物列车要分别查定。

（2）上行方向和下行方向要分别查定。因为线路的平面和纵断面情况不同，上下行列车的重量标准也可能不同，所以应分别查定。

（3）列车在区间两端站停车与不停车分别查定。列车在区间两端站均通过时的区间运行时分称为纯运行时分；由于列车起动或停车而使区间运行时分比纯运行时分延长的时分称为起车或停车附加时分。当区间两端均无技术作业需要停车时，应按通通、通停、起通、起停四种情况分别查定其区间运行时分（见图 2-9）。

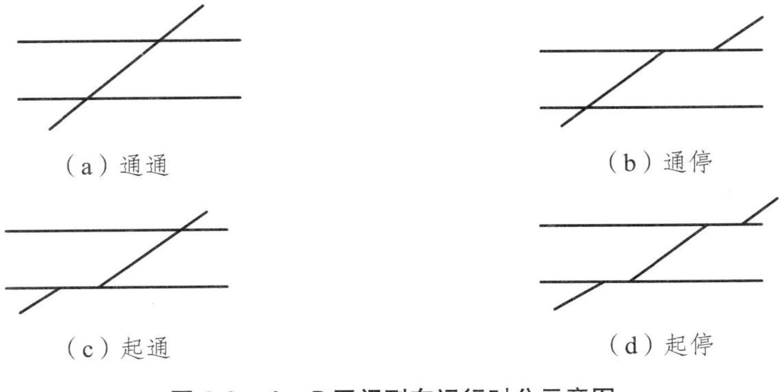

图 2-9　*A—B* 区间列车运行时分示意图

设 *A—B* 区间的 $t_{纯}^{上}=14$ min，$t_{纯}^{下}=15$ min，$t_{起}^{A}=t_{起}^{B}=3$ min，$t_{停}^{A}=t_{停}^{B}=1$ min。四种情况的区间

运行时分见表 2-1，其缩写方法见表 2-2。

表 2-1 *A*—*B* 区间列车运行时分

站名	上行				下行			
	通通	通停	起通	起停	通通	通停	起通	起停
A *B*	14	15	17	18	15	16	18	19

表 2-2 *A*—*B* 区间运行时分缩写形式

站名	上　行	下　行
A *B*	14_3^1	15_1^3

二、列车在中间站的停站时间

列车在中间站的停站时间是指列车在中间站办理列车技术作业、客货运作业及列车会让等所需要的最小停留时间。

列车在中间站的停站时间由下列原因产生：

（1）进行必要的技术作业，主要是指在中间站上进行的车辆技术检查、试风、摘挂机车等。

（2）客货运作业，主要是指旅客乘降、行包及邮件装卸、车辆摘挂、货物装卸等。

（3）列车在中间站的会车和越行。

摘挂机车作业在采用补机地段的起点站和终点站上进行。列车在中间站的技术检查和试风一般在长大下坡道之前的车站上进行。

客货运作业停站时间应根据各种列车的不同需要分别规定：对于旅客列车，规定旅客乘降、行包和邮件装卸所需要的停站时间；对于摘挂列车，规定摘挂车辆、取送车及不摘车装卸作业所需要的停站时间。

列车在中间站的各项停留时间标准由每个车站用分析计算和实际查标相结合的办法分别确定。列车在中间站的各项作业应尽可能平行进行。在满足需要的情况下，应最大限度地压缩列车在中间站的停站时间，以提高列车旅行速度。

三、列车在车站的间隔时间

列车在车站的间隔时间（简称车站间隔时间，以下同）是指车站办理两个列车的到达、出发或通过作业所需要的最小间隔时间，在查定车站间隔时间时，应遵守有关规章的规定及车站技术作业时间标准，保证行车安全和最好地利用区间通过能力。

常用的车站间隔时间包括不同时到达间隔时间、会车间隔时间、连发间隔时间、同方向列车不同时开到及不同时到开间隔时间等几种。车站间隔时间的大小，与车站邻接区间的行车闭塞方法、信号和道岔的操纵方法、车站类型、接近车站的线路平面和纵断面情况、机车类型、列车重量和长度等因素有关。

在编制运行图之前，每个车站都要根据本站的具体条件查定各种车站间隔时间。

现将几种主要的车站间隔时间的定义、作业内容和计算方法分述如下。

（一）相对方向列车不同时到达间隔时间（$\tau_{不}$）

相对方向列车不同时到达间隔时间是指在单线区段相对方向列车在车站交会时，自某一方向列车到达车站之时起，至对向列车到达或通过该站时止的最小间隔时间，如图 2-10 所示。

（a）两列车都停车　　（b）两列车一停一通

图 2-10 相对方向列车不同时到达间隔时间示意图

为了提高货物列车旅行速度，在列车交会时，除上下行列车在同一车站都有作业需要停车外，原则上应使交会的两列车中一列通过车站。因此在运行图上较常采用一列停、一列通过的不同时到达间隔时间。

为了保证行车安全，在进站信号机外制动距离内进站方向为超过《技规》规定的下坡道，而接车线末端又无隔开设备的车站，禁止办理相对方向同时接车。凡不能办理相对方向同时接车的车站，由相对方向到达车站的两列车也必须保持必要的不同时到达间隔时间。

不同时到达间隔时间由两部分组成：

1. 办理有关作业的时间

确认先到列车整列到达并于警冲标内方停妥后，为后到列车办理闭塞（后到列车通过时），准备进路、开放信号机等作业所需时间。

2. 对向列车通过进站距离的时间（$t_{进}$）

当为后到列车开放进站信号时，后到列车的头部应处于进站信号机外一个制动距离及司机确认信号显示状态的时间内列车所运行的距离 $l_{确}$ 之和的位置，$t_{进}$ 为列车通过进站距离 $L_{进}$ 的运行时间，如图 2-11 所示。

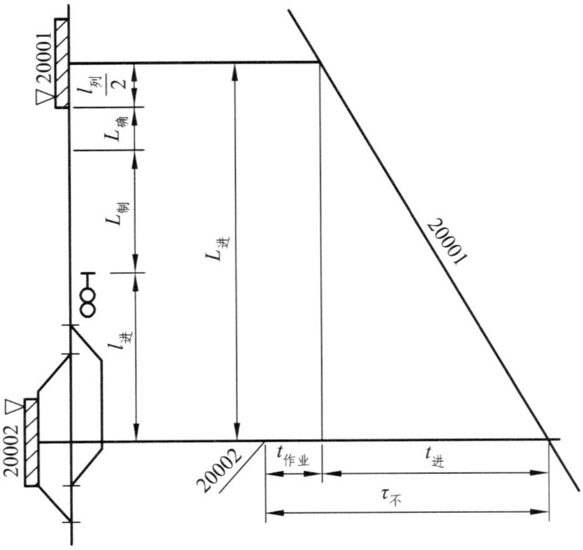

图 2-11 进站信号机开放时列车位置示意图

因此，不同时到达间隔时间可用下式计算：

$$\tau_{不} = t_{作业}^{不} + t_{进} = t_{作业}^{不} + 0.06\frac{L_{进}}{v_{进}}$$

$$= t_{作业}^{不} + 0.06\frac{l_{进} + l_{制} + l_{确} + 0.05l_{列}}{v_{进}} \ (\text{min})$$

式中 $l_{列}$——列车长度；

$l_{确}$——司机确认进站信号显示状态时间内列车运行的距离；

$l_{制}$——列车制动距离（或由预告信号机至进站信号机的距离）；

$l_{进}$——由进站信号机至车站中心线的距离；

$v_{进}$——列车平均进站速度。

由于车站两端进站信号机外方进站距离内的线路情况和运行速度不一定相同，因此 $t_{进}$ 应视具体情况分别查定。

（二）会车间隔时间（$\tau_{会}$）

PPT：会车间隔时间

在单线区段的车站上，两列车交会时，自某一方向列车到达或通过车站之时起，至该站向这一区间发出另一对向列车之时止的最小间隔时间称为会车间隔时间。单线区段各站均应查定。会车间隔时间在运行图上的表示形式如图 2-12 所示。

图 2-12　会车间隔时间示意图

会车间隔时间是车站办理各项作业所需要的时间，主要包括：确认先到列车的到达或通过的时间，与来车方向的邻站办理闭塞的时间，准备发车进路及开放出站信号机的时间，发车作业时间等。其计算公式为：$\tau_{会} = t_{作业}$。

（三）连发间隔时间（$\tau_{连}$）

连发间隔时间是指自前行列车到达或通过邻接的前方车站之时起，至本站向该区间发出另一同方向列车之时止的最小间隔时间。根据列车在区间的前后两站停车或通过的不同情况，连发间隔时间可有以下四种类型（见图 2-13）。

（1）两列车在前后两站都通过，如图 2-13（a）所示。

（2）前行列车在前方站停车，后行列车在后方站通过，如图 2-13（b）所示。

（3）前行列车在前方站通过，后行列车在后方站起车，如图 2-13（c）所示。

（4）前行列车在前方站停车，后行列车在后方站起车，如图 2-13（d）所示。

（a）　（b）

图 2-13　连发间隔时间示意图

上述四种类型可归纳为两种情况：

前两种类型（见图 2-13（a）、（b））为第一种情况，我们将这种连发间隔时间称为 $\tau_{连}^{通}$，其时间因素包括：

（1）前方站确认前行列车到达或通过，两站间为后行列车办理闭塞手续，后方站为后行列车开放通过信号机等作业时间。

（2）后行列车通过进站距离 $L_{进}$的运行时间（见图 2-14）。

$$\tau_{连}^{通}=t_{作业}^{连}+t_{进}=t_{作业}^{连}+0.06\frac{L_{进}}{v_{进}}$$

后两种类型（见图 2-13（c）、（d））为第二种情况，我们称之为 $\tau_{连}^{停}$，其时间因素包括：

（1）前方站确认前行列车到达或通过，两站间为后行列车办理闭塞手续，后方站开放出站信号机等作业时间。

（2）后方站组织发车、司机确认信号显示状态、起动列车等作业时间。

所以，第二种情况的连发间隔时间全是发车作业时间。

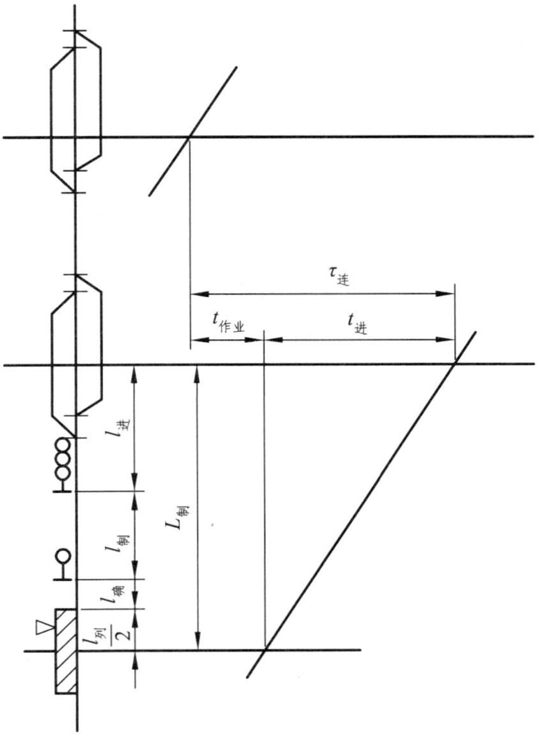

图 2-14　两列车在前后站均通过的连发间隔时间示意图

（四）同方向列车不同时开到（$\tau_{开到}$）及不同时到开间隔时间（$\tau_{到开}$）

自一列车由车站出发时起，至同方向另一列车到达车站时止的最小间隔时间，称为同方向列车不同时开到间隔时间。自某方向列车到达车站时起，至由该站发出另一列同方向列车时止的最小间隔时间，称为同方向列车不同时到开间隔时间，如图 2-15 所示。

图 2-15　同方向列车不同时开到及不同时到开间隔时间示意图

凡禁止接发同方向列车的车站，都应查定不同时开到及不同时到开间隔时间。在查定两项间隔时间时，应遵守下列规定：

（1）在办理列车先发后接时，必须在出发列车全部出清发车进路的最外方道岔，并关闭出站信号机后，方可开放另一端的进站信号机。此时，接入列车的头部应处于进站信号机外方 $L_{制}+L_{确}$ 的地点。所以，不同时开到的间隔时间应按下式计算：

$$\tau_{开到}=t_{出}+t_{作业}^{开到}+t_{进}=0.06\frac{l_{出}+0.5l_{列}}{\bar{V}_{出}}+t_{作业}^{开到}+0.06\frac{l_{进}+0.5l_{列}+l_{制}+l_{确}}{\bar{V}_{出}}\ (\text{min})$$

（2）在办理列车先到后开时，必须在接入列车进站停妥，并关闭进站信号机后，方可开放出发列车的有关出站信号机组织发车。所以，不同时到开的间隔时间是车站办理发车作业的时间之和，即 $\tau_{到开}=t_{作业}^{到开}$。

四、追踪列车间隔时间

（一）追踪列车间隔时间的意义

在自动闭塞区段，列车以闭塞分区为间隔运行称为追踪运行。追踪运行列车之间的最小间隔时间称为追踪列车间隔时间，其数值大小取决于同方向列车间隔距离、列车运行速度及信联闭设备类型。

在双线和单线自动闭塞区段均应查定追踪列车间隔时间（见图 2-16）。

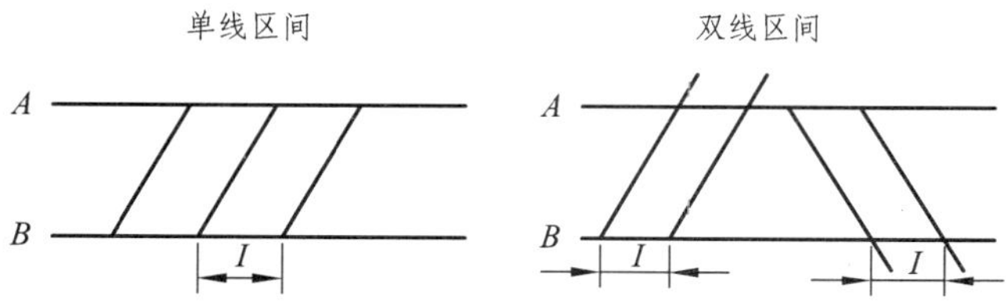

图 2-16　追踪列车间隔时间示意图

（二）三显示自动闭塞区段追踪列车间隔时间

两列车间的距离和列车运行速度是列车追踪间隔时间大小的决定因素。列车间的距离应使后行列车不因前行列车未腾空有关分区而降低运行速度，同时，也不能使两列车间距离太远而浪费区间通过能力。在三显示的自动闭塞区段，通常以两列车间隔三个闭塞分区为计算追踪列车间隔的依据，即后行列车在绿灯信号下向绿灯运行，如图 2-17 所示。

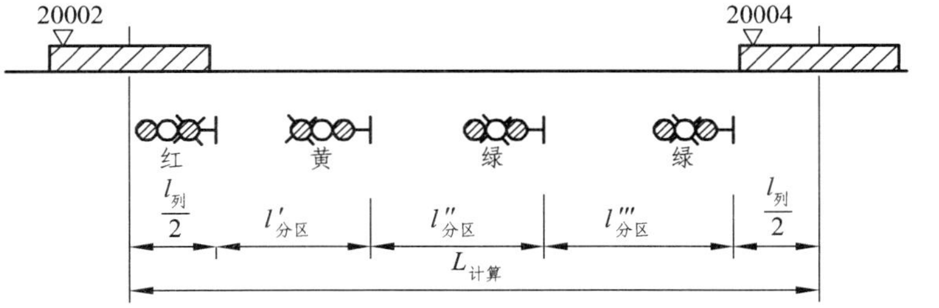

图 2-17　追踪列车在绿灯信号下向绿灯运行间隔距离示意图

在这种情况下，追踪列车的间隔时间为：

$$I_{追}^{绿}=0.06\times\frac{l_{列}+l'_{分区}+l''_{分区}+l'''_{分区}}{v_{运}}\ (\min)$$

式中　$l_{列}$——列车的长度，m；

$l'_{分区}$、$l''_{分区}$、$l'''_{分区}$——连续三个闭塞分区长度，m；

$v_{运}$——列车在区间的平均运行速度，km/h。

当列车在长大上坡道运行时，由于运行速度低，追踪列车间隔时间可以按前后列车间隔两个闭塞分区（即在绿灯信号下向黄灯运行）的条件确定，如图 2-18 所示。

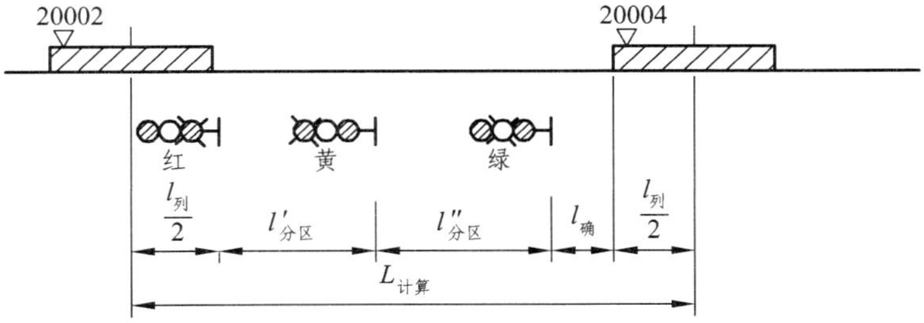

图 2-18　追踪列车向黄灯运行间隔距离示意图

这时，追踪列车间隔时间为：

$$I_{追}^{黄}=0.06\times\frac{l_{列}+l'_{分区}+l''_{分区}}{v_{运}}+t_{确}\ (\min)$$

式中　$t_{确}$——司机确认信号显示状态的时间，min。

在编制运行图时，除需控制列车在区间的追踪间隔而查定上述区间追踪列车间隔时间外，还应控制列车追踪到达、追踪出发和追踪通过车站的间隔。因此，应分别查定该三项追踪列车间隔时间。

1. 追踪列车到达间隔时间（$I_{到}$）

在自动闭塞区段上，自前一列车到达车站时起，至同方向次一追踪列车到达或通过该站时止的最小间隔时间，称为追踪到达间隔时间（见图 2-19）。在确定该项间隔时间时，应使后行追踪列车不因车站未准备好接车进路和未及时开放信号机而降低速度。为此，车站开放信号机的时刻，追踪到达列车的头部应处于站外第一接近信号机处（见图 2-20）。

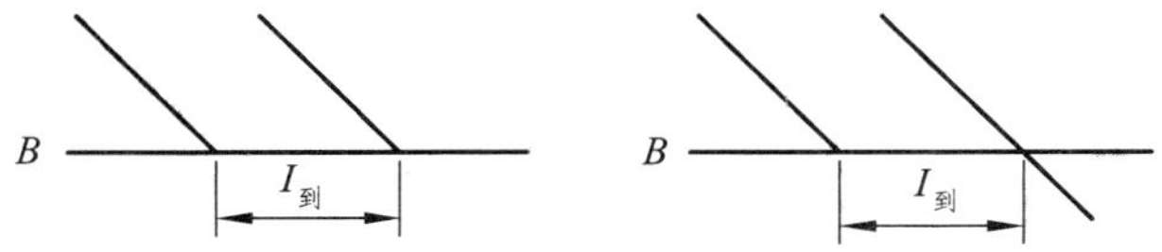

图 2-19 列车追踪到达间隔时间示意图

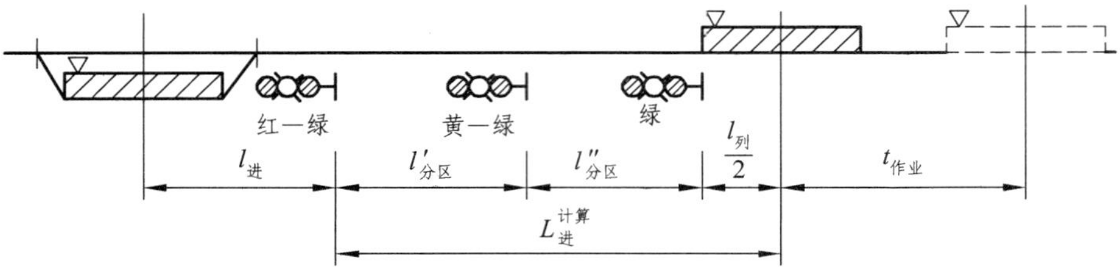

图 2-20 列车追踪到达间隔距离示意图

追踪到达间隔时间为：

$$I_{到} = t_{作业}^{到} + 0.06 \times \frac{l_{列} + l'_{分区} + l''_{分区} + l_{进}}{v_{到}} \text{ (min)}$$

式中 $t_{作业}^{到}$ ——车站准备进路和开放进站信号机的作业时间，min；

$v_{到}$——列车通过 $L_{到}$ 的平均运行速度，km/h。

2. 追踪列车出发间隔（$I_{发}$）

在自动闭塞区段，自车站发出或通过前一列车时起，至该站再发出同方向次一追踪列车时止的最小间隔时间，称为追踪出发间隔时间（见图 2-21）。在确定该项时间时，应满足后行列车按绿灯发车的基本条件。为此，应使两个列车腾空两个闭塞分区的情况下，再为后行列车开放出站信号机，如图 2-22 所示。

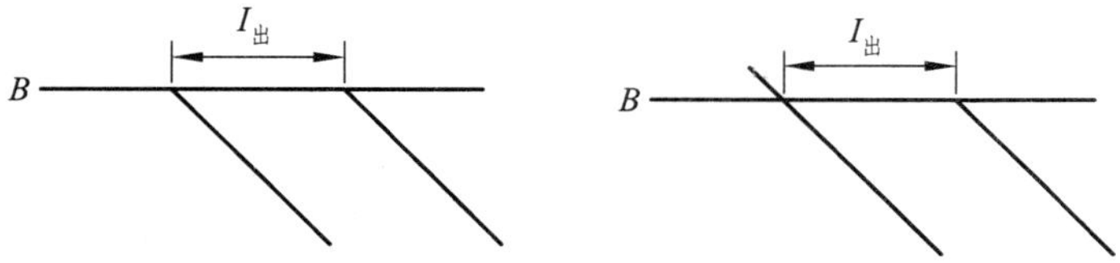

图 2-21 列车追踪出发间隔时间示意图

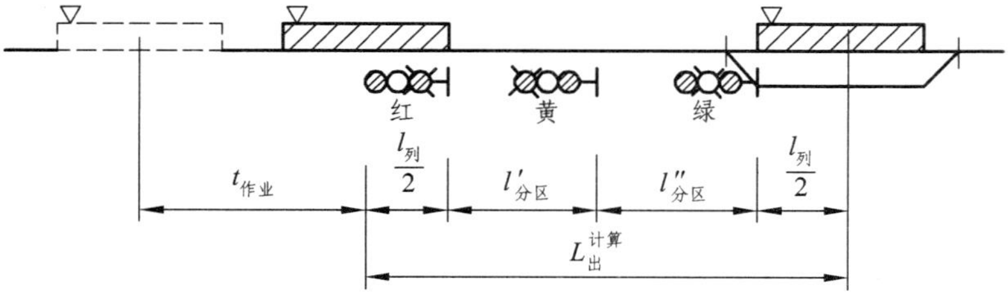

图 2-22 列车追踪出发间隔距离示意图

追踪出发间隔时间为：

$$I_{发}=t_{作业}^{发}+0.06\times\frac{l_{列}+l'_{分区}+l''_{分区}}{v_{发}}\ (\text{min})$$

式中　$t_{作业}^{发}$——车站开放出站信号机、发车作业及司机确认信号显示状态等项作业时间，min；

$v_{发}$——前行列车通过 $L_{发}$ 的平均运行速度，km/h。

准许列车凭出站信号机的黄色灯光发车时，其追踪出发间隔时间为：

$$I_{发}^{黄}=t_{作业}^{发}+0.06\times\frac{l_{列}+l'_{分区}}{v_{发}}\ (\text{min})$$

3. 列车追踪通过车站的间隔时间（$I_{通}$）

在自动闭塞区段的车站上，自前行列车通过车站时起，至同方向次一列车再通过该站时止的最小间隔时间，称为追踪通过车站的间隔时间（见图 2-23）。在确定该项时间时，前后列车的间隔距离应按列车在区间追踪运行的要求办理，即包括车站闭塞分区在内的三个分区的长度。由于列车尾部虽越过出站信号机而未出清最外方道岔时进站信号机仍不能开放，因此，两列车的间隔距离还应加上出站信号机至最外方道岔间的一段长度（$l_{岔}$），如图 2-24 所示。

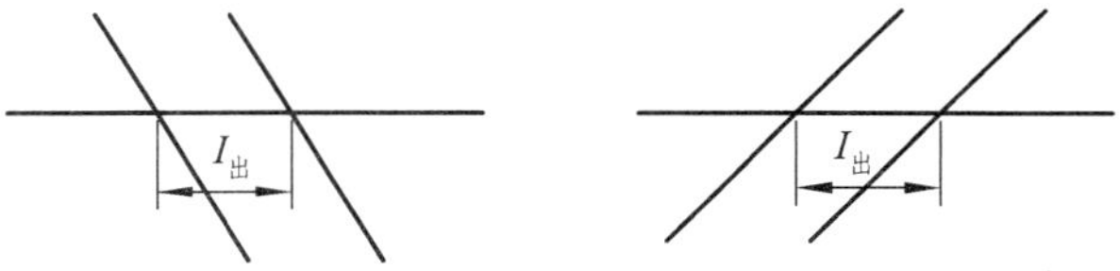

图 2-23　列车追踪通过车站间隔时间示意图

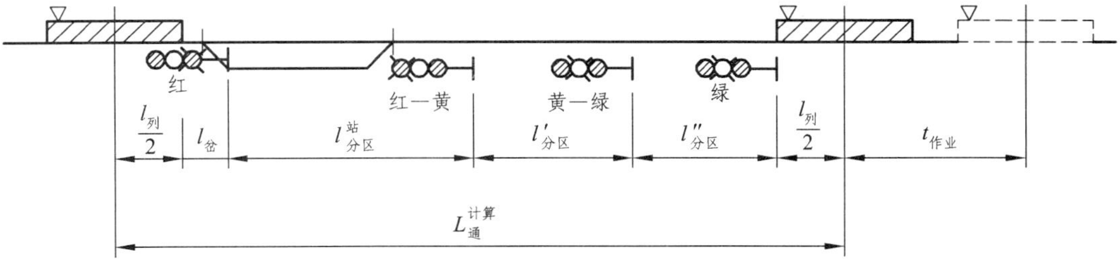

图 2-24　列车追踪通过车站间隔距离示意图

列车追踪通过车站间隔时间为：

$$I_{通}=t_{作业}^{通}+0.06\times\frac{l_{分区}^{站}+l'_{分区}+l''_{分区}+l_{列}+l_{岔}}{v_{通}}\ (\text{min})$$

式中　$t_{作业}^{通}$——车站为后行列车开放进站信号机的作业时间，min；

$l_{站}^{分}$——车站闭塞分区的长度，即进站信号机至出站信号机间的距离，m；

$v_{通}$——列车通过车站的平均运行速度，km/h。

按以上办法分区间计算出 $I_{追}$ 和相邻车站的 $I_{到}$、$I_{发}$ 和 $I_{通}$ 后，取其最大值即为该区间的追踪列车间隔时间 I。在开行组合列车或重载列车的区段，也应根据组合列车与普通货物列车前后位置的不同分别确定 $I_{追}$、$I_{到}$、$I_{发}$ 和 $I_{通}$。

在编制列车运行图时，为保证列车在区段内的正常运行，应按区段内各区间该方向追踪列车间隔时间的最大值铺画列车运行线。例如，甲—乙区段下行方向各区间追踪列车间隔时间如图 2-25 所示，则该区段下行方向应按 I=10 min 铺画运行线。

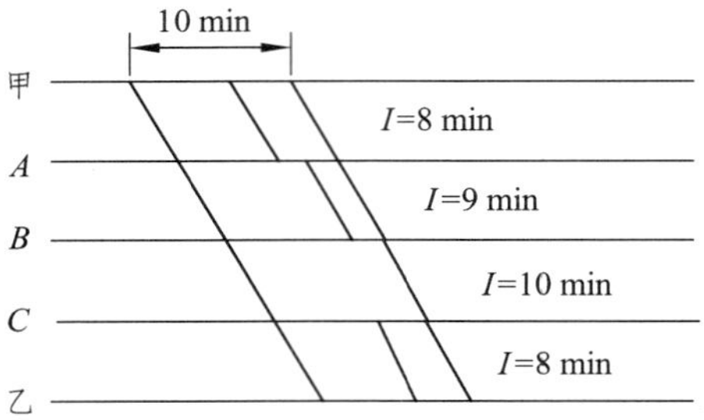

图 2-25 *A*—*B* 区段列车追踪间隔时间

在单线和双线自动闭塞区段，均应按上、下行方向分别查定追踪列车间隔时间，作为编制列车运行图、计算区间通过能力和列车调度员掌握列车运行的依据。

在实际工作中，列车调度员和车站值班员应根据前后列车的运行情况灵活掌握追踪间隔时间的使用。例如，由于旅客列车和货物列车的运行速度不同，在确定货物列车和旅客列车之间的追踪间隔时，应按到站条件计算，如图 2-26（a）所示；而确定旅客列车和货物列车时，则应按从车站出发的条件计算，如图 2-26（b）所示。

（a）货物列车和旅客列车追踪时间　　（b）旅客列车和货物列车追踪时间

图 2-26 旅客列车和货物列车追踪间隔示意图

在自动闭塞区段，列车追踪间隔时间的长短决定了列车密度和运能的大小。从追踪列车间隔时间的计算公式可知，追踪间隔时间与连续三个分区的长度和列车长度之和成正比，与列车运行速度成反比。为缩小追踪间隔时间，应在保证安全的基础上，缩短闭塞分区的长度，提高列车的运行速度。

（三）四显示自动闭塞区段追踪列车间隔时间

随着列车的速度和重量差异加大，为在安全的基础上适应各种列车运行的要求，缩短列车追踪间隔时间，提高通过能力，我国铁路在繁忙干线采用了四显示自动闭塞。

1. 四显示自动闭塞的概念

一般称通过色灯信号机能显示如红（H）、黄（U）、绿黄（LU）和绿（L）四种灯光信号的自动闭塞为四显示自动闭塞。在信号四显示自动闭塞区段，通过信号机为三灯四显示，其信号显示方式如图 2-27 所示。列车之后的第一个分区为保护区段，故其后的通过信号机仍显示红色灯光。在黄灯和绿灯信号机之间，增加了一个绿黄灯信号。

四显示通过色灯信号机各种灯光的显示意义如下：

（1）一个绿色灯光——准许列车按规定速度运行，表示运行前方至少有三个闭塞分区空闲。

（2）一个绿色灯光和一个黄色灯光——准许列车按规定速度运行，要求注意准备减速，表示运行前方有两个闭塞分区空闲。

（3）一个黄色灯光——要求列车减速运行，按规定限速要求越过该信号机，表示运行前方有一个闭塞分区空闲。

（4）一个红色灯光——列车应在该信号机前停车。

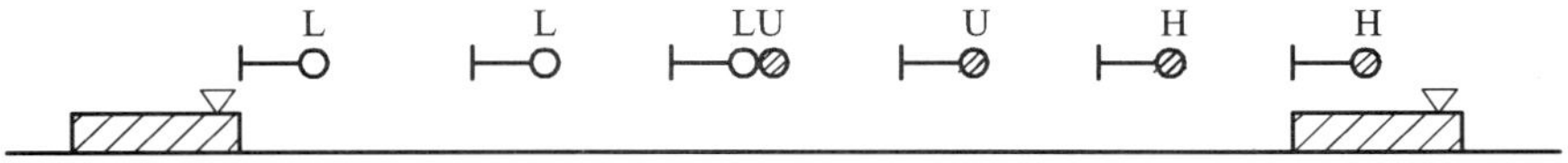

闭塞分区性质	提醒区	第一制动区	第二制动区	第三制动区	防护区	占用区
信息种类	提醒注意	预告	预告	停车		

图 2-27　四显示追踪列车间隔示意图

2. 四显示自动闭塞的特点

在四显示自动闭塞区段，信号的显示同时具有速度控制的含义，即在机车上装有机车信号、速度显示和速度监督设备，机车根据信号显示的信息以相应的速度运行，如速度超过规定速度时，速度监督设备将迫使列车紧急制动。所以，四显示信号是具有预告功能的速差式信号。

表 2-3　四显示与三显示自动闭塞运用功能比较

项目	四显示	三显示
地面信号显示	四显示（L、LU、U、H）	三显示（L、U、H）
机车信号系统	自动停车装置，侧线运行机车信号指示	自动停车装置，侧线运行无机车信号指示
制动距离分区数	2 个闭塞分区	1 个闭塞分区
列车追踪间隔	5 个闭塞分区	3 个闭塞分区
列车运行方向	每线双方向	每线单方向
列车运行凭证	以机车信号为主	以地面信号为主
闭塞分区长度/m	700 ~ 1 000	1 600 ~ 2 600

3. 四显示自动闭塞区段追踪列车间隔时间

在四显示自动闭塞区段，列车追踪间隔时间是按相邻 5 个闭塞分区长度计算的，其公式如下：

$$I_{追} = 0.06\frac{l_1 + l_2 + l_3 + l_4 + l_5 + l_{列}}{V_{通}} \text{（min）}$$

与三显示自动闭塞方式相比，分区数虽增加了两个，其中：防护区用于保护区间，要求列车停车；提醒区用于提醒司机列车将进入减速地段。但由于闭塞分区长度较短（700 ~ 1 000 m），列车运行速度较高，所以间隔时间并不大。例如，按 5 个分区长度最大值计算，其追踪间隔时间为：

$$I_{追} = 0.06 \times \frac{1\,000 \times 5 + 850}{120} = 2.9 \approx 3\text{（min）}$$

五、机车在基本段和折返段所在站的停留时间标准

机车在基本段和折返段所在站的停留时间标准取决于机车的运用方式。铁路机车的运用方式有如下几种：

1. 肩回运转交路

肩回运转交路的机车担当与基本段相邻区段的列车牵引任务，除了需要进折返段整备外，机车每次返回基本段所在站时也需要入段作业，如图 2-28 所示。

2. 半循环运转交路

半循环运转交路的机车担当与基本段相邻两个区段的列车牵引任务，除了需要进折返段整备外，机车第一次返回基本段所在站时不入段，继续牵引列车向前方区段运行，到第二次返回基本段所在站时才入段进行整备作业，如图 2-29 所示。

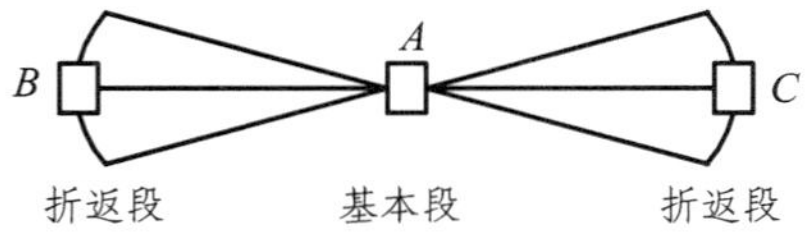

图 2-28　肩回运转交路

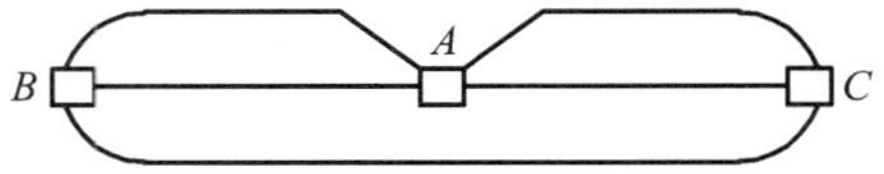

图 2-29　半循环运转交路

3. 循环运转交路

循环运转交路的机车担当与基本段相邻两个区段的列车牵引任务，除了需要进折返段整备及因中间技术检查需要入基本段外，其余每次返回基本段所在站时都要在车站上进行整备作业，如图 2-30 所示。

4. 环形运转交路

环形运转交路的机车在一个区段或枢纽内担当两个及两个以上往返的列车牵引任务之后，才入段进行整备作业，机车不需要转向，如图 2-31 所示。这种交路适用于担当市郊列车和小运转列车的牵引任务。

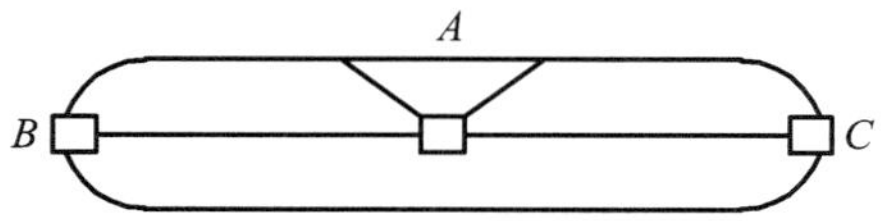

图 2-30　循环运转交路

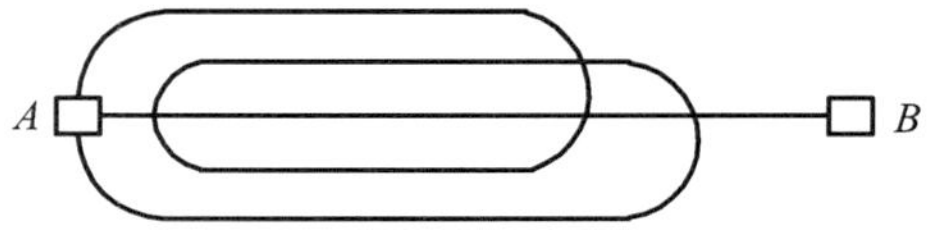

图 2-31　环形运转交路

机车在机务本段或折返段所在站办理必要作业需要的最小时间，称为机车在机务本段和折返段所在站的停留时间标准。

机车折返停留时间（$T_{折}$）由以下几部分组成：

（1）机车在到达线上的作业时间，包括到达试风、摘机车、准备机车入段进路等时间（$t_{到}^{机}$）。

（2）机车入段走行时间（$t_{入}^{机}$）。

（3）机车在段内整备作业时间（$t_{整备}$），包括技术作业及乘务员换班时间。

（4）机车出段走行时间（$t_{出}^{机}$）。

（5）机车在发车线上的作业时间（$t_{发}^{机}$），包括挂机车、出发试风等时间。

综合以上各项作业时间，即得机车在折返段所在站的停留时间标准：

$$T_{折}=t_{到}^{机}+t_{入}^{机}+t_{整备}+t_{出}^{机}+t_{发}^{机}\ (\text{min})$$

上述各项作业时间可根据计算和查标相结合的方法确定。

如图 2-32 所示为 10001 次列车机车自到达折返段所在站时起，至牵引 10004 次列车出发时止，在该站的全部作业及停留时间。

在编制列车运行图之前，机务部门必须对每一牵引区段的机车分别查定其各项作业时间标准及机车在机务本段和折返段所在站的时间标准。

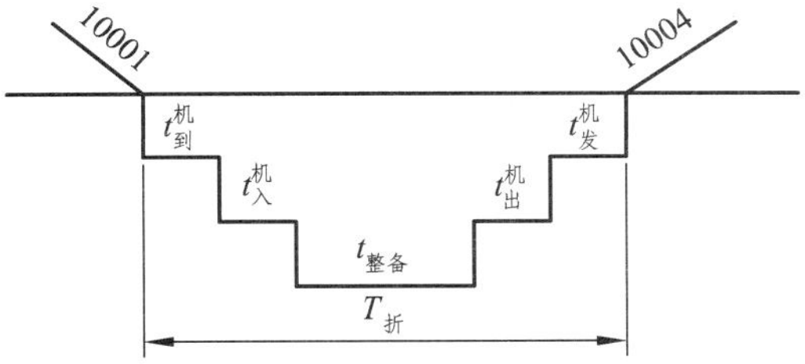

图 2-32　列车折返段所在站停留时间

六、列车在技术站的技术作业时间标准

为了保证车站与区段工作的协调和均衡，编制运行图时还需与车站技术作业过程相配合。因此，还需查定技术站和客货运站技术作业过程的主要作业时间标准，包括：

（1）在到发线办理各种列车技术作业的时间标准。

（2）在牵出线或驼峰上编组和解体列车的时间标准。

（3）旅客列车车底在配属段、折返段所在站的停留时间标准。

（4）货运站办理整列或分批装卸作业时间标准等。

上述时间标准可根据《车站行车工作细则》规定。

第三节　铁路区间通过能力

一、常见几种能力的概念

1. 通过能力

通过能力是指在一定的机车车辆类型和一定的行车组织方法的条件下，铁路区段内的各种固定设备在单位时间内（通常指一昼夜）所能通过或接发的最多列车对数或列车数、车辆数或吨数。

2. 输送能力

输送能力是指在一定的机车车辆类型、一定的固定设备和一定的行车组织方法的条件下，按照活动设备（如机车、车辆）和人员配备的现有数量，在单位时间内所能运送的最多列车对数或列数、车辆数或吨数。输送能力通常以一年内所能运送的最多货物吨数表示。

输送能力和通过能力总称为运输能力。

3. 铁路区段通过能力

铁路区段通过能力是指铁路区段内各种固定设备中，通过能力最薄弱的设备的能力，也称为区段最终通过能力或限制通过能力。

区段通过能力的大小受下列固定设备能力大小的影响：

（1）区间，其通过能力主要取决于区间正线数、区间长度、线路纵断面、机车类型及信号、联锁、闭塞设备的种类。

（2）车站，其通过能力取决于到发线数目、咽喉道岔的布置、驼峰和牵出线数及信号、联锁、闭塞设备的种类。

（3）机务段设备和整备设备，其能力取决于内燃机车或电力机车定修台位及段内整备线。

（4）给水设备，其能力主要取决于水源、扬水管道及动力机械设备。

（5）电气化铁路的供电设备，其能力取决于牵引变电所和接触网。

根据以上固定设备计算出来的通过能力，可能是各不相同的。其中能力最薄弱的设备限制了整个区段的能力，该能力即为该区段的最终通过能力。

二、区间通过能力及其计算

微课：区间通过能力

铁路区间通过能力是指一个区间根据现有固定设备（区间正线数、区间长度、线路纵断面及信号、联锁、闭塞设备等），在一定类型的机车、车辆和行车组织方法的条件下，一昼夜内所能通过的最多列车对数或列数。

在编制列车运行图时，确定了各种列车的行车量以后，应计算区间通过能力，确定区间通过能力的利用程度，以便采取适当的编图措施。

计算区间通过能力时，由于平行运行图中列车运行线的排列具有规律性，所以，先计算平行运行图的区间通过能力，然后在此基础上再计算非平行运行图的区间通过能力。

区间通过能力一般应计算到小数点后一位。非平行运行图区间通过能力，以对数表示时，不足 0.5 对者舍去，0.5 对以上不足 1 对者按 0.5 对计算；以列数表示时，不足 1 列者舍去。

（一）平行运行图区间通过能力

1. 运行图周期

在平行运行图上，一个区间内的列车运行线，总是以同样的铺画方式一组一组地反复排列着。这种以同样铺画方式反复排列的一组列车占用区间的总时分称为运行图周期（$T_{周}$）。几种常见的不同类型的列车运行图的周期如图 2-33 所示。

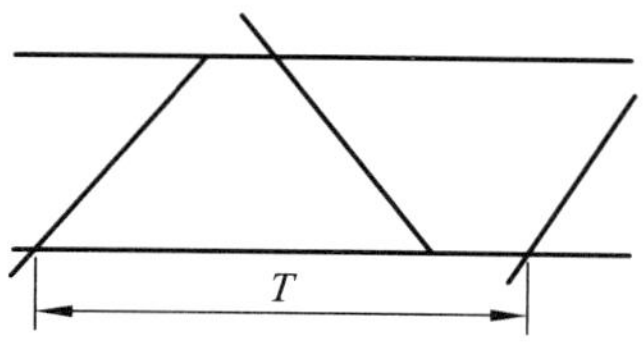

（a）单线成对非追踪运行图周期

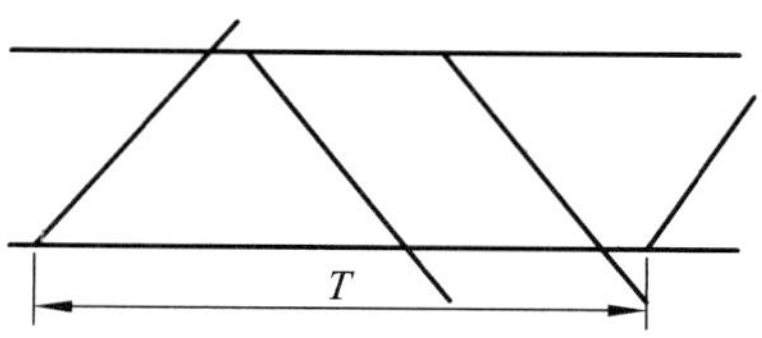

（b）单线不成对非追踪运行图周期

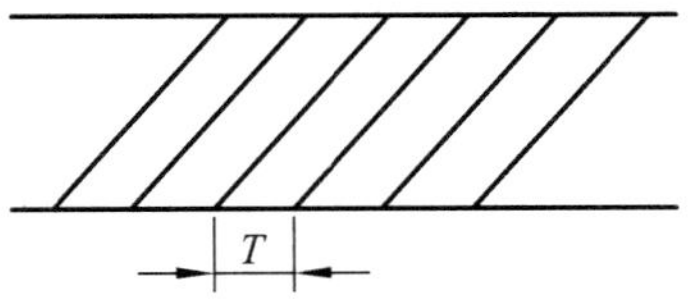

（c）双线追踪运行图周期

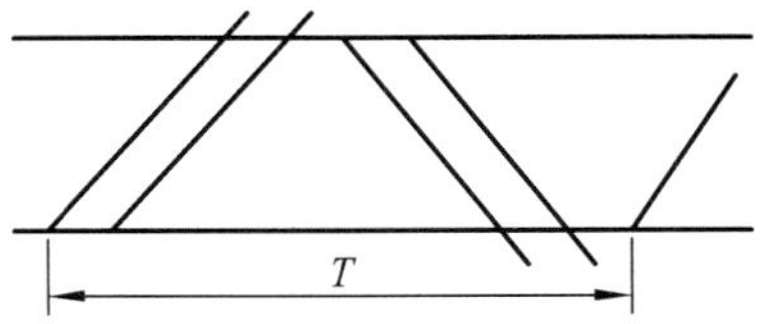

（d）单线成对追踪运行图周期

图 2-33　四种不同类型列车运行图周期示意图

运行图周期是由列车（一个或几个列车）区间纯运行时分之和（$\sum t_{纯}$）、起停车附加时分之和（$\sum t_{起停}$）及车站间隔时间之和（$\sum \tau_{站}$）所组成，即

$$T_{周}=\sum t_{纯}+\sum t_{起停}+\sum \tau_{站}\ \ (\text{min})$$

不同类型的运行图周期所包含的上下行列车数可能是不同的。若一个运行图周期内所包含的列车对数或列数用 $K_{周}$ 表示，对于一定类型的平行运行图通过能力，应用直接计算法可按如下公式计算：

$$N_{平}=\frac{1440-T_{固}}{T_{周}}K_{周}\ \ (对或列)$$

式中　$T_{固}$——进行线路维修、技术改造施工、电力牵引区段接触网维修等作业，必须预留的固定占用区间的时间以及必要的列车慢行和其他附加时分的总和，min。

由以上计算公式可以看出，运行图周期越大，通过能力越小。在整个区段内通过能力最小的区间限制了整个区段的通过能力，称为该区段的限制区间。限制区间的通过能力即为该区段的区间通过能力。

列车在区间运行时间最长的区间称为最大区间。一般情况下，最大区间就是限制区间。但也有区间 $\sum t_{纯}$ 虽不是最大，而 $\sum \tau_{站}$ 或 $\sum t_{起停}$ 的数值较大或因技术作业影响造成 $T_{周}$ 最大而成为限制区间的情况。

在不同类型的运行图里，$T_{周}$ 的组成及 $K_{周}$ 的数值是不同的，因此，必须对不同类型的运行图分别计算其通过能力。

2. 单线成对非追踪平行运行图

在单线区段，通常采用成对非追踪运行图（见图 2-33（a））。单线成对平行运行图周期为：

$$T_{周}=t'+t''+\tau_A+\tau_B+\sum t_{起停}\ \ (\text{min})$$

式中　t'、t''——上、下行到车区间纯运行时分，min；

τ_A、τ_B——车站间隔时间，min；

$\sum t_{起停}$——列车起停附加时分，min。

为了使区段通过能力达到最大，应当使限制区间的 $T_{周}$ 数值尽量缩小。对于一个区间，可以有几种列车开行方法，每一种列车开行方法称为一种列车放行方案。列车开行方案不同，运行图周期可能不同。为提高区段的通过能力，应使限制区间的运行图周期压缩到最小，因此，在限制区间应选择开行列车的最优方案。

单线成对非追踪运行图限制区间两端站放行列车的方案主要有四种，如图 2-34 所示。

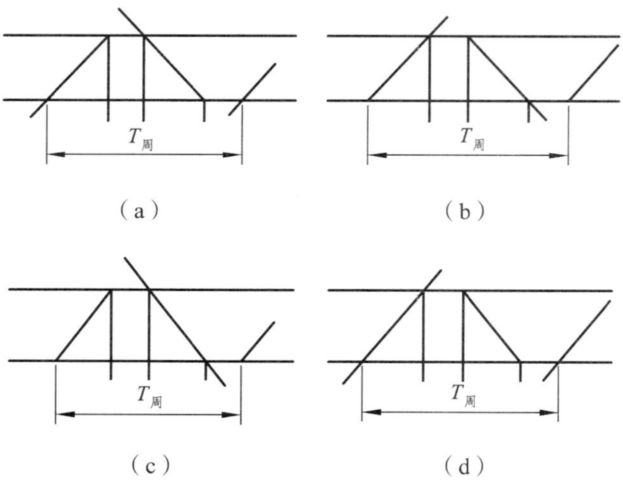

图 2-34 单线成对非追踪平行运行图限制区间放行列车方案图

（1）开入限制区间的两列车都在车站通过，见图 2-34（a），其运行图周期为：

$$T_{周}^{1}=t'+t''+\tau_{不}^{A}+\tau_{不}^{B}+t_{停}^{A}+t_{停}^{B}\ (\text{min})$$

（2）开出限制区间的两列车都在车站通过，见图 2-34（b），其运行图周期为：

$$T_{周}^{2}=t'+t''+\tau_{会}^{A}+\tau_{会}^{B}+t_{起}^{A}+t_{起}^{B}\ (\text{min})$$

（3）下行列车在两端车站都通过，见图 2-34（c），其运行图周期为：

$$T_{周}^{3}=t'+t''+\tau_{不}^{A}+\tau_{会}^{B}+t_{起}^{A}+t_{停}^{B}\ (\text{min})$$

（4）上行列车在两端车站都通过，见图 2-34（d），其运行图周期为：

$$T_{周}^{4}=t'+t''+\tau_{会}^{A}+\tau_{不}^{B}+t_{起}^{A}+t_{停}^{B}\ (\text{min})$$

在选择限制区间两端车站放行列车的方案时，应考虑到区间两端车站的具体条件。例如在 A 站下行出站方向有长大上坡道，如果采用下行列车在 A 站停车进入区间的放行方案（图 2-34（b)、(d)），就有可能造成下行列车出发起动困难。此时，应选用下行列车通过 A 站（图 2-34（a)、(c)）而 $T_{周}$ 又较小的方案。

3. 双线平行运行图

在未装设自动闭塞的双线区段，通常采用连发运行图（见图 2-35）。双线连发运行图的运行图周期为：

$$T_{周}=t_{运}+\tau_{连}$$

区间通过能力分上、下行方向可按下式计算：

$$n=\frac{1\,440}{t_{运}+\tau_{连}}$$

应该指出，由于区间线路断面的关系，上、下行方向的限制区间可能不是同一区间，因而上、下行方向区间通过能力不一定相同。

在装设有自动闭塞的区段，通常采用追踪运行图（见图 2-36）。双线追踪运行图的运行图周期 $T_{周}$ 等于追踪列车间隔时间 I，因为每一方向的区间通过能力为：

$$n = \frac{1\,440}{I} \text{ (列)}$$

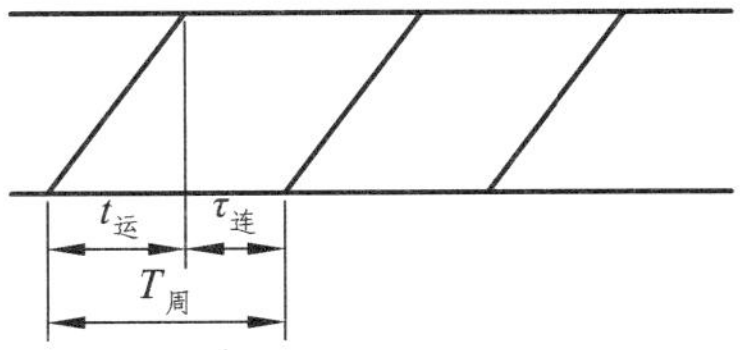

图 2-35　双线连发运行图周期示意图

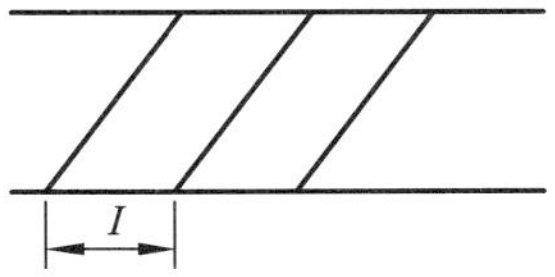

图 2-36　双线连发运行图周期示意图

（二）非平行运行图区间通过能力

非平行运行图的区间通过能力是指在旅客列车数量既定的前提下，区间在一昼夜内能够通过的客、货列车总数（对数或列数）。

1. 计算方法

（1）图解法。

在运行图上铺画旅客列车运行线后，在其间隔时间内铺画货物列车。在列车运行图上最大限度地能够铺画的客、货列车总数，就是非平行运行图的区间通过能力，其计算公式为：

$$N_{非} = N_{货} + n_{客} \text{ (对或列)}$$

图解法比较准确，但较烦琐，所以只在特殊情况下才采用。

（2）分析计算法。

在非平行运行图中，多数是一般货物列车，其运行线（同方向）是互相平行的，旅客列车、快运货物列车、摘挂列车等数量较少，它们的运行线与一般货物列车运行线不平行。因此，在非平行运行图上，多数列车运行线仍具有平行运行图的基本特征。所以，在平行运行图区间通过能力的基础上，扣除旅客列车、快运货物列车等造成的影响后，即可计算出非平行运行图区间通过能力，其计算公式为：

$$N_{货} = N_{平} - \left[\varepsilon_{客} n_{客} + (\varepsilon_{快} - 1) n_{快} + (\varepsilon_{摘} - 1) n_{摘}\right] \text{ (对或列)}$$

式中　$N_{货}$——非平行运行图货物列车通过能力（包括快运货物列车、摘挂列车），对或列；

$n_{客}$、$n_{快}$、$n_{摘}$——旅客列车、快运货物列车、摘挂列车数，对或列；

$\varepsilon_{客}$、$\varepsilon_{快}$、$\varepsilon_{摘}$——旅客列车、快运货物列车、摘挂列车扣除系数。

2. 扣除系数

因铺画一列或一对旅客列车、快运货物列车、摘挂列车，需从平行运行图上扣除的一般货物列车列数或对数，分别称为旅客列车扣除系数、快运货物列车扣除系数和摘挂列车扣除系数。

1）旅客列车扣除系数的确定

旅客列车扣除系数是用一列或一对旅客列车平均占用区间的时间 $T_{客占}$ 与一列或一对货物列车平均占用区间的时间 $T_{货占}$ 的比值确定的，即在 $T_{客占}$ 时间内能铺画几列或几对一般货物列车。

旅客列车平均占用区间的时间包括旅客列车直接占用时间（运行时间和车站间隔时间或追踪列车间隔时间）和由于旅客列车的影响而不能利用的额外扣除时间两部分。

$$\varepsilon_{客}=\frac{T_{客占}}{T_{货占}}=\frac{t_{客占}+t_{外扣}}{T_{周}}=\frac{t_{客占}}{T_{周}}+\frac{t_{外扣}}{T_{周}}=\varepsilon_{基}+\varepsilon_{外}$$

式中 $\varepsilon_{基}$——基本扣除系数；

$\varepsilon_{外}$——额外扣除系数。

单线非自动闭塞区间和双线非自动闭塞区间，一列或一对旅客列车和货物列车占用区间的时间如图 2-37 所示。

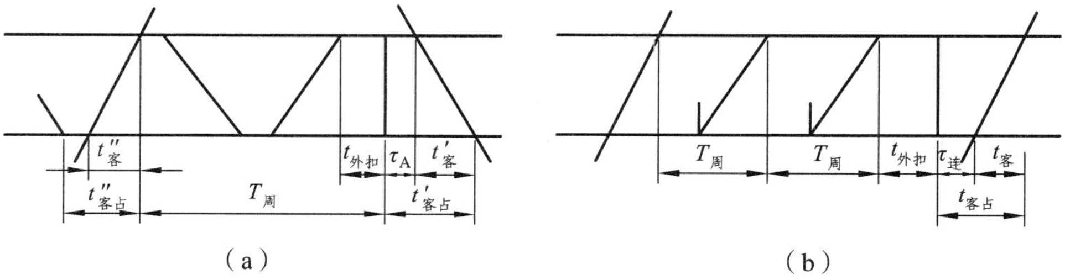

图 2-37 旅客列车和货物列车占用区间时间示意图

2）摘挂列车扣除系数的确定

摘挂列车虽然也是货物列车，区间运行时分与一般货物列车相同，但因其在中间站停站次数多、停车时间长，所以对区间通过能力也会产生一定影响。

摘挂列车扣除系数的大小与下列因素有关：

（1）作业站数越多，扣除系数越大；反之越小。如图 2-38（a）所示，列车在中间站每次开车，就要影响一列普通货物列车不能开行。

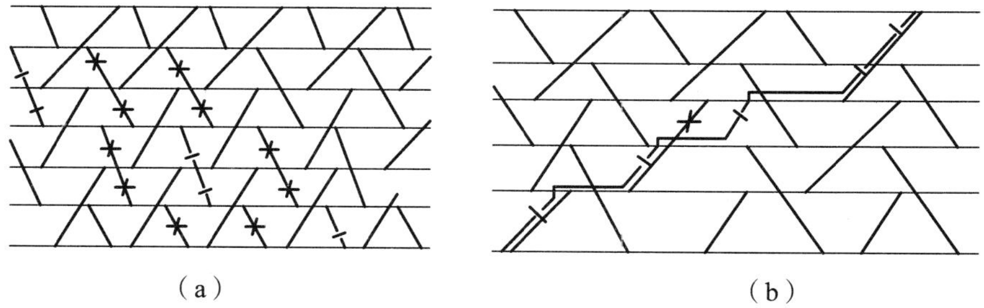

图 2-38 摘挂列车对区间通过能力的影响示意图

（2）区间越均等，扣除系数越大；反之越小。如图 2-38（a）所示，因区间较均等，影响一般货物列车也较多；如图 2-38（b）所示，因区间不均等，摘挂列车则可以利用运行图空隙运行，所以影响其他货物列车则较少。

（3）运行图铺满程度越大，影响越大；反之越小。摘挂列车扣除系数不能按一个区间来确定，准确的数值只能在一个区段的运行图铺画完了之后查定。所以，在计算区间通过能力时，不得不利用经验数值。

3）我国铁路现阶段采用的扣除系数

在用分析计算法计算非平行运行图的区间通过能力时，我国铁路目前采用的扣除系数如表 2-4 所示。

表 2-4　扣除系数表

区间正线	闭塞方法		旅客列车	快运货物列车	摘挂列车	备注
单线	自动		1.0	1.0	1.3 ~ 1.5	$\alpha_{追}$
	半自动		1.1 ~ 1.3	1.2	1.3 ~ 1.5	摘挂列车 3 对以上时取相应低限值
双线	自动	I=10	2.0 ~ 2.3	2.0	2.0 ~ 3.0	
		I=8	2.3 ~ 2.5	2.3	2.5 ~ 3.5	
	半自动		1.3 ~ 1.5	1.4	1.5 ~ 2.0	

（三）区间通过能力利用率

为掌握区间通过能力利用率，考虑列车运行图铺画方法及采取加强通过能力的措施，应计算区间通过能力利用率（K），其计算公式为：

$$K=\frac{1}{N}\left[\varepsilon_{客}n_{客}+(\varepsilon_{快货}-1)n_{快货}+(\varepsilon_{摘}+1)n_{摘}+n_{货}^{图}\right]$$

式中　N——平行运行图区间通过能力；

$n_{货}^{图}$——运行图规定的货物列车数。

三、提高区间通过能力的措施

随着国民经济的发展，铁路运输量不断增加，铁路运输能力应予加强。

铁路区间通过能力是否需要提高，应按国民经济发展计划进行运量预测，并计算需要通过能力，其计算公式为：

$$N_{需}=(n_{货}+\varepsilon_{客}n_{客}+\varepsilon_{摘}n_{摘}+\varepsilon_{快}n_{快})(1+r_{备})$$

式中　$n_{货}$——直达、直通、区段等一般货物列车对数或列数；

$r_{备}$——通过能力储备系数，我国铁路规定单线为 20%，双线为 15%。

当现有通过能力不能满足 $N_{需}$ 的要求时，应有计划地采取措施提高区间通过能力。如图 2-39 所示的甲—乙区段，若区段通过能力需要 30 对时，应对 B—C、D—E 区间采用提高能力的措施。

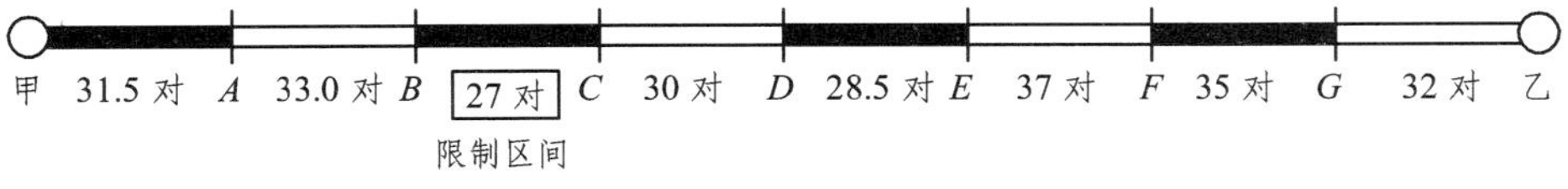

图 2-39　甲—乙区段各区间通过能力示意图

提高区间通过能力的措施，基本上可以分为改建措施和技术组织措施两大类。凡是增加或改建铁路技术设备的加强措施，属于改建措施，一般需要较大投资；凡是通过改进行车组织方法或改善技术设备且不需大量投资的使用方法，属于技术组织措施。

（一）提高区间通过能力的技术组织措施

（1）改善机车功率的利用，提高列车运行速度。

（2）采用双机、补机或多机牵引，提高列车运行速度。

（3）缩短车站间隔时间或追踪列车间隔时间。车站间隔时间越短，运行图周期越小，通过能力就越大。

（4）采用不成对运行图。当上下行方向运量不相等，而行车量较大方向的能力受限制时，在单线非自动闭塞区段，可采用不成对运行图，以适应行车量较大方向的需要。根据计算，在单线非自动闭塞区段采用不成对运行图时，行车量较大方向的通过能力可比成对运行图增加 8%~20%。

（二）提高区间通过能力的改建措施

（1）装设完善的信、联、闭设备，如采用自动闭塞、集中联锁、调度集中等。

（2）增设线路所或会让站。

（3）铺设双线插入段及修理双线或第三线、第四线。

（4）减缓线路的坡度及提高线路和桥隧建筑的质量，提高线路允许速度。

（5）采用电力和内燃牵引，提高列车运行速度和重量等。

第四节　列车运行图的编制

当客货列车行车量、铁路技术设备以及运输组织方法发生较大变化时，需要修改或重新编制列车运行图。列车运行图一般每两年编制一次。

列车运图的编制工作由铁路总公司统一领导。铁路总公司和铁路局集团公司分别成立运行图编制委员会和编图工作组，分别负责跨局和局管内的编图工作。

列车运行图的编制大致可以分为三个阶段，即准备资料阶段、编制阶段和新图实行前的准备工作阶段。

一、列车运行图的编制要求和步骤

（一）编图要求

（1）保证列车运行的安全。

（2）迅速、便利地运输旅客和货物。

（3）充分利用通过能力，经济合理地使用机车车辆和安排施工时间。

（4）做好列车运行线与车流的结合。

（5）各站、各区段间的协调和均衡。

（6）合理安排乘务人员作息时间。

（二）编图所需资料

（1）各区段客、货列车行车量。
（2）车站间隔时间和追踪列车间隔时间。
（3）各区段通过能力。
（4）客、货列车停车站及停车时间标准。
（5）各技术站主要技术作业时间标准。
（6）客、货列车区间运行时分及起停车附加时分。
（7）各区段货物列车重量及长度标准。
（8）机车在机务本段和折返站所在站的停留时间标准，机车运用方式和乘务工作制度。
（9）各区段线路允许速度、车站过岔速度。
（10）施工计划和慢行地段及其限速标准。
（11）现行列车运行图执行情况分析及改善意见。

（三）编图步骤

列车运行图的编制阶段通常分三步进行：

（1）编制列车运行方案图。编制列车运行方案图的目的是解决列车运行线的布局衔接问题，尽量使列车运行线均衡排列。合理勾画机车交路，压缩机车运用台数。列车运行方案图，一般用小时格图纸进行编制，只标明列车在主要站（技术站、分界站及较大的客、货运站）的到、发时刻，如图 2-40 所示。

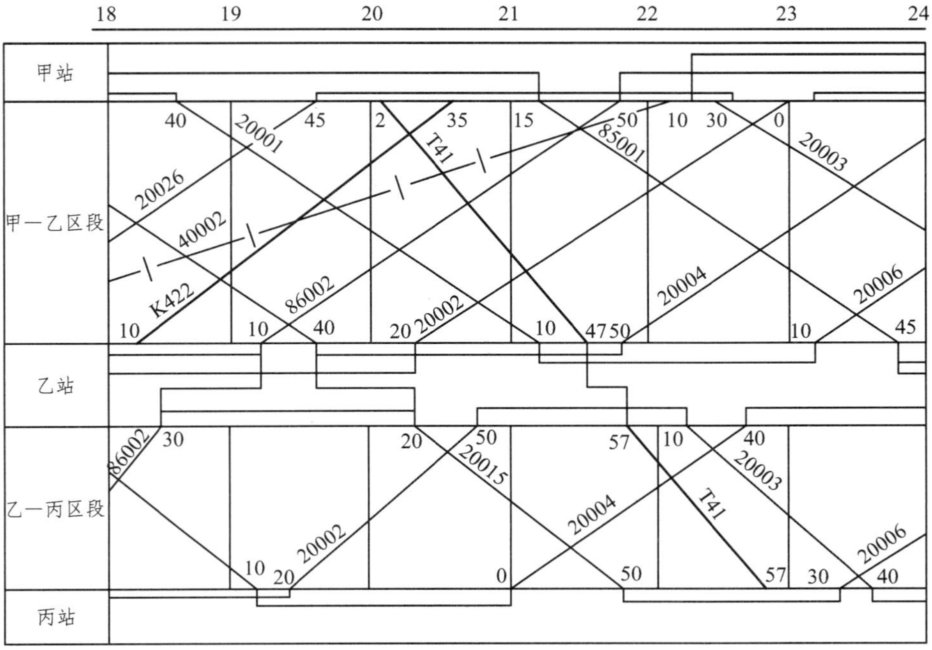

图 2-40　列车运行方案图

在编制客车运行方案时，应充分考虑旅客旅行的方便、客车与客车之间的衔接、旅客车列和客运机车的经济使用等；在编制直达列车运行方案时，应考虑列车在技术站的良好接续；在编制快运货物列车运行方案时，应考虑鲜活、易腐等快运货物的上站时间以及终到站的合理到达时间等。

（2）编制列车运行详图。所谓详图，即详细的列车运行图，它包括列车在所有经过车站的到达、出发或通过时刻。列车运行详图应根据列车运行方案图进行编制，一般用二分格图进行编制，编完后再描绘在十分格运行图上。

（3）计算列车运行图指标。

二、区段管内工作列车运行方案

区段管内工作是指区段内各中间站到发车流的输送工作。除个别中间站由于装卸量较大可用直达列车输送外，一般中间站的车流主要靠摘挂列车、小运转列车、调度机车等进行输送。因此，区段管内工作列车运行方案具体解决这些列车的开行列数。

（一）区段管内工作列车行车量的确定

区段管内工作列车的开行列数，取决于区段内各中间站的到、发车流量。中间站的到发车流量，包括新编列车运行图实行期间有代表性的日均装车数、卸车数以及各站到发的空车数。根据以上有关车数，参照以往实际车流的到发情况，即可编制区段管内重、空车流表（见表 2-5）。根据表 2-5 即可编制各中间站上下行摘挂车数表（见表 2-6），并绘制区段管内各区间车数变动图，如图 2-41 所示。

从车流变动图可以看出，由于各中间站的摘挂车数不同，造成各区间的运行车数也不同。按照重、空车辆的平均重量，便可计算出每一区间的运行车流总重量。

表 2-5　甲—乙区段管内车流表

发＼到	甲	*A*	*B*	*C*	*D*	*E*	*F*	*G*	乙	计
甲			10		11		4	3		28
A	10						3			13
B	/7	/3							3	3/10
C			3					4	2	9
D	/4					/7				/11
E	12	2		1					5	20
F	3					/4				3/4
G				5		/2			4	9/2
乙		8		3		7		4		22
计	25/11	10/3	13	9	11	7/13	7	11	14	107/27

表 2-6　甲—乙区段各中间站摘挂车数表

站名	下行		上行	
	摘车	挂车	摘车	挂车
A	/	3	10/3	10
B	10	3	3	0/10
C	/	6	9	3
D	11	0/7	/	0/4
E	0/7	5	7/6	15
F	7	/	/	3/4
G	7	4	4	5/2
计	35/7	21/7	33/9	36/20

列车质量标准/t	3 000	3 000	3 300	3 500	3 000	3 000	3 200	3 300
车流总数/列	1 904	2 108	1 632	2 040	1 432	1 632	1 156	952
摘挂车数		+3　−10	+3	+6　−11	$+\frac{0}{7}$　$-\frac{0}{7}$	+5　−7	−7	+5

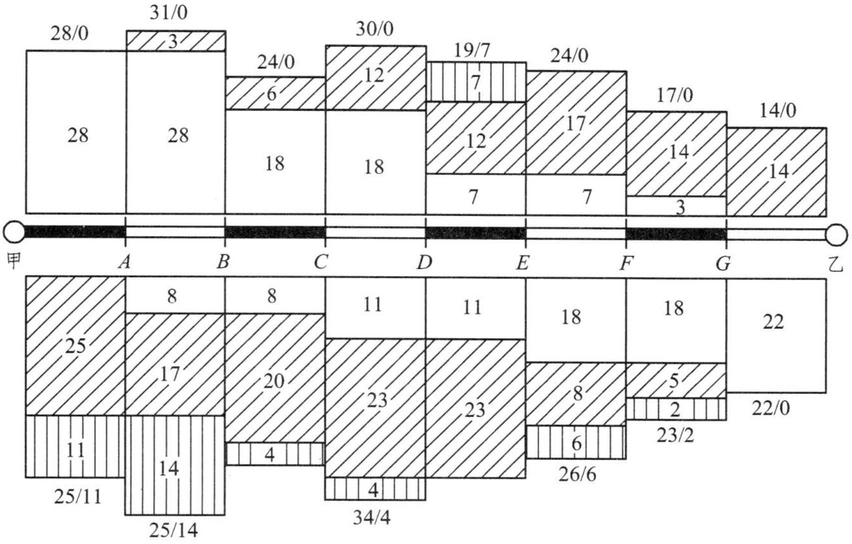

摘挂车数	$-\frac{10}{3}$	+10　−3	$-\frac{0}{10}$　−9	+3	$+\frac{0}{4}$　$-\frac{7}{6}$	+15	$+\frac{3}{4}$　−4	$+\frac{5}{2}$
车流总数/列	1 920	1 980	1 984	2 394	2 312	1 888	1 604	1 496
列车质量标准/t	3 000	3 000	3 000	3 000	3 500	3 200	3 000	3 000

图 2-41　甲—乙区段车流变动图

列车质量标准一般是按照区段规定的。实际上，由于各区段的线路坡度不同，一个区间的牵引质量也是不相等的，如图 2-41 所示，有的区间因坡度较小或是下坡道，机车牵引质量可达到 3 500 t，有的因坡度较大而只能牵引 3 000 t。

有了区间车流总重和区间列车牵引质量标准，即可算出每一区间应开行的摘挂列车数：

$$n_{\text{摘挂}}=\frac{U_{\text{摘挂}}^{\text{重}}q_{\text{总重}}+U_{\text{摘挂}}^{\text{空}}q_{\text{自重}}}{Q_{\text{区间}}}\text{（列）}$$

式中 $n_{\text{摘挂}}$——应开行的摘挂列车数，列；

$U_{\text{摘挂}}^{\text{重}}$、$U_{\text{摘挂}}^{\text{空}}$——由摘挂列车挂运的重车和空车数；

$q_{\text{总重}}$——每辆货车平均总重，t；

$q_{\text{自重}}$——每辆货车平均自重，t；

$Q_{\text{区间}}$——区间牵引质量标准，t。

如图 2-41 所示，甲—乙区段各个区间上下行的车流总重均未超过区间牵引质量标准，开行一对摘挂列车即可。

如果计算结果有几个邻近技术站的区间超过区间牵引质量标准时，为了减少摘挂列车开行列数，又能及时输送区段管内车流，可以考虑在这些区间开行区段小运转列车，与摘挂列车配合作业。

（二）摘挂列车铺画方案的选择

区段内需要开行一对摘挂列车时，其铺画方案有四种，即“上开口”式、“下开口”式、“交叉”式、“均衡”式，如图 2-42 所示。

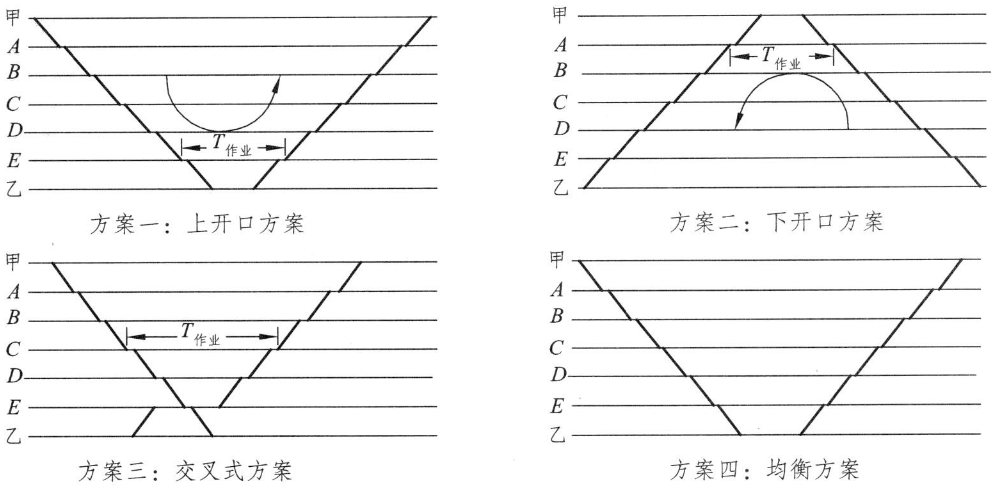

图 2-42 一对摘挂列车铺画方案

选择摘挂列车铺画方案的根据是货车在各中间站的停留车小时总消耗最少。而货车停留时间的长短又与货车的来向和去向有关。某方向摘挂列车送到中间站的货车，作业后可能由同方向的摘挂列车挂走，也可能由相对方向的摘挂列车挂走，前者称为顺向车流，后者称为逆向车流。

1. 开行一对摘挂列车

当区段只开行一对摘挂列车时，顺向车流在站的停留时间是一昼夜，即要等第二天的同一列车挂走，其停留时间与铺画方案无关。逆向车流则由相对方向列车挂走，与铺画方案关系很大。所以，当区段内各中间站到达的车流大部分是由下行摘挂列车送来，作业后又大部分需由上行摘挂列车挂走的逆向车流时，则以“上开口”式的铺画方案消耗的车小时最少，为最优方案。若相反方向的逆向车流较大时，则应选择“下开口”式的铺画方案。如果两种逆向车流数量基本相等时，则以“交叉”式或“均衡”式的铺画方案为好。

摘挂列车铺画方案中，两列车的开口幅度的大小应满足中间站调车作业和装卸作业时间的需要。为寻求车小时消耗最小的铺画方法，可将一条摘挂列车运行线固定后，移动另一条摘挂列车运行线，从数个方案中选择开口幅度最优的方案。

2. 开行两对摘挂列车

当区段需要开行两对摘挂列车时，若区段内车流大部分是由下行摘挂列车送到，作业后需随上行摘挂列车挂出，或由上行摘挂列车送到，作业后需随下行摘挂列车挂出的逆向车流时，可采用图 2-43 中方案一。

如果区段内车流大部分是顺向车流时，可采用图 2-43 中方案二。此时，同方向摘挂列车的间隔不少于货物作业时间较长的那个中间站的一次或双重货物作业时间标准，保证完成货物作业后能及时挂走。

如果区段内车流大部分是由下行摘挂列车送到，作业后需随上行摘挂列车挂走及由上行摘挂列车送到，作业后需随下行摘挂列车挂走的逆向车流时，可采用图 2-43 中方案三。

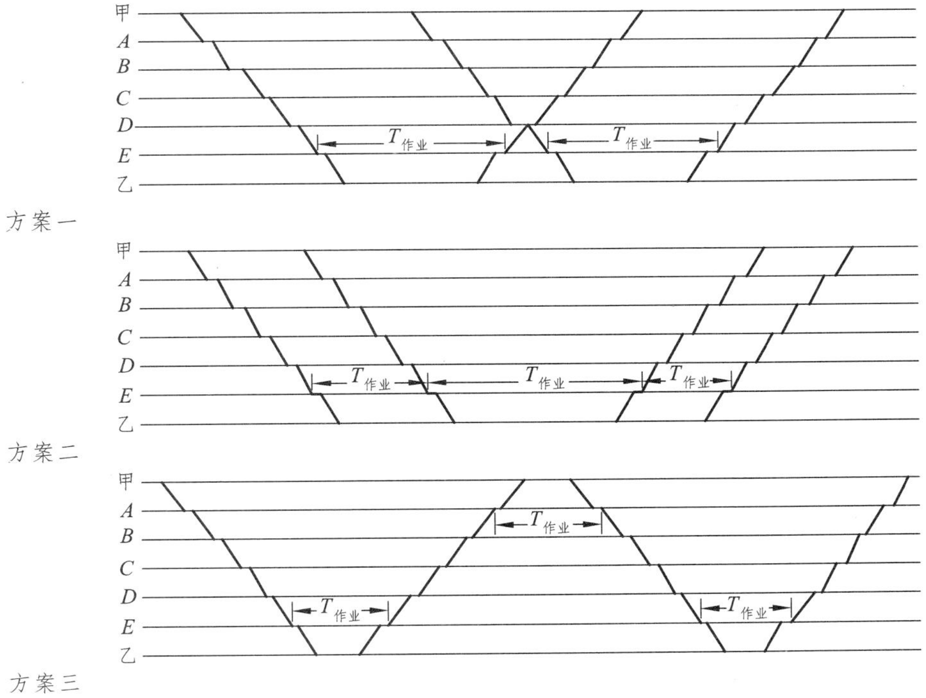

图 2-43　两对摘挂列车铺画方案

（三）区段管内工作列车运行线的铺画

在编制列车运行图时，应根据区段管内工作列车的行车量，参照区段管内工作列车铺画方案，安排各种区段管内工作列车运行线。

具体铺画摘挂列车运行线时，经常采用的做法有：

1. 集中给点

在区段内，某几个较大的中间站预留出较长的停留时间。日常执行时，由调度员根据实际作业需要分给几个邻近的中间站使用。

2. 分散给点

铺画摘挂列车运行线时，把时间分给各中间站。日常工作中，当某站甩挂作业较多时，由调度员进行必要的调整，把分散给几个中间站的时间集中在某站使用。

3. 分段给点

当同方向每天开行两列摘挂列车时，可以组织分段作业，如图 2-44 所示，使第一列摘挂列车在前半段的中间站上作业，第二列摘挂列车在后半段的中间站上作业。

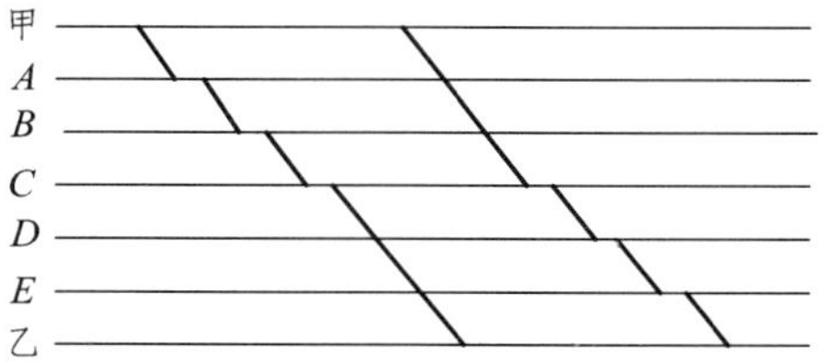

图 2-44 摘挂列车分段作业示意图

4. 交叉给点

当每天开行两列同方向摘挂列车时，可以让两列列车在不同的车站交叉作业。如第一列下行摘挂列车在 *A*、*C*、*E* 站作业，第二列下行摘挂列车在 *B*、*G* 站作业。

5. 组织区段小运转列车与摘挂列车配合作业

在区段小运转列车运行区段，摘挂列车可以不安排停车作业时间，以提高其旅行速度，如图 2-45 所示。

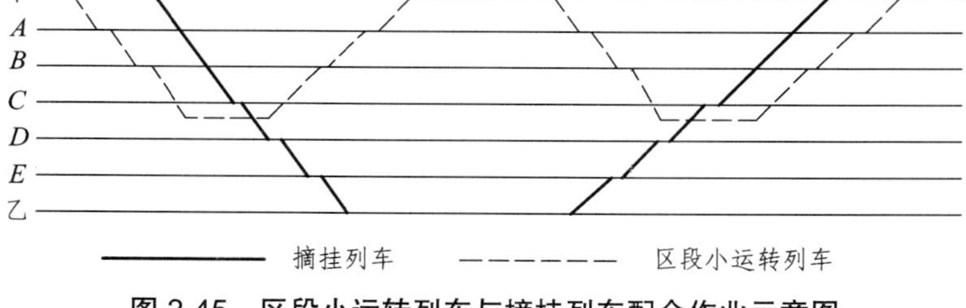

图 2-45 区段小运转列车与摘挂列车配合作业示意图

三、货物列车运行方案图的编制

为保证邻接区段、各相邻路局间列车运行紧密衔接，以及列车运行图与列车编组计划、车站技术作业过程、机车周转图的相互协调，在旅客列车运行图编制完以后，货物列车运行图的铺画一般也分两步进行，即先编方案图，然后再根据方案图编制详图。但在运量大、区间通过能力比较紧张的单线区段，由于在编制方案图时很难对限制区间给予准确的安排，所以一般不编方案图，而直接在二分格图上编制详图。

（一）编制步骤

（1）根据快运货物班列、定期直达列车、重载列车运行方案，分别铺画快运货物班列、定期直达列车和重载列车运行线。

（2）根据摘挂列车运行方案，铺画摘挂列车运行线。

（3）铺画其他货物列车运行线。

（二）编制方法

（1）货物列车旅行时间的计算。在双线区段，直达、直通、区段列车的旅行时间为区间运行时分（包括起停附加时分）、列车在中间站技术作业站的停站时分之和，若列车在区段被越行，还应增加待避时间。摘挂列车应另加各中间站规定的停车时间。在单线区段，除摘挂列车外，应考虑会车次数和停车时间，行车量越大，会车次数越多，列车旅行时间增加得越多。

（2）运行线的排列应尽量均衡。可按列车数量和全日可利用的时间计算列车间隔时间。以某一直达列车运行线为准，逐一确定列车在技术站的发车时刻。遇有旅客列车运行线时，列车间隔时间可以适当调整，但尽量不在旅客快车之前较短时间内安排货物列车运行线，以减少列车待避次数，提高旅行速度。

（3）区段行车量较少时，可从机车折返站按机车折返时间标准，成对安排货物列车运行线；通过能力较紧张时，可以从限制区间开始铺画，以限制区间的最优列车放行方案为基础向两边展铺，其中有些列车则需“倒铺”。

（4）所有列车运行线安排完毕后，应勾画机车交路，一般按顺序办理，即先到站的机车应先折返。如遇个别折返时间不够标准时间，应对部分列车的到发时刻进行适当调整，机车固定使用时应单独勾画。

（三）编制时注意事项

1. 列车运行图与列车编组计划的配合

列车运行图中货物列车运行线的编制依据列车编组计划。因此，在编制货物列车运行方案图时，应做到：

（1）按照列车编组计划所规定的货物列车种类、发到站和流量（并考虑波动系数），确定各种货物列车的行车量（对数或列数）。

（2）对有稳定车流的定期运行的列车，应在运行图上固定运行线，尽量优先安排，经过技术站时要求良好的接续。

（3）对非定期运行的技术直达、直通列车在技术站也应有适当接续的运行线。

（4）与车流产生规律相结合。例如按厂矿企业生产和装车情况安排始发直达列车的配空出重运行线，按车流集结情况安排自编出发列车运行线等。

2. 列车运行图与车站技术作业过程相配合

列车运行图与车站技术作业过程的配合，既可以提高区间通过能力，也可以提高车站的通过能力，有效地利用车站技术设备，保证不间断地接发列车。有时由于客车的影响，会造成密集到开的现象，此时，应注意以下问题：

（1）列车到达和出发的间隔时间应考虑车站到发线数目和列车占用时间。

（2）到达解体列车的间隔应与车站的解体能力相适应。

（3）编组列车的发车间隔应与车站编组能力相适应。

（4）中转列车在技术站的停留时间应满足车站对该种列车作业的需要。

（5）装车站的空车列车的到达时间与装后重车列车的发车时间应满足车站调车作业、装车作业及列车技术作业过程等的时间要求。

（6）到达编组站的无调中转列车与到达解体列车应交错到达。在车站调车机车整备、换班时间最好安排无调中转列车到站作业。

3. 列车运行图与机车周转图的配合

列车运行图与机车周转图的配合，最好做到机车不等车列，车列也不等机车。实际上很难做到列列如此，但因节省机车对降低运输成本关系重大，所以在安排列车运行线时，应尽量减少机车在折返站的等待时间。为此，应注意以下几点：

（1）按机车运用方式安排列车运行线。例如，循环运转制机车担当的列车在技术站的停留时间应不小于机车在到发线整备作业时间。

（2）相对方向列车到达机车折返站的时间间隔 $I_{到间}$，最后等于机车折返时间 $T_{折}$ 与无调中转列车技术作业时间 $t_{停}$ 的差值（见图 2-46），即

$$I_{到间}=T_{折}-t_{停}\ (\mathrm{min})$$

（3）按照机车乘务制度安排机车使用，避免乘务员工作时间超过规定劳动时间标准。

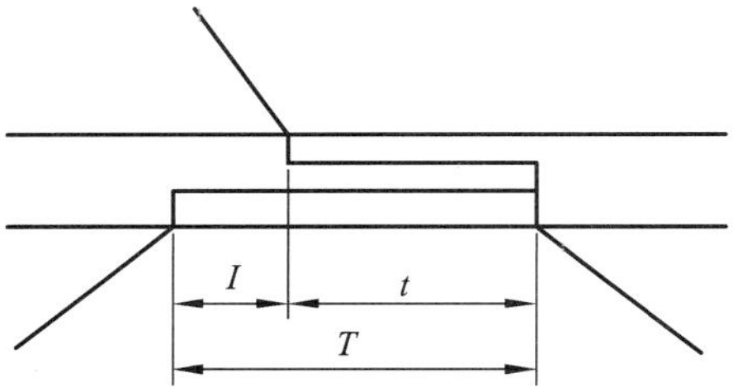

图 2-46 相对方向列车配合到达更换机车技术站

四、列车运行详图的编制

在编制完成列车运行方案后，即可着手在二分格运行图上具体铺画各区段的货物列车运行线，即编制列车运行详图。由于方案图只标明了区段两端技术站的到发时刻，无中间站的到发时刻，在编制详图过程中，对方案图所规定的运行线可作适当移动，但应尽可能不改变分界站的到开时刻。

在单线区段，如果通过能力有较大后备，则可优先铺画定期运行的快运货物列车和直达列车。在中间站交会时，应尽量使其他货物列车等会这些列车；在经过技术站时，应保证其紧密接续，以加速这些列车的运行。

对于摘挂列车，应先按区段管内货物列车铺画方案在图上铺画轮廓运行线，然后结合其他货物列车一起铺画。

在铺画详图时，应注意以下问题：

（一）保证行车安全和旅客乘降安全

为了保证行车安全和旅客乘降安全，应做到：

（1）列车间隔时间应满足车站间隔时间和追踪列车间隔时间的有关规定。

（2）遵守车站不准同时接发列车的有关规定。

（3）避免在不准停车或停车后起动困难的车站上停车。

（4）列车在车站会车或越行时，同时停在车站的列车数应与该站到发线数目相适应。

（5）尽量避免旅客列车在中间站停车时该站有其他列车通过，以保证旅客乘降的安全。

（二）有效地利用区间通过能力

在单线区段，通过能力有较大富余时，为保证机车的良好运用，货物列车运行线可以从机车折返站开始成对地铺画。这时应尽可能使列车到达折返站与由该机车牵引相反方向列车出发的间隔时间，等于机车在折返段所在站的作业时间标准，如图 2-47 所示。

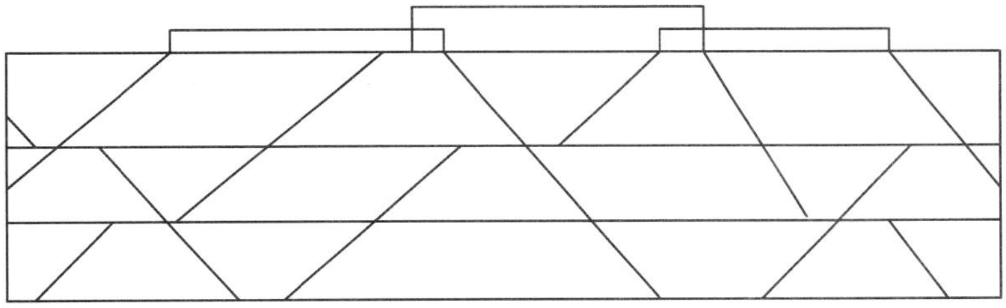

图 2-47　从机车折返站开始铺画货物列车运行线方法示意图

当在运行图上铺画的列车对数达到区间通过能力利用率的 80% 以上时，为了有效地利用区间通过能力，该区段应从限制区间开始铺画货物列车运行线，即在运行图上铺完旅客列车运行线之后，从限制区间开始铺画规定数量的货物列车运行线，然后再从限制区间分别向其他区间顺序铺画，如图 2-48 所示。

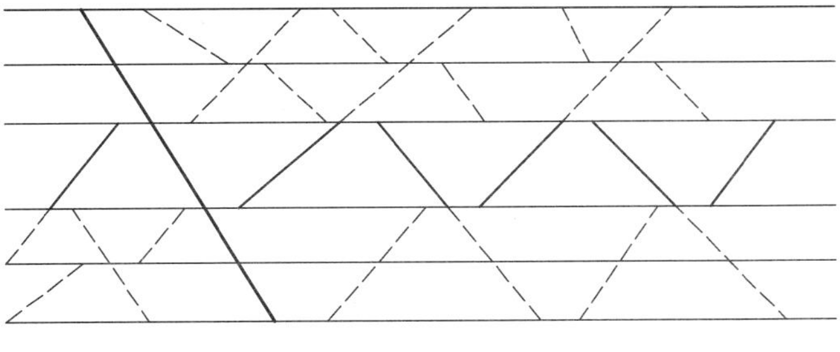

图 2-48　从限制区间开始铺画货物列车运行线方法示意图

（三）努力提高货物列车旅行速度

提高货物列车旅行速度的关键在于减少列车起停附加时分和中间站的停车时间，因此，在铺画列车运行线时应尽量做到以下几点：

（1）尽量减少停车次数，以减少起停附加时分。在旅客列车之前铺画的货物列车运行线，尽量使其在途中不待避客车，如不可避免时，则应尽量安排在货物列车技术作业站待避。这样，不但减少了起停车附加时分，还可使技术作业与待避客车平行进行，从而节省时间。

（2）尽量减少列车在中间站的停车时间，其铺画方法主要有：

① 列车的会车或待避，尽量安排在技术设备较先进的车站或相邻区间运行时分最少的车站上进行，如图 2-49 所示。

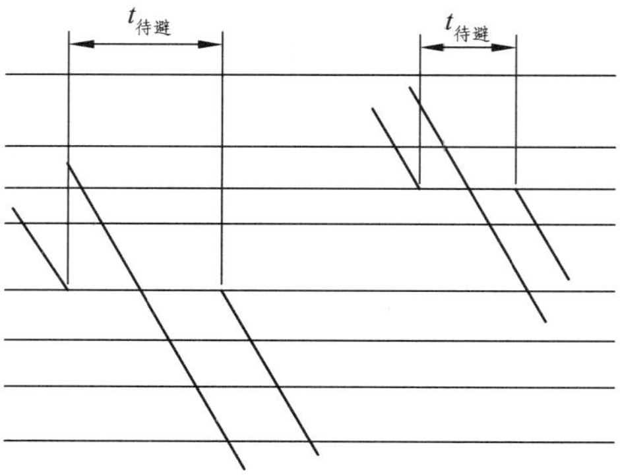

图 2-49 列车待避停留时间示意图

② 单线区段，在旅客列车之前的货物列车，避免在中间站又会又让，如图 2-50 所示。

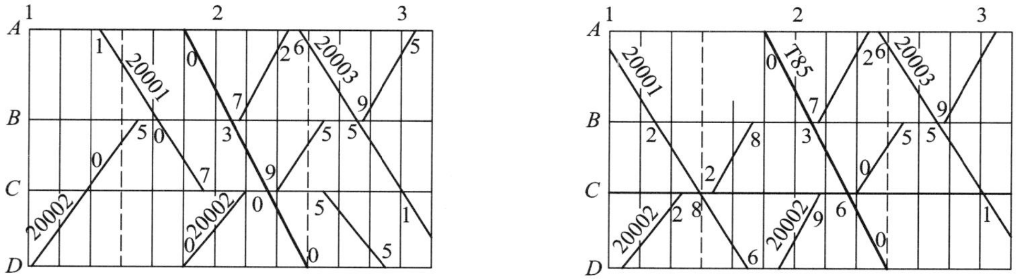

（a）不合理的铺画方法　　（b）合理的铺画方法

图 2-50 旅客列车之前货物列车运行线铺画方法例图

③ 单线区段，在旅客列车之后的货物列车与客车之间，应保持能铺画交会对向列车的间隔，如图 2-51 所示。

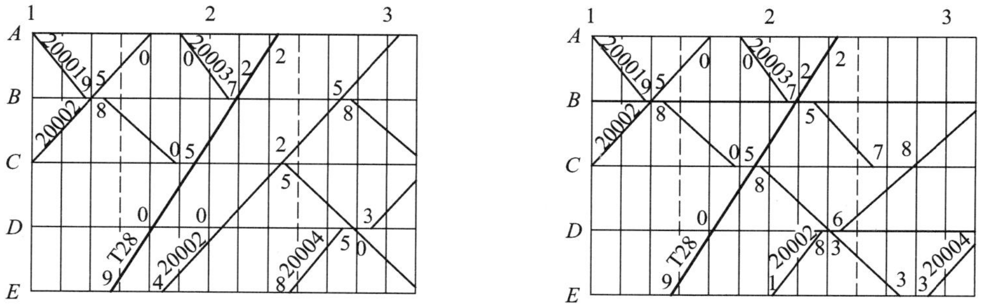

（a）不合理的铺画方法　　（b）合理的铺画方法

图 2-51 旅客列车之后货物列车运行线铺画方法例图

（3）在单双线区段，应首先铺画单线区间的运行线，尽量使列车的交会在双线区间进行。这样，既可减少停车次数，又可减少停车时间。

五、分号列车运行图的概念

根据旅客列车开行种类、开行列数以及货物列车编组计划确定的货物列车种类及行车量编制的列车运行图，称为基本运行图，基本运行图是一种经常使用的列车运行图。相对于基本图，为适应运量的较大波动、线路较大施工，以及节假日临时运输和特别运输的需要而编制的运行图称为分号运行图。

按照不同的行车量，在基本运行图上用抽减某些运行线的方法形成的某一分号运行图，称为综合分号运行图，这种分号运行图，仅变更列车对数，不变更列车车次和时间，便于执行。其缺点是列车运行不够均衡，机车运用不经济等。

在基本运行图之外，根据不同的行车量，重新编制的运行图称为独立分号运行图，这种分号运行图上的所有运行线、机车交路等都重新安排，其优缺点与分号运行图相反。

六、列车运行图主要指标的计算

在列车运行图编制完毕并经检查无误后，应计算下列主要指标，以考核编图质量。

PPT：列车运行图主要指标的计算

（一）货物列车平均技术速度

货物列车平均技术速度，即货物列车在区段中各区间内运行（包括起停车附加时分，不包括各中间站的停留时间），平均每小时走行的公里数。其计算公式为：

$$V_{技}=\frac{\sum nL}{\sum nt_{运}}\ (\mathrm{km/h})$$

式中　$\sum nL$——各种货物列车，总走行公里；

$\sum nt_{运}$——各种货物列车运行时分的总和（包括起停附加时分）。

（二）货物列车平均旅行速度

货物列车平均旅行速度，即货物列车在区段内运行（包括在各中间站停留时间在内），平均每小时走行的公里数。其计算公式为：

$$V_{旅}=\frac{\sum nL}{\sum nt_{运}+\sum nt_{停}}\ (\mathrm{km/h})$$

式中　$\sum nt_{停}$——各种货物列车在各中间站停留时间的总和。

（三）速度系数

速度系数即货物列车旅行速度与技术速度的比值。其计算公式为：

$$\beta=\frac{V_{旅}}{V_{技}}$$

（四）机车全周转时间

机车全周转时间是机车在一个牵引区段担任一对列车作业所需消耗的全部时间（h）。

在采用肩回交路时，机车全周转时间的计算公式为：

$$\theta_{全} = t_{往旅} + t_{返旅} + T_{折} + T_{基} \quad \text{(h)}$$

式中　$t_{往旅}$——机车自基本段所在站至折往段所在站的旅行时间，h；

$t_{返旅}$——机车自折返段所在站至基本段所在站的旅行时间，h。

（五）货运机车需要台数

货运机车需要台数是指一个机务段或一个区段、铁路局集团公司一昼夜内完成规定的牵引任务所使用的货运机车台数。计算公式为：

$$M_{货} = K_{需}(n_{货}^{图} + n_{双}) \quad \text{(台)}$$

式中　$K_{需}$——机车需要系数，指每担任一对列车牵引任务平均需要的机车台数，其值为：

$$K_{需} = \frac{\theta_{全}}{24}$$

$n_{货}^{图}$——运行图规定的各种货物列车对数；

$n_{双}$——双机牵引的列车对数。

一个区段的货运机车需要台数，在编制机车周转图后可以直接查出。其方法是：在机车周转图的任一时刻画一竖线，列车运行线和机车在两端站的折返交路线与该竖线相交的次数，即为机车使用台数。

（六）机车日车公里

机车日车公里，是指每台货运机车（不包括补机）在一昼夜内走行的公里数，其计算公式如下：

$$S_{机} = \frac{\sum MS_{本} + \sum MS_{重} + \sum MS_{单}}{M_{货}} \quad \text{(km/台日)}$$

式中　$\sum MS_{本}$——本务机车走行公里；

$\sum MS_{重}$——重联机车走行公里；

$\sum MS_{单}$——单机走行公里。

机车日车公里是反映机车流动程度的指标。机车日车公里越大，即平均每台机车每天走行公里越多，则机车所完成的运输任务就越大，反映机车的运用成绩也越好。

以上几项与机车运用有关的指标（包括机车全周转时间、技术速度及机车日车公里等），都可以按包括小运转和不包括小运转分别计算。

七、列车运行图编制质量的检查

列车运行图全部编完后，必须对列车运行图编制质量进行全面检查。检查的主要内容有：

（1）列车运行图铺画的客货列车数，是否符合所规定的任务。

（2）列车运行图的铺画是否符合规定的各项时间标准，列车的会让是否合理，在中间站停留会让的列车数是否超过该站现有的到发线数。

（3）摘挂列车的铺画是否满足区段管内货物列车铺画方案的要求。

（4）机车乘务组连续工作时间和机车在自外段所在站的停留时间是否符合规定的时间标准。

（5）在列车运行图上预留的施工“空隙”是否满足施工需要。

（6）局间分界站的列车衔接是否合适，一昼夜内各阶段的列车到发密度是否大体均衡。

八、实行新运行图前的准备工作

列车运行图编制完毕后，应经铁路总公司批准并规定全路统一实行新图的日期。为保证新运行图能按时正确地实行，必须组织有关员工认真学习新运行图，制定保证实现新运行图的措施，并按时做好实行新运行图前的下列各项准备工作：

（1）发布有关实行新运行图及列车编组计划的命令。

（2）印制并颁布列车运行图及列车运行时刻表。

（3）公布新旧旅客列车交替办法及注意事项。

（4）根据新列车运行图的规定，组织各站修订《车站行车工作细则》中的有关部分。

（5）及时做好机车、客车底和乘务员的调整工作。

（6）有关局集团公司共同召开分界站会议，拟定保证实现新运行图的措施。

知识拓展——计算机编制列车运行图

一、计算机编制列车运行图我国发展历程

20世纪60年代开始尝试利用计算机编制列车运行图。

1997年在全路调图过程中首次采用西南交大与相关路局研制软件实现了计算机编制京沪线列车运行图。

2004年利用西南交大开发的计算机编图软件实现全路旅客列车运行图编制。

二、列车运行图编制系统简介

列车运行图编制系统是集列车运行图编制、客图管理、机车周转图编制、列车运行图资料管理、电子地图于一体的铁路运输计划综合编制系统。系统为适应全路列车运行图编制和管理的需要，具有整体性强、功能健全、支持异地联网编图的特点，提供基于计算机网络的列车运行图基础信息收集、管理、查询和综合决策支持，为全路列车运行图编制和管理的集中化、统一化、快捷化提供技术支撑。

1. 系统特点

（1）单双线计算机自动编图。

（2）运输、机务、客运、车辆、工务、电务等各部门运行图管理的一体化。

（3）支持既有线及客运专线整个路网一体化编图。

（4）支持基于广域网的信息管理和客货运行图编制。

（5）支持车站电子地图多列车运行过程仿真及验证。

（6）采用全参数化设计，具有良好的实用性、通用性和可扩展性。

（7）人机交互界面美观友好，支持个性化界面设置。

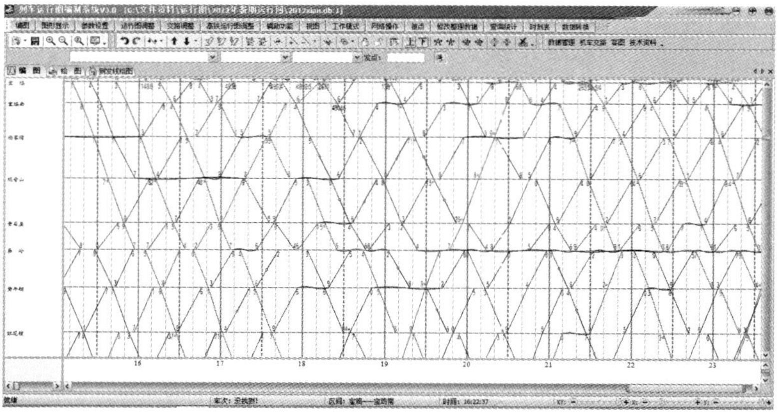

2. 系统构成

（1）列车运行图技术资料管理子系统。

列车运行图技术资料管理子系统的主要功能是对编制列车运行图所需要的来自铁路车、机、工、电、辆等各级业务部门的技术数据进行收集、整理、维护和输出。

（2）列车运行图编制与调整子系统。

主要用于列车运行图编制基础数据及相关参数的管理，实现列车运行图的优化编制及人机交互调整，系统可以自动编排列车始发或终到时刻方案点，自动生成列车运行线以及自动进行列车运行线的优化调整，提供良好的运行图显示界面并在列车运行图编制过程中的各个环节为运行图编制人员提供多方面的人机交互手段。系统能够在运行图编制过程中检查各项约束条件的满足情况并提示运行图编制人员。

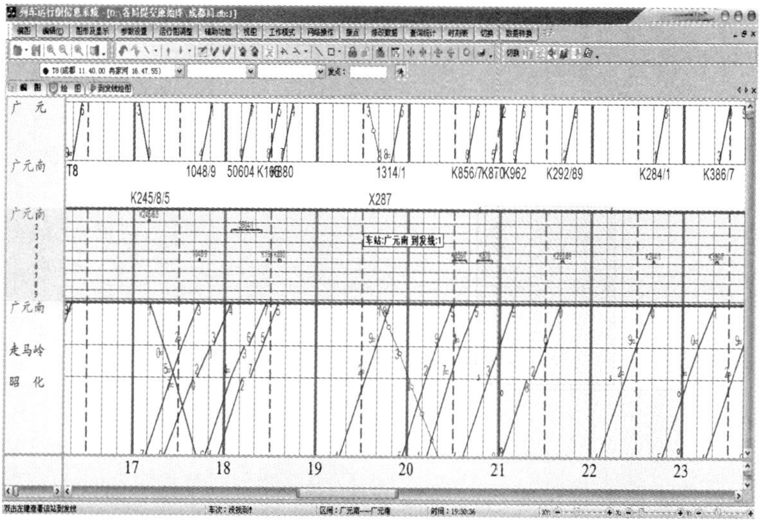

3. 系统功能

（1）列车运行图技术资料管理。

技术资料管理系统提供的主要功能有：各种技术资料数据的新建、插入、删除、编辑修改等界面编辑功能；数据的存储、文本和数据库文件的读写功能；部分数据的统计功能；以用户指定的方式、范围输出报表。

（2）列车运行图数据管理。

① 基础数据操作。

基础数据是系统中需要首先被建立的数据，主要包括线路数据、车站数据、区间数据，这些数据是用于显示铁路线网结构的数据，其他所有数据均是建立在其基础之上，它们也是相对稳定的静态数据，一旦被建立好就不会经常变动。线路数据主要包括线路名，车站数据包括车站名、所在线路名、车站性质、中心里程、到发线数等信息；区间数据包括区间所在线路名、区间起站、区间止站、上下行、闭塞方式、区间标志和运行性质等信息。基础数据操作提供了对以上基础数据的输入、修改、删除、查找等操作。

② 编图数据操作。

铁路列车运行图编制系统中的编图数据包括：列车径路、区间运行标尺、列车运行参数、间隔及约束、天窗设置、显示分段、图面分段设置等数据。它们是运行图编制时需要收集的各种编图资料，是运行图的各种要素标准。

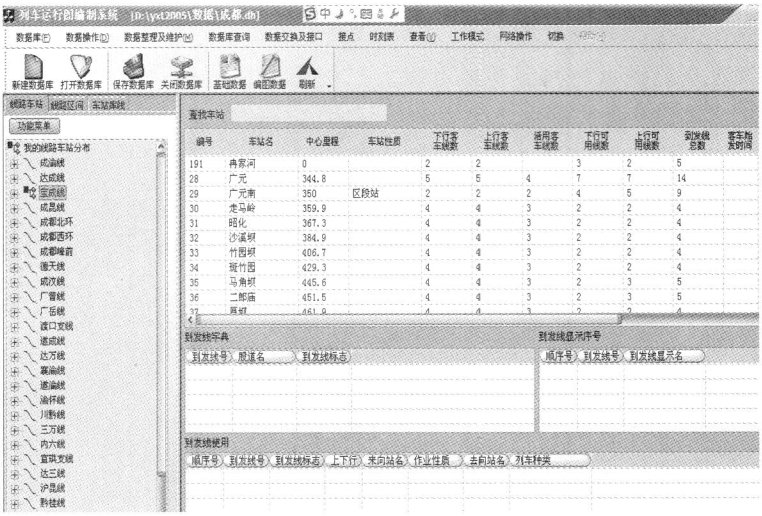

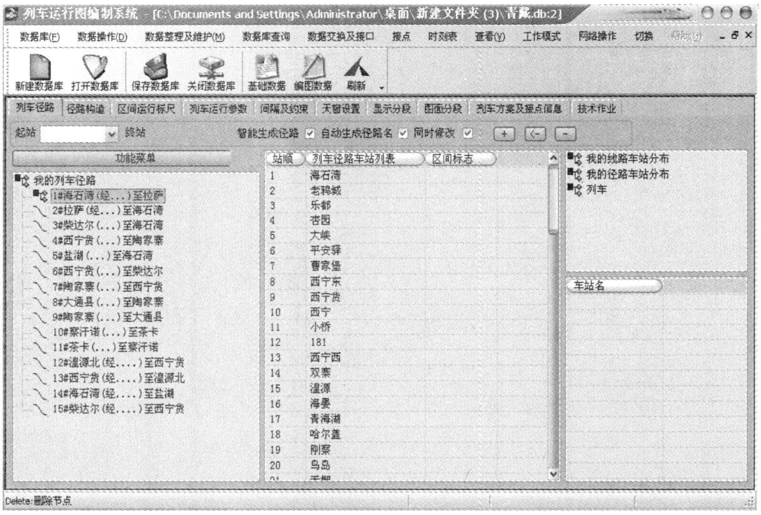

第五节　铁路通过能力的加强

为了适应国民经济发展的需要，应及时、有计划地采取加强通过能力的措施，不断提高铁路通过能力。

改善铁路技术设备是提高铁路通过能力的主要措施。因此，在一般情况下，当铁路通过能力接近饱和时，就应该研究加强和改善铁路技术设备。但在有些情况下，虽然通过能力还有足够的后备，采取新的技术设备和加强现有的技术设备，可以加速完成运输过程，降低运输成本，提高劳动生产率，减轻劳动强度，保证行车安全，因而也是必要和合理的。

何时需要加强通过能力，主要是根据需要通过能力和现有通过能力的水平来确定。需要通过能力，是根据需要的客货列车数并考虑一定的后备能力进行计算，其计算公式为：

$$N_{需} = (n_{货} + \varepsilon_{客} n_{客} + \varepsilon_{摘} n_{摘} + \varepsilon_{快} n_{快})(1 + r_{备})$$

式中　$n_{货}$——直达、直通、区段等一般货物列车对数或列数。

后备系数 $r_{备}$ 是根据铁路运输需要保持一定后备能力而规定的，铁路保持适当的后备能力，主要是为了适应日常货流波动以及进行运行调整、线路和供电设备施工等方面的需要。因此，后备系数应根据各铁路方向的具体情况加以规定。我国铁路规定一般单线为 20%，双线为 15%。

加强铁路通过能力的措施多种多样，归纳起来可划分为技术组织措施和改建措施两大类：凡是用改进行车组织方法，或只需要少量投资就能使通过能力达到需要水平的加强措施，均属技术组织措施；凡是需要国家大量投资，通过改建过新建铁路技术设备来加强铁路通过能力的措施，均属改建措施。在加强铁路通过能力时，应首先着眼于挖掘现有铁路的运输潜力，但同时也应有计划地对现有铁路逐步进行技术改造，以便更好地适应国民经济日益发展的需要。

铁路通过能力可以用列车对数表示，也可以用运送的货物吨数表示。所以加强铁路通过能力可有如下三个途径：

（1）提高列车平均牵引总重及平均载重系数。

① 采用大型货车，改善车辆构造；

② 采用补机推送，实行多机牵引，开行组合列车和重载列车等；

③ 降低限制坡度。

（2）增加行车密度，即增加行车量。

① 压缩列车运行图周期以提高平行运行图通过能力；

② 减少扣除系数，这主要是通过改善列车运行图的铺画方法来达到。

（3）同时增加列车重量和行车量。

一、提高列车牵引质量

（一）提高列车牵引质量的效果及列车质量标准

提高货物列车牵引质量是增加铁路区间通过能力的最有效的措施之一，当线路的平纵断面不改变、货流和车流结构一定时，货物列车牵引质量主要受机车类型（机车牵引力）和站线有效长度的制约。

如按一定类型机车的牵引力规定列车质量标准，可以保证机车得到最好的利用，但也可能使到发线长度未能充分利用，还可能因此而增加了行车量；如按站线长度和列车每延米平均重量来确定列车质量标准，可以保证有最小的行车量，但这种列车并不是总能选到最合适功率的机车来牵引的。

（二）统一列车牵引质量标准和差别质量标准

通常，一个铁路方向上的各区段，由于纵断面条件和技术装备的不同，如果各个区段分别规定各自的最有利列车质量标准，那么，跨越几个区段的远程直达、直通列车，势必在各区段的交接处——区段站或编组站上，需经常变更重量，进行增减轴作业。因此，在直通车流很大的方向上，应实行统一的列车牵引质量标准。

为实现统一的牵引质量标准，常常需采用提高限制区段列车质量的技术组织措施，其中主要有：利用动能闯坡，组织超轴牵引；在限制列车质量的区间采用补机推送，在限制列车质量的区段采用多机牵引，采用大功率机车等，这些措施有时需结合使用。

1. 利用动能闯坡

利用动能闯坡是提高列车牵引质量的一种辅助措施。

货物列车牵引质量是按机车在牵引区段内的最困难的上坡道上以计算速度作等速运行的条件进行计算的，用来计算牵引质量的上坡道坡度，为计算坡度或限制坡度。

为了提高列车质量，在丘陵地区纵断面起伏较大的线路上，一般规定列车在进入计算坡道的区间前不停车通过车站，以便列车在大于计算牵引质量的条件下，利用动能闯过计算坡道而不致使列车速度降低到计算速度以下。利用动能闯坡，在线路纵断面起伏较大的丘陵地区，列车牵引质量可提高 20%左右。

2. 采用补机及多机牵引

采用补机及多机牵引，是提高列车牵引质量的有效措施。在地形变化较大的线路上，如陡坡地段长而集中，全线牵引质量受陡坡地段的限制，在陡坡地段采用补机或多机牵引，这样不仅可以提高全线列车牵引质量，从而提高区间通过能力，而且由于减少了全线各区段的行车量，一般还可以节省运用机车台数，减少燃料消耗和乘务组定员，因此，在这些线路上采用补机和多机牵引来加强通过能力，是一种经济有效的措施。

当限制列车牵引质量的陡坡区间比较集中时，采用补机一般是有利的。但当陡坡区间较多且较分散时，就应当考虑在全区段组织多机牵引。采用多机牵引时，通常都是双机牵引，只有在个别情况下，才采用三机牵引。

多机牵引可采用下列两种形式：

（1）重联牵引。按照《铁路技术管理规程》关于货物列车编组的规定，将车辆编成规定重量的列车，两台机车重联牵引。

（2）多列合并。两个或三个列车不加任何改变而合并运行，后一列车的机车与前一列车尾部相连接，即所谓组合列车。开行组合列车既可作为提高列车重量的措施，又可作为快速疏散因“施工天窗”所积压列车的临时措施。

除统一牵引质量标准外，有时还采用如下几种差别质量标准：

（1）区间差别质量标准。主要是摘挂列车采用，其特点是对每一区间按其平纵断面情况分别规定不同的质量标准，以求减少摘挂列车开行对数，增加区间通过能力。

（2）区段差别质量标准。对于未实行统一质量标准，或只对某些直达列车实行统一质量标准的铁路方向，各区段仍按本区段的具体条件规定该区段的列车质量标准。

（3）平行质量标准。当铁路干线和支线的列车质量标准不同时，通常应规定直通轴在支线衔接站进行增减轴作业。这样，在变重站就需要把与直通轴去向相同的车流变成补轴车组，或将摘下的车流编组统一到站的列车而产生额外的车辆集结时间和调车工作消耗。如无适当车流补轴，还可能需要将部分直达列车提前解体以供补轴之用，从而大大降低了直达运输的效果。为了避免由于变重而导致上述损失，当欠轴距离不长或其运行方向恰是有单机运行的方向时，则可规定由支线开来低于干线统一质量标准的列车（主要是始发直达列车）不在干支线衔接站增重，仍以原编组质量在干线上继续运行，这种列车质量标准即称为平行质量标准（不按欠轴统计）。

（三）牵引动力现代化

牵引动力现代化是铁路现代化的中心环节，其主要标志为发展电力牵引。通过牵引动力改革、依靠科技进步来大幅度增加铁路运输能力，是提高运输效率和经济效益的最佳策略，这一点已被很多国家的铁路所证实。

（四）采用大型货车

列车质量是根据铁路固定设备的质量（线路平纵断面、结构强度、站线有效长等），移动设备的数量和质量（机车的功率、制动力，货车每延米重量、车钩强度、制动系统功率等），以及运输组织方法等多种因素综合确定。在线路平纵断面确定不变的前提下，机车功率配备、站线有效长度和货车每延米平均重量三者互相匹配，才能求得最佳列车质量标准。

当到发线有效长为 850 m、1 050 m 和 1 250 m 时，列车平均牵引质量随着货车每延米平均重量的增大而增大。由此可见，通过增加货车每延米平均重量、充分发挥到发线有效长的潜力来增加列车重量、扩大运输能力大有可为。这就是说，为了在既有线上大幅度提高货物列车重量，应大力发展和采用大型货车。

发展大型货车的可行办法有两种，增加轴数或是增加轴重。采用多轴货车，可在不增加轴重的前提下提高载重量，并大幅度提高每延米重量以增加运能。但多轴车重心偏高，结构复杂，检修困难，且不宜使用铁鞋制动，与货物站台及翻车机高度不配套，不够实用。提高四轴货车轴重，由目前的 21 t 提高到 23 t 或 25 t，结构简单，车辆本身技术问题较易解决，制造和维修所需条件也较易实现，卸车和计量设备也能适应，因而较为可行，比较理想的是制造轴重 25 t 的四轴货车。

（五）组织重载运输

重载运输是指在先进的铁路技术装备条件下，扩大列车编组、提高列车重量的运输方式。

国际重载协会认为，重载铁路必须满足以下三条标准中的至少两条：经常、定期开行或准备开行总重至少为 5 000 t 的单元列车或组合列车；在长度至少为 150 km 的线路区段上，年计费货运量至少达 2×10^7 t；经常、正常开行或准备开行轴重 25 t 以上（含 25 t）的列车。

按重载列车的作业组织方法区分，铁路重载运输有以下三种模式：

（1）单元式重载列车——将大功率机车双机或多机与一定编成辆数的同类专用货车固定组成一个运输“单元”，并以此作为运营计费的单位。机车操纵采用无线遥控同步运转系统，运送的货物品种单一，在装、卸站间往返循环运行，中途列车不拆散，不进行改编作业，机车车辆固定编挂位置，车底固定回空，两端车站装卸设备配套，是装、运、卸“一条龙”的运输组织形式。

（2）组合式重载列车——由两列及其以上同方向运行的普通货物列车首尾相接、合并组成的列车。机车分别挂于各自的货物列车首部，由最前方货物列车的机车担任本务机车，运行至前方某一技术站或终到站后，分解为普通货物列车。它实质上是在线路通过能力紧张的区段，利用一条运行线行驶两列及以上的普通货物列车的一种扩大运输能力的方式。

（3）整列式重载列车——由大功率单机或多机重联牵引，列车由不同形式和载重的货物车辆混合编组，达到规定重载标准（牵引质量达到 5 000 t 及其以上）的列车。目前，中国繁忙干线上开行的重载列车主要为这种模式。

二、增加行车密度

（一）增加行车密度的意义

增加行车密度是提高铁路通过能力的主要方法。增加行车密度投资少、见效快，在客货共线条件下以及在非常时期，效果特别显著。因此，在研究提高铁路运输能力问题时，一般都把增加行车密度作为优先采用的措施，当密度接近饱和时，再转为以提高质量为主的措施。增加行车密度主要可通过缩短列车间隔时间、区间长度和增加区间正线数等途径来实现。

缩短车站间隔时间，重点是要缩短与邻接车站办理行车联络手续的时间，布置、准备和检查接发车进路的时间，以及办理接发车作业其他项目的时间。为此，采用先进的信号、联锁、闭塞设备，不仅能缩短车站间隔时间，组织列车追踪运行和实现列车不停车交会，而且，可以保证行车安全，改善劳动条件，减少行车工种定员，也是实现铁路现代化，提高区间和车站通过能力，改善运输工作指标的重要措施。

（二）缩短区间长度

1. 增设会让站

增设会让站可以缩短限制区间长度，缩小运行图周期，从而达到提高区间通过能力的目的。增设会让站的效果，在很大程度上取决于区间的均等程度和地形条件。但是缩短区间长度是有一定限制的。在地形困难的线路上，增设会让站往往受地形限制。在地区平坦的线路上，也受区间最短距离、调度指挥方面的可能性和列车交会停站次数的增多、旅行速度的降低引起的运营支出的增加等因素的影响。

2. 向限制区间方面延长站线

单线区段限制区间两端车站向限制区间方面延长站线，可以缩短限制区间长度、缩短车站间隔时间，在一定条件下还可组织列车不停车交会；同时有助于提高列车重量标准，从而提高通过能力。这一措施的缺点主要是通过能力提高的幅度不大，而且对相邻区间有不利影响，因此，多数情况下要与其他加强措施结合起来采用。

（三）修建双线

修建双线可以大幅度提高通过能力和旅行速度。在货流增长速度较快和在全国铁路网中居于重要地位的干线，在通过能力出现紧张以前，应有预见地采取修建双线的措施。但是，由于修建双线需要大量投资、大量劳力和材料，工期较长，而且一般需在整个双线工程完成后，才能获得应有的效果。因此，除了货流增长速度很快，并且整个区段能于短期内完成双线铺轨工程的线路外，一般修建双线应分阶段逐步进行。

单线向双线过渡可有两种方法：一是从限制区间开始，分阶段在部分区间修建双线；二是修建双线插入段。

三、提高列车运行速度

（一）提高货物列车运行速度

在大力提高货物列车质量和提高旅客列车运行速度的同时，适当提高货物列车运行速度是铁路运行工作的主要任务之一。提高列车运行速度可以减少列车占用各项铁路设备如区间、咽喉、到发线的时间，从而可以提高铁路通过能力。提高货物列车运行速度，可以加速机车车辆周转从而减少所需机车车辆及乘务组数量，可以加速货物送达从而加速国民经济中流动资金的周转而产生巨大的经济效益和社会效益。

提高货物列车运行速度的目的可以通过提高机车牵引工况下的速度、提高最大容许速度和降低基本阻力三个方面来达到。

（二）提高旅客列车运行速度

提高列车运行速度包括提高列车最高运行速度、列车起动、停车或调速制动速度、通过道岔速度、下坡道制动限制速度和上坡道平均速度等，这一系列旨在提高技术速度的概念，与铁路牵引动力、车辆、列车制动和线路等技术装备条件密切相关。

（三）修建高速铁路

高速铁路具有运达速度快、能耗和造价低、污染小、安全性高，占地少、运输效率和经济效益好的特点。旅客运输高速化是铁路现代化的一个显著标志，是世界各国铁路发展的基本趋势，也是我国今后经济、社会发展的必然要求。

高速铁路的线路建设基本上可分为改造既有铁路线和修建高速客运专线两种模式。

（1）改造既有铁路线模式。

对既有线进行加强取直，采取新型的上部建筑和无缝线路，对小半径曲线进行取直，使符合规定的高速要求，运营上实行客货共线运行，称为改造既有铁路线模式。

（2）新建高速客运专线模式。

高速客运专线可以远离既有线修建，与既有线车站没有任何联系；也可以沿既有线修建，与既有线某些大站相衔接。

◆ 思考题

1. 列车运行图的作用是什么？如何分类？平行运行图有何特点？
2. 何谓区间运行时分和起停附加时分？如何计算与查定区间运行时分？列车在中间站的停车时间根据哪些作业确定？
3. 何谓车站间隔时间？何谓 $\tau_{不}$、$\tau_{会}$、$\tau_{连}$？各由哪些部分组成？绘图表示。
4. 何谓追踪间隔时间？$I_{追}$、$I_{到}$、$I_{发}$、$I_{通}$ 如何计算？一个区间的 I 值如何确定？
5. 机车在机务本段和折返段所在站的停留时间包括哪些时间因素？绘图表示。
6. 何谓铁路通过能力和输送能力？区段通过能力受哪些因素影响？如何确定？
7. 何谓区间通过能力？何谓平行运行图周期？几种常见的运行图周期如何计算？绘图表示。

8. 何谓限制区间和最大区间？如何选择单线成对非追踪平行运行图限制区间的列车运行图方案？绘图表示。

9. 何谓扣除系数？旅客列车和摘挂列车扣除系数如何确定？其值大小与哪些因素有关？

10. 平行运行图与非平行运行图的区间通过能力计算公式怎样表示？

11. 何谓使用能力，如何计算？提高区间通过能力的措施有哪些？

12. 摘挂列车行车量如何确定？如何绘制车流变动图？如何选择摘挂列车铺画方案？为什么？绘图表示。

13. 铺画列车运行图时，如何考虑与列车编组计划、车站技术作业过程、机车运用的协调配合？

14. 为提高货物列车旅行速度和保证行车安全，在铺画运行图时，应考虑哪些问题？

15. 何谓分号运行图？有哪几种？它们各有何优缺点？

16. 说明货物列车旅行速度、技术速度、速度系数的定义和计算方法。速度系数的大小说明什么？

17. 机车全周转时间包含哪些时间因素？机车需要台数如何计算？如何从机车周转图中直接查算？

【技能训练题】

1. 已知 A—B 区间的列车纯运行时分为：$t_{纯}^{下}=15$ min，$t_{纯}^{上}=14$ min；起车附加时分：$t_{起}^{A}=4$ min，$t_{起}^{B}=3$ min；停车附加时分：$t_{停}^{A}=1$ min，$t_{停}^{B}=2$ min。

要求：（1）写出 A—B 区间列车运行时分的缩写形式。

（2）画出 A—B 区间上、下行列车通通、通停、起通、起停四种情况示意图，并计算标出各种情况的区间运行时分。

2. 检查甲—乙单线半自动闭塞运行图（见图 2-52）中有无错误，若有，请指出并说明（各站 $\tau_{不}=4$ min，$\tau_{会}=3$ min，$\tau_{连}=4$ min）。

区间运行时分	
上行	下行
10_3^1	10_1^3
11_3^1	12_1^3
10_3^1	10_1^3
7_2^1	8_1^3

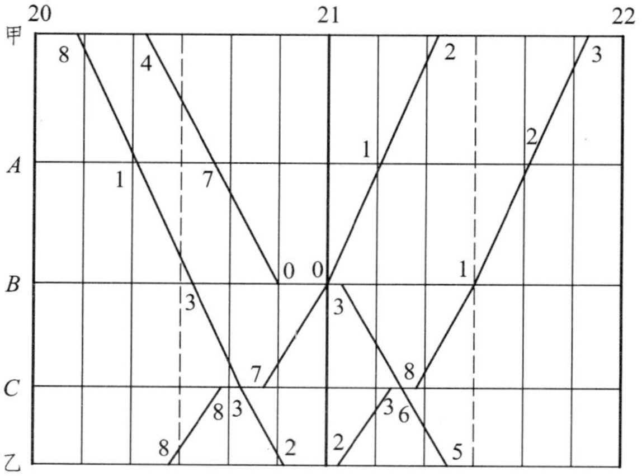

图 2-52 甲—乙单线半自动闭塞运行图

3. 已知甲—乙为单线半自动闭塞区段，各站 $\tau_{不}=5$ min，$\tau_{会}=3$ min，$\tau_{连}=5$ min，根据图

2-53 判断哪些间隔时间不满足要求。

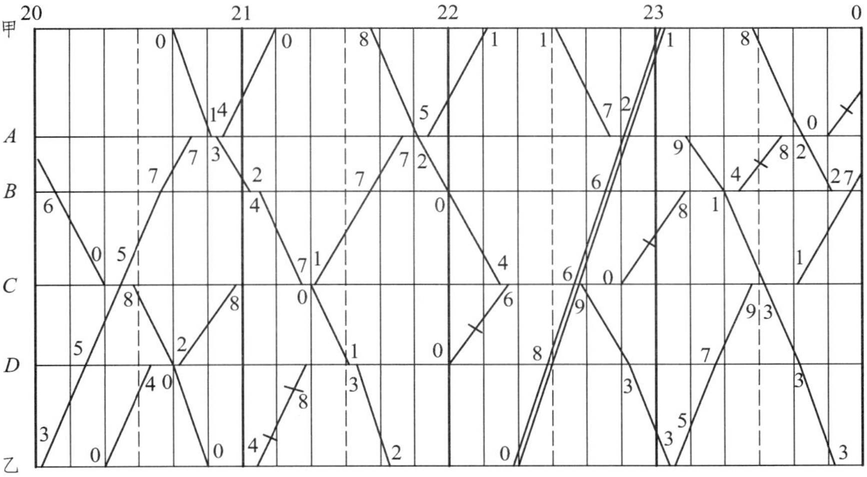

图 2-53　甲—乙区段运行图

4. 甲—乙区段区间运行时分及列车会让方式如图 2-54 所示。

要求：推算各区间列车运行时分，并标明各次列车在各站的到达和通过时分。

上行		下行	
客	货	客	货
5_2^1	7_3^2	5_1^2	7_1^4
4_2^1	6_3^2	5_1^2	7_1^3
8_2^1	10_3^2	9_1^2	12_1^3
7_2^1	8_3^2	7_1^2	9_2^3
7_2^1	9_3^2	8_1^2	10_1^3
6_2^1	8_3^2	7_1^2	9_1^3
7_2^1	7_3^2	6_1^2	8_2^3
8_2^1	9_3^2	8_1^2	10_2^3

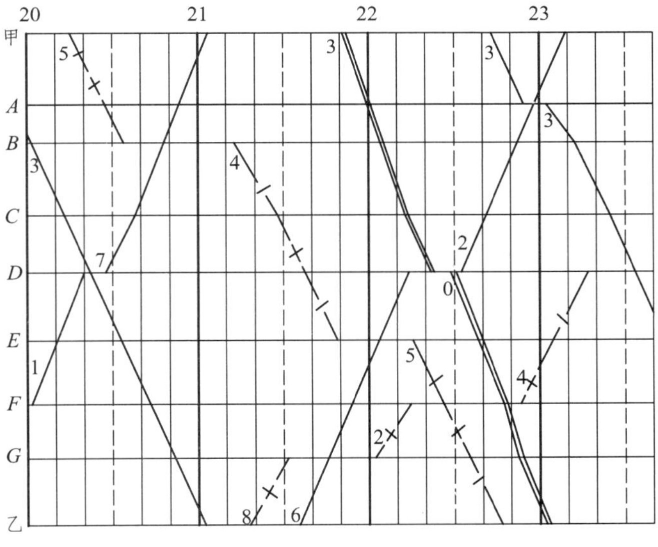

图 2-54　甲—乙区段运行图及列车会让方式

5. 单线非追踪运行图中，各站 $\tau_{不}=4$ min，$\tau_{会}=3$ min，$\tau_{连}^{通}=5$ min，$\tau_{连}^{停}=3$ min，区间运行时分及列车会让方式如图 2-55 所示。

问：33002 次列车在 *B* 站待避 T92 次时，其最小待避时间为多少？

6. 某区段为单线半自动闭塞，上下行列车数相同。*A*—*B* 为限制区间，有关时间标准见表 2-7。

区间运行时分			
上行		下行	
货	客	客	货
12_{3}^{2}	11_{2}^{1}	9_{1}^{2}	10_{2}^{3}
14_{3}^{2}	13_{2}^{1}	11_{1}^{2}	13_{2}^{3}

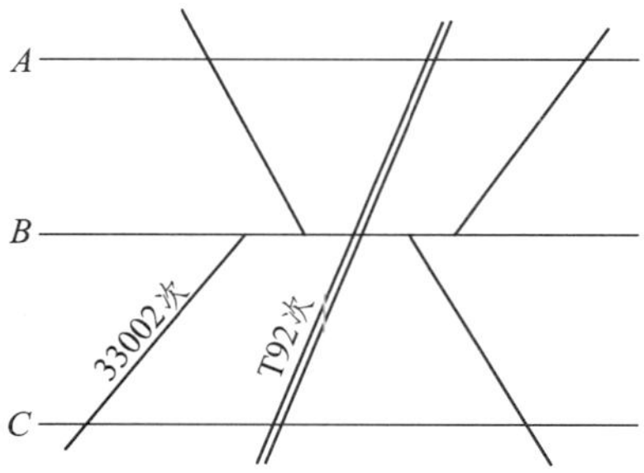

图 2-55　*A*—*C* 单线运行图

表 2-7　*A*—*B* 区间有关时间标准

区间纯运行时分		站 名	车站间隔时间			附加时分	
上 行	下 行		$\tau_{不}$	$\tau_{会}$	$\tau_{连}$	$t_{起}$	$t_{停}$
13	15	*A*	4	3	4	3	1
		B	5	2	4	3	2

列车对数及扣除系数为：旅客列车 3 对，$\varepsilon_{客}=1.2$；摘挂列车 2 对，$\varepsilon_{摘}=1.5$。

要求：（1）绘出限制区间所有列车放行方案，标出并计算各方案的 $T_{周}$，确定其最有利方案。

（2）计算平行运行图区间通过能力 $N_{平}$ 和非平行运行图区间通过能力 $N_{非}$。

7. 甲—乙区段小时格运行图如图 2-56 所示，甲站为机车基本段所在站，机车停留时间标准为 120 min，乙站为机车折返段所在站，机车停留时间标准为 100 min，甲—乙区段机车实行肩回运转交路。试勾画甲—乙区段机车交路（摘挂列车单独勾画交路）。

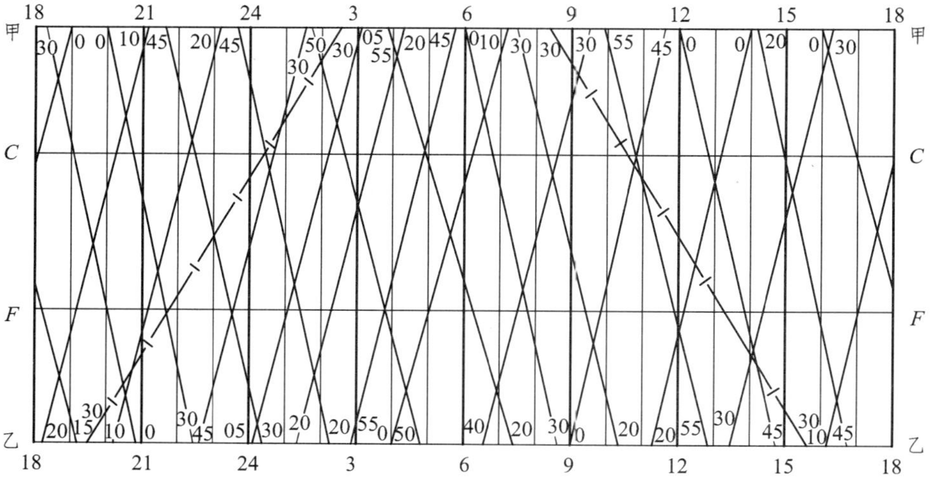

图 2-56　甲—乙区段小时格运行图

8. 已知：乙—丙区段管内车流见表 2-8，乙—丙区段列车编成辆数为 55 辆。

要求：（1）根据表 2-8 填记表 2-9。

表 2-8　乙—丙区段管内车流表

发＼到	乙	A	B	C	D	E	丙	计
乙			13		18			31
A	9			7		5	5	26
B		7		3			10	20
C	8				6	7		21
D		0/14	4				8	12/14
E			3	7			9	19
丙		5		4	2	7		18
计	17	12/14	20	21	26	19	32	147/14

表 2-9　中间站摘挂车数表

站名	下行		上行	
	摘车	挂车	摘车	挂车
A				
B				
C				
D				
E				
计				

（2）绘制乙—丙区段车流变动图。

（3）确定乙—丙区段上下行摘挂列车开行列数。

第三章　铁路运输生产技术计划

> **主要内容**

运输生产的数量指标计划，货车运用质量指标计划，运用车保有量计划，机车运用指标计划，运输方案等。

> **重点掌握**

重车车流表及其相关货车数量指标，货车载重量，货车周转时间，货车日车公里等货车运用质量指标，运用车保有量等。

铁路运输生产技术计划（以下简称技术计划）是为了完成铁路运输生产月度货物运输计划而制定的月度机车车辆运用计划，是编制运输方案的主要依据。

本章主要介绍车辆运用的数量指标计划，车辆运用的质量指标计划，运用车保有量计划，机车运用指标计划和运输方案等内容。

第一节　概　述

机车车辆的活动是形成运输生产活动动态性质的重要因素，它使每一铁路局集团公司、站、段在不同的时刻有着不同的运输状态。为了对动态的运输生产过程进行控制，必须制定完善的运营指标系统，机车车辆运用指标是运营指标系统中的重要组成部分。

机车车辆是铁路运输的活动设备（运输动力和工具），它是决定铁路运输能力的重要因素，主要由活动设备所决定的输送能力与由固定设备所决定的通过能力综合实现，才能形成铁路的运输能力。在一定的固定设备条件下，铁路所能实现的运输能力将取决于活动设备的类型、数量及其分布，问题反映在两个方面：为完成一定的运输任务，应拥有多少机车车辆；一定类型和数量的机车车辆能完成多少运输任务。前者主要在长远计划及年度计划中研究，而运输生产计划则要解决上述两个方面的问题。

为保证货运计划的实现，必须在现有的机车车辆类型和数量的条件下，编制合理运用机车车辆的指标计划（包括机车车辆的合理分配），而机车车辆的运用指标又与运输工作量相关联。因此，就运输生产活动而言，机车车辆的运用指标是运输生产活动的主要数量和质量指标。在确定运输工作量及机车车辆合理运用的有关指标时，必然涉及区段通过能力的限制条件，因而正确确定车流径路，合理利用通过能力也是其任务之一。从这个意义上讲，运输生产技术指标也是技术设备的运用计划，是运输生产活动的综合性计划。

货车合理运用是运输生产指标计划所研究的主要问题。我国铁路货车，除少数因其有专门的用途和一定的运输径路为企业自备车外，大部分是全路通用（除不连通的铁路及轨距不同者外，全路 60 余万辆货车可以在各铁路局集团公司间运送货物），因而运用车即铁路通用货车的合理分布及空车调整问题是十分重要而又复杂的问题。铁路局集团公司的运用车保有量有一定的限度，超过一定数量将会产生某些困难或浪费，并且会影响其他铁路局集团公司完成运输任务；而不足其需要量又不能完成本局规定的运输任务，因此铁路局集团公司必须经常保有一定种类和数量的运用车。对于随时间变化而不断变化的运用车分布状态，为了保持其相对平衡，必须从以下几个方面进行控制：按层次分级（铁路总公司、铁路局集团公司）控制运用车数；按状态（重、空）和去向（交出的重车和到本局卸的重车）控制运用车数；按主要车种（C、P、N、G、B 等）控制运用车数。运用车的合理分布是组织均衡运输，合理利用铁路运输能力，全面和超额完成运输任务的保证。

我国社会主义市场经济的确立，对铁路运输的时间要求大大提高了，货主随时提出的运输需求，都要求铁路能随时满足，否则货主会考虑选择其他方式的交通工具，从而大大削弱铁路在运输市场中的竞争能力，因此，随到随批已成为货运计划中必不可少的计划。为了获得一套准确有效的运输生产技术指标，除了应缩短月编计划的编制周期（以降低随到随批计划所占比重）外，还应使技术指标具有较好的预见性，能充分反映随到随批部分运量。为此可选择下面的方法来确定最终的技术指标：

（1）建立一套科学的货流、车流预测方法，要求能比较准确地预测出计划期内随到随批部分的货流、车流情况，而且能反映出不同货物品名，不同发、到站，不同车种的情况；再加上货运计划中的集中计划部分的货流、车流，从而组成计划期内完整的货流、车流；然后应用技术计划指标计算原理确定有关指标。这种货流、车流预测方法预测的对象数目繁多，需要提供的历史数据和考虑的因素也很复杂，因此需要具有较高的自动化水平才能有效地实现。

（2）先以货运计划中集中部分的货流、车流为基础，确定出技术计划有关指标，然后根据对计划期内随到随批部分的货流、车流情况的预计，来修正有关技术计划指标。这种方法比较有利于人工实现。

综上所述，技术计划的基本任务是确定铁路局集团公司日均应完成的装车、卸车、分界站交接车数及列数等运输生产任务，合理安排各区段的重空车流和货物列车列数，规定货车运用的各项指标。

技术计划的主要内容包括运输生产的数量指标计划、货车运用指标计划、运用车保有量计划、机车运用指标计划和主要站指标计划等。

（一）运输生产的数量指标计划

（1）使用车计划和卸空车计划。

（2）空车调整计划。

（3）分界站货车出入计划。

（4）分界站及各区段货物列车列数计划。

（二）货车运用指标计划

（1）货车工作量。

（2）货车周转时间及其构成因素。

（3）货车日车公里。

（三）运用车保有量计划

（1）管内工作保有量。

（2）移交重车保有量。

（3）空车保有量。

（四）机车运用指标计划

（1）列车平均总重。

（2）机车全周转时间。

（3）机车日车公里。

（4）机车日产量。

（五）主要站指标计划

技术计划的编制依据主要包括：月度货物运输计划、列车编组计划、列车运行图、铁路区段通过能力、车站改编能力、车站技术作业过程以及国家及上级领导对计划月度运输工作的有关指示等。

在编制技术计划时，还必须研究和参考本月技术计划执行情况的分析、技术计划执行前车辆的分布情况、季节运输需要及施工等情况，编制出切实可行的技术计划。

正确编制和严格执行技术计划，对于经济合理地使用铁路运输设备、加速机车车辆周转、保证完成货物运输任务具有重要的作用。

第二节　铁路货车运用数量指标计划

一、使用车计划

使用车数由装车数和增加使用车数组成，即

$$u_{使} = u_{装} + \Delta u_{使}\ （车）$$

式中　$u_{使}$——使用车数；

$u_{装}$——装车数；

$\Delta u_{使}$——增加使用车数。

增加使用车数是指不按装车数统计的使用车数，它主要包括：中转零担货物超过规定重量的装车、运用重车途中倒装而增加的装车、装运铁路货车用具的整车装车；新线、地方铁路分界站向新线、地方铁路的装车，以及由新线、地方铁路接入重车到达新线、地方铁路分界站的卸车，计算增加使用车和增加卸空车各一辆。

使用车数的绝大部分是装车数，增加使用车数仅占百分之几，因此使用车数指标又是反映装车数量多少的运输生产数量指标。

使用车计划应按去向别和车种别确定。其中装车数是根据月度货物运输计划批准的要车计划产生的装车货源数据库生成，增加使用车部分是参照车站实际统计资料确定的。

使用车按其去向可分为自装自卸和自装交出两部分，即

$$u_{使} = u_{自装自卸} + u_{自装交出}\ （车）$$

式中　$u_{自装自卸}$——自装自卸车数；

$u_{自装交出}$——自装交出车数。

根据货运计划批准的要车计划表，按发站、到站和车种汇总，然后计算出每支车流的日均车数，编制车种别和去向别使用车计划，并上报中国铁路总公司。

中国铁路总公司对各铁路局集团公司的使用车计划汇总后即产生了全路的重车流计划。各局间将自装交出资料进行交换，按到站和经由分界站通知有关的卸车局和通过局，以确定重车车流表的接入卸车和通过车流。

设丙局管辖范围如图 3-1 所示，丙局列车编组计划见表 3-1，丙局去向别、车种别使用车计划表见表 3-2。

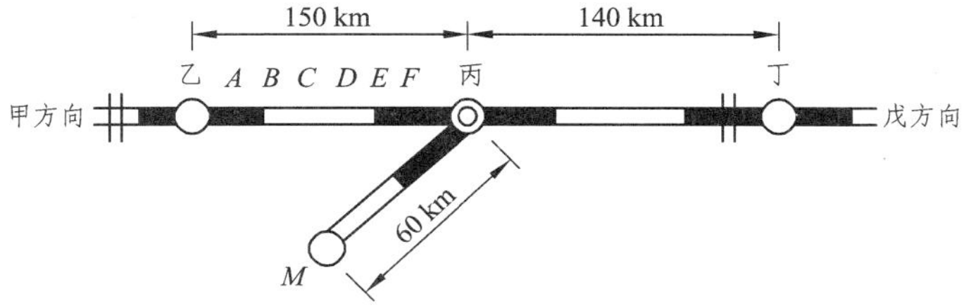

注：|| 为分界站

图 3-1　丙局管辖范围示意图

表 3-1　丙局列车编组计划

发站	到站	编组内容	列车种类	期车次	附注
E	丁	丁及其以远	始发直达	85001、85003	
S	戊	戊站卸	石油直达	84001	
M	戊	戊及其以远	始发直达	85102～85108	
甲	*E*	空敞车	空直达	86001、86003	
甲	*M*	空敞车	空直达	86101、86103	
甲	戊	空敞车	空直达	86201	
戊	*S*	空罐车	空直达	86901	
甲	戊	戊及其以远	技术直达		
戊	甲	甲及其以远	技术直达		
各区段均开行区段列车及摘挂列车					

表 3-2　丙局去向别、车种别使用车计划表

往 / 由	本局管内卸车							自装交出空车			合计
	乙	乙—丙	丙	丙—丁	丙—*M*	*M*	计	乙分界站	丁分界站	计	
乙		5 5	10 10	6　6 12			21　6 27	15 15	20　15 40 5	35　15 55 5	56　21 82 5
乙—丙	5 15 10	10（c）		8 8			8　15 33 10	10 10	100 100	10　100 110	18　115 143 10
丙	11 11	10 10			9 9	15 35 20	30　15 65 20	10　10 20		10　10 20	40　25 85 20
丙—丁	6 6		1　4 5			10 10	1　20 21		50 G50	50 G50	1　20 71 G50
丙—*M*		4 4		5 5			9 9	20 20		20 20	29 29
M			5 20 15				5 20 15		200 200	200 200	5　200 220 15
计	11　11 32 10	15　14 29	16　4 35 15	14　11 25	9 9	25 45 20	65　65 175 45	35　30 65	20　315 390 5　G50	55　345 455 5　G50	120　410 630 50　G50

注：表中每格左上角为棚车，左下角为平车，右上角为敞车，右下角为罐车或保温车，中间数字为总数，即 P　C / 总数 / N　GB

假设：丙局 $u_{装}$ 为 600 车，$\Delta u_{使}$ 为 30 车（其中乙站 10 车，丙站 20 车），则：

$$u_{使}=600+30=630\text{（车）}$$

使用车计划是确定各区段行车量、分界站货车出入计划和机车车辆运用指标计划的原始资料，应正确查定。

二、接运重车计划

对铁路局集团公司而言，接运重车是指由邻局接入到本局卸和通过本局的重车。

在编制技术计划时，各局根据邻局卸车和通过的重车流资料（包括到达站名、卸车车种、车数及径路等），编制接运重车去向计划。丙局接运重车去向计划表见表 3-3。

铁路局集团公司接运重车包括接入自卸和通过重车两部分，即

$$u_{接重}=u_{接卸}+u_{通重}\text{（车）}$$

式中 $u_{接重}$——接运重车数；

$u_{接卸}$——接入自卸车数；

$u_{通重}$——通过重车数。

由表 3-3 可以查出，丙局：

$$u_{接重}=258+800=1\,058\text{（车）}$$

表 3-3 丙局接运重车去向计划表

去向 接入分界站	本局管内卸车							接运通过重车			合计
	乙	乙—丙	丙	丙—丁	丙—*M*	*M*	计	乙	丁	计	
乙	5 5	7 1 8	150 150				7 156 163		100 100 200	100 100 200	107 256 363
丁	25 25	20 30 10		5 5	10 10	25 25	50 35 95 10	80 500 600 20		80 500 600 20	130 535 695 30
合计	25 5 30	27 1 38 10	150 150	5 5	10 10	25 25	57 191 258 10	80 500 600 20	100 100 200	180 600 800 20	237 791 1058 30

三、卸空车计划

卸空车数由卸车数和增加卸空车数组成，可用下式表示：

$$u_{卸空}=u_{卸}+\Delta u_{卸空}\text{（车）}$$

式中 $u_{卸空}$—— 卸空车数；

$u_{卸}$——卸车数；

$\Delta u_{卸空}$——增加卸空车数（不按卸车数统计的卸空车数，与增加使用车数相类似，主要

因零担货物中转及货物倒装而产生）。

同样，卸空车数指标既是反映货车运用的数量指标，又是反映卸车任务多少的运输工作数量指标。

保证卸车任务的完成不仅可以加速货物送达，还可以避免重车积压，加速货车周转。重车卸后才可产生空车，因而卸车任务的完成又是完成排空任务和装车任务的重要条件。

卸空车按其来源可分为自装自卸和接入自卸两部分，即

$$\Delta u_{卸空}=u_{自装自卸}+u_{接卸}\ （车）$$

铁路局集团公司的卸空车计划，应按车种别和到站别编制，其中自装自卸部分可根据去向别使用车计划确定，接入自卸部分由外局提供的重车车流资料确定。

丙局车种别卸空车计划表见表 3-4。

表 3-4　丙局车种别卸空车计划表

卸车数 来源	乙	乙—丙	丙	丙—丁	丙—M	M	计
路局自装	11　11 32 10	15　14 29	16　4 35 15	14　11 25	9 9	25 45 20	65　65 175 45
接入卸车	25　5 30	27　1 38 10	150 150	5 5	10 10	25 25	57　191 258 19
合计卸车	36　16 62 10	42　15 67 10	16　154 185 15	19　11 30	9　10 19	50 70 20	122　256 433 55

由表 3-4 可知，丙局卸空车数 433 车，其中自装自卸车数为 175 车，接入自卸车数为 258 车。

四、重车车流表

重车车流表是表现众多的发到地点间车流量的较好形式。铁路局集团公司的重车车流表根据使用车计划和外局交换的到达及通过重车车流资料编制。

铁路局集团公司所办理的重车流，就其产生的来源而言，有使用车和接运重车两部分。使用车和接运重车又都有自卸和交出重车两种去向。因此，铁路局集团公司办理的重车流分为：

（1）自装自卸车流（管内车流）。

（2）自装交出车流（输出车流）。

（3）接入自卸车流（输入车流）。

（4）接运通过车流（通过车流）。

PPT：重车车流表和车流梯形图解读

在重车车流表中，左上部为自装自卸车流，右上部为自装交出车流，左下部为接入自卸车流，右下部为接运通过车流。

丙局重车车流表如表 3-5 所示，从表 3-5 中可以查出丙局的各种性质的重车流为：

$$u_{自装自卸}=175\ （车）$$

$u_{自装交出}$=455（车）

$u_{接卸}$=258（车）

$u_{通重}$=800（车）

同时，可以查表得：

$$u_{使}=u_{自装自卸}+u_{自装交出}=175+455=630（车）$$

$$u_{接重}=u_{接卸}+u_{通重}=258+800=1\ 058（车）$$

表 3-5　丙局重车车流表

卸或装 / 交或接		卸空车							交出重车			总计
		乙	乙—丙	丙	丙—丁	丙—*M*	*M*	合计	乙分界站	丁分界站	合计	
使用车	乙		5	10	12			27	15	40	55	82
	乙—丙	15	10		8			33	10	100	110	143
	丙	11	10			9	35	65	20		20	85
	丙—丁	6		5			10	21		50	50	71
	丙—*M*		4		5			9	20		20	29
	M			20				20		200	200	220
	合计	32	29	35	25	9	45	175	65	390	455	630
接运重车	乙分界站	5	8	150				163		200	200	363
	丁分界站	25	30		5	10	25	95	600		600	695
	合计	30	38	150	5	10	25	258	600	200	800	1 058
总计		62	67	185	30	19	70	433	665	590	1 255	1 688

重车车流表是编制技术计划的基础资料，技术计划中的其他数量指标均可从该表中查算得出。

五、货车工作量

铁路货车运用工作的基本内容，就是将货车送往货物发送车站装车，然后将重车编入列车按规定径路运行，送至货物到达站卸车，卸后空车再送往装车站，不断循环。每完成一次作业循环，铁路就算完成了一个工作量，该辆货车就算完成了一次周转。这样，货车工作量实质上就是在一定时期内，全路、铁路局集团公司运用货车完成的货车周转次数。在数值上，可以用每天（昼夜）新产生的重车数 u 来表示。

在运输生产技术指标计划中，以货车周转时间分析货车运用效率时，其工作量以“车”为计算单位。

就全路而言，货车工作量是指全路的使用车数，即

$$u=u_{使}（车）$$

而铁路局集团公司的货车工作量则应等于使用车数与接运重车数之和，即

$$u=u_{使}+u_{接重}=u_{自装自卸}+u_{自装交出}+u_{接卸}+u_{通重}（车）$$

货车工作量亦可从重车消失的角度来计算，其公式为：

$$u=u_{卸空}+u_{交重}\text{（车）}$$

丙局使用车数为630车，接运重车数为1 058车，卸空车数为433车，交出重车数为1 255车，故货车工作量 u 为：

$$u=630+1\ 058=433+1\ 255=1\ 688\text{（车）}$$

对于运输生产技术计划，两种计算方法所得结果相同。而在日常运输生产活动中，两种计算方法所得结果往往是不一致的，一般采用每天新产生的重车数来计算工作量，即采用 $u=u_{使}+u_{接重}$ 的公式计算货车工作量。

应当指出的是，全路的货车工作量不等于全路各局货车工作量之和。

六、空车调整计划

每个车站、铁路局集团公司每日按车种别的装车数和卸车数一般是不相等的。为了保证不间断地按日均衡地完成装车任务，必须按车种别将卸车数大于装车数的地区所产生的多余空车运送到装车数大于卸车数的地区，这种空车的调配工作称为空车调整。向其他单位（铁路局集团公司、车站）移交空车的数量可由下式确定：

$$u_{交空}=u_{接空}+u_{卸空}-u_{使}\text{（车）}$$

由于我国铁路货车是全路通用的，没有固定的配属站，且空车走行公里为非生产走行，不产生运输产品，因而空车调整存在着合理化即优化的问题。一般应以空车走行公里最少为主要优化目标，为此，必须遵循一定的调整原则，通过采用空车调整图和科学的优化方法制定空车调整方案。空车调整的主要原则有：

（1）除特殊要求外，必须消灭同种空车在同一径路上的对流。

（2）空车由卸车地至装车地，一般应经由最短径路。

（3）在环状线路上，应根据空车走行公里最少的原则，制定空车调整方案。

（4）在保证货物和行车安全的条件下，可采取车种代用，以减少空车走行公里。

此外，在进行空车调整时，还须考虑其他因素的限制，如：

（1）为保证重点物资、大宗货物的装车需要，往往采取硬性调整措施，指定某些站必须向某站输送一定车种和数量的空车。

（2）当车流的最短径路为通过能力紧张的区段时，车流可经由特定径路输送。

空车调整计划可利用空车调整图编制，铁路总公司根据各铁路局集团公司的使用车计划和卸空车计划，计算各局车种别装卸差，并通过编制全路空车调整图来确定各局集团公司间分界站车种别空车交接车数。铁路局集团公司根据铁路总公司下达的局间分界站空车调整任务编制铁路局集团公司空车调整图。

例如，铁路总公司根据丙局车种别使用车与卸空车的差数（见表3-6）确定的乙、丁两个分界站车种别空车出入计划如图3-2所示。

表 3-6 丙局车种别使用车与卸空车余缺计算表

车种	使用车	卸空车	余缺
P	120	122	+2
C	410	256	-154
N	50	55	+5
G	50		-50
B			
计	630	433	-197

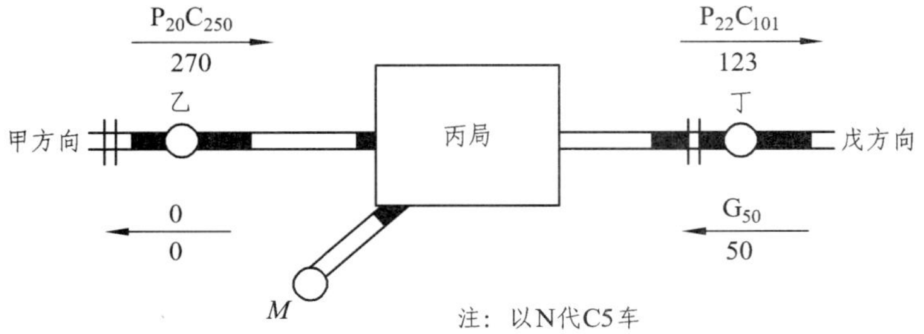

图 3-2 丙局分界站车种别空车出入计划

丙局依据局管内主要站和区段的车种别使用车计划和车种别空车计划，按照分界站车种别空车出入计划的要求，编制的丙局空车调整图如图 3-3 所示。

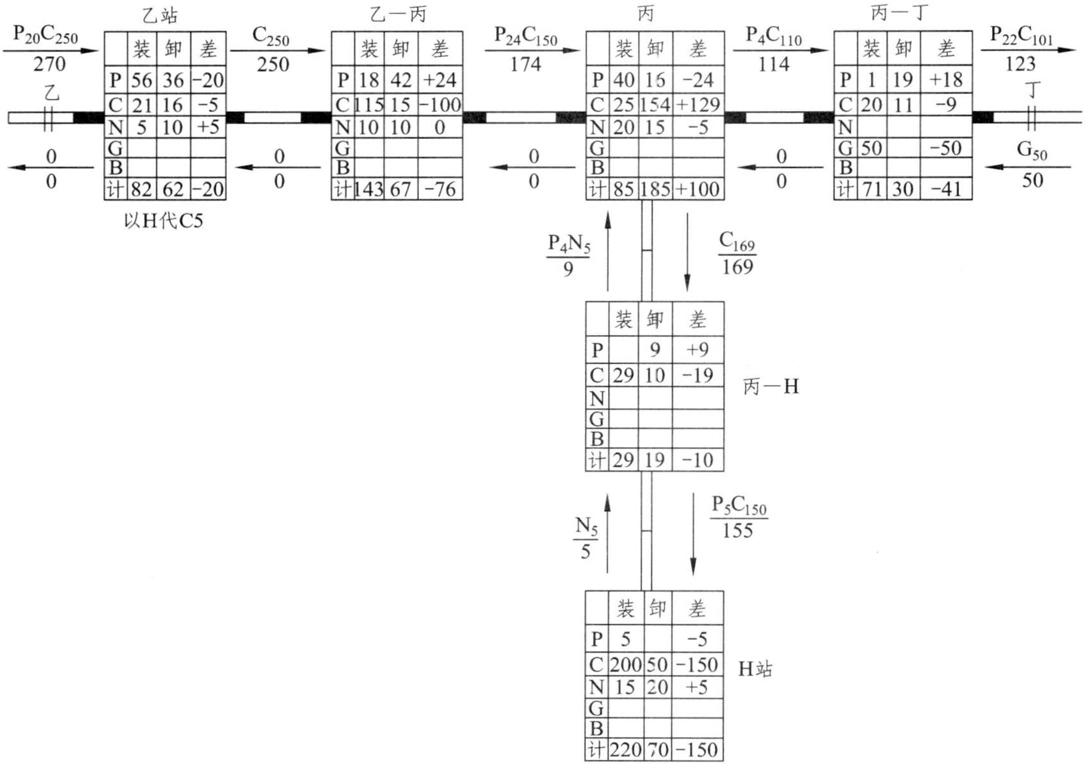

乙站：

	装	卸	差
P	56	36	-20
C	21	16	-5
N	5	10	+5
G			
B			
计	82	62	-20

乙一丙：

	装	卸	差
P	18	42	+24
C	115	15	-100
N	10	10	0
G			
B			
计	143	67	-76

丙：

	装	卸	差
P	40	16	-24
C	25	154	+129
N	20	15	-5
G			
B			
计	85	185	+100

丙一丁：

	装	卸	差
P	1	19	+18
C	20	11	-9
N			
G	50		-50
B			
计	71	30	-41

丙一H：

	装	卸	差
P		9	+9
C	29	10	-19
N			
G			
B			
计	29	19	-10

H站：

	装	卸	差
P	5		-5
C	200	50	-150
N	15	20	+5
G			
B			
计	220	70	-150

图 3-3 丙局空车调整图

七、分界站货车出入计划

分界站交接货车数不仅是反映铁路局集团公司运输任务量的指标之一，而且，在日常运输生产中，由于分界站交接车数往往不相等，因此，它又是形成运用车保有量变化的原因。所以为保证均衡地完成运输生产任务，合理分配各方向的通过车流量，有效利用铁路通过能力，必须编制分界站货车出入计划。

分界站交接货车数根据重车车流表和空车调整图的车流资料确定，并分别列出交出、接入重车数和车种别空车数、重空车合计车数，然后汇总填制分界站货车出入计划表。

丙局分界站货车出入计划表见表 3-7。

表 3-7　丙局分界站货车出入计划表

出或入／分界站	交出								接入							
	合计	重车	空车						合计	重车	空车					
			计	P	C	N	G	B			计	P	C	N	G	B
乙	665	665							633	363	270	20	250			
丁	713	590	123	22	101				745	695	50				50	
局计	1 378	1 255	123	22	101				1 378	1 058	320	20	250		50	

八、货物列车列数计划

货物列车列数包括分界站别和区段列车数，货物列车列数计划是编制机车运用计划，确定货运机车供应台次、运用机车台数、机车乘务组数和车长需要人数、机车平均牵引总重和机车日产量等指标的主要依据。

编制货物列车列数计划时，要充分利用机车牵引力，减少和消除单机走行，要加强车流与列车的组织工作，尽可能使上下行列数平衡。

区段别的列车数根据区段重空车流量、机车牵引定数和列车计长，并参照实际的列车平均编成辆数确定。

区段内通过的重空车流分别编组重、空列车时，通过全区段的货物列车数，可用下式计算：

$$n_{列}=\frac{u_{重流}}{m_{重}}+\frac{u_{空流}}{m_{空}}\ （列）$$

式中　$n_{列}$——上行或下行货物列车数；

$u_{重流}$、$u_{空流}$——上行或下行重车流或空车流；

$m_{重}$、$m_{空}$——重、空货物列车编成辆数。

如果区段内通过的空车流较小，不单独编开空车列车时，则应按照空重混编条件计算　货物列车数，即

$$n_{混}=\frac{u_{重流}+u_{空流}}{m_{混}}\ （列）$$

式中 $n_{混}$——空重混编货物列车数；

$m_{混}$——空重混编货物列车编成辆数。

各区段上下行重车流量根据重车车流表、空车流量根据空车调整图来查定。

例如，丙局乙—丙区段下行通过重车流是由乙站装车及乙分界口接入至丙、丙—丁分界站交出的各支车流组成。从表 3-5 中将以上各支车流查出，一一相加，共计 412 车（10+12+40+150+200=412）。同理可以得出乙—丙区段上行通过重车流为 662 车。

乙—丙区段通过的空车流，可由丙局空车调整图（见图 3-3）查得，下行通过空车流 150 车，上行通过空车流为零。

假设，乙—丙区段重、空列车编成辆数均为 50 辆，其通过全区段的货物列车数为：

$$\text{下行}\quad n_{列}=\frac{412}{50}+\frac{150}{50}=8.2+3\approx 12\text{（列）}$$

$$\text{上行}\quad n_{列}=\frac{682}{50}=13.6\approx 14\text{（列）}$$

为计算摘挂列车数，也可用上述方法分别查定上、下行摘或挂的重、空车数。

一个方向（上行或下行）摘挂列车的摘车及挂车的车数并不一定相等。在确定摘挂列车所运送的车数时，取其摘车或挂车数中较大值，作为计算标准。

例如，乙—丙区段下行方向摘车数：23 车（甲至乙—丙间 E 站空敞车 100 辆，已编入空直达列车，不计在内）；挂车数：18+24=42 车（乙—丙间 E 站装至丁分界站交出的 100 辆已编入始发直达列车，不计在内）；摘挂车数按 42 辆计算。

乙—丙区段上行方向摘车数 44 车，挂车数 25 车，摘挂车数按 44 辆计算。

假设乙—丙区段摘挂列车编成辆数为 50 辆，则：

$$\text{下行摘挂列车数为：}\ n_{摘}=\frac{42}{50}\approx 1\text{（列）}$$

$$\text{上行摘挂列车数为：}\ n_{摘}=\frac{44}{50}\approx 1\text{（列）}$$

丙局各区段行车量计算表见表 3-8。根据计算出来的各区段的货物列车数，即可编制机车运用计划，安排机车和列车乘务组的工作。

表 3-8 丙局区段行车量计算表

方向 / 行车量 / 区段	下行										上行									
	车流					列车编成	列数				车流					列车编成	列数			
	通过		摘挂		至装车站 / 由装车站始发		通过	摘挂	至装车站 / 由装车站始发	合计	通过		摘挂		至装车站 / 由装车站始发		通过	摘挂	至装车站 / 由装车站始发	合计
	重	空	重	空							重	空	重	空						
乙—丙	412	150	−23 +18	+24	空 C100 / 100	50	12	1	2 / 2	15	682		−44 +25			50	14	1		15
丙—丁	540	105	−25 +0	−9 +18	/ 油 50	50	13	1	/ 油 1	15	690		−5 +21		空 G50 /	50	14	1	空 G1 /	16
丙—M	70	150	−19 +0	−19 +5		50	5	1		6	220		−0 +29	−0 +4		50	5	1		6

在铁路局集团公司间的分界站，除了查定接入和交出的重、空车数外，还应进一步确定分界口接入和交出的货物列车列数，作为编制日常工作计划的依据。

例如：丙局分界站货车出入计划如表 3-7 所示，则各分界站交、接列车数为：

乙分界站：交出列数$=\frac{665}{50}=13.3\approx14$（列）

接入列数$=\frac{633}{50}=12.7\approx13$（列）

丁分界站：交出列数$=\frac{713}{50}=14.3\approx15$（列）

接入列数$=\frac{745}{50}=14.9\approx15$（列）

第三节　铁路货车运用质量指标计划

货车运用效率可以从时间和载重力两个方面进行分析：从时间上考核货车运用效率的指标为货车周转时间和货车日车公里等；从载重力利用方面考核货车运用效率的指标有货车平均静载重、货车平均动载重昨货车载重力利用率等。此外，还有货车日产量这一项综合反映货车运用效率的指标。

微课：铁路货车运用质量指标计划

一、货车载重量及载重力利用率

充分利用车辆的装载能力，可以用较少的运用车完成更多的运输任务。可用货车载重、动载重和载重力利用率等指标来表示车辆载重力的利用程度。

1. 货车静载重

货车静载重是指货车从装车站出发时的平均载荷（$P_{静}$），计算公式如下：

$$P_{静}=\frac{\sum P_{装}}{u_{装}}\ （\mathrm{t}）$$

式中　$\sum P_{装}$——装运货物的吨数，t；

$u_{装}$——装车数。

2. 重车动载重

重车动载重是指重车在整个运行途中的平均载荷（$P_{动}^{重}$），计算公式如下：

$$P_{动}^{重}=\frac{\sum PL}{\sum NS_{重}}\ （\mathrm{t/车}）$$

式中　$\sum PL$——货车载重吨公里，t · km；

$\sum NS_{重}$——重车走行公里，车 · km。

3. 运用车动载重

运用车动载重（ $P_{动}^{运}$ ）是指每一运用货车（包括重车和空车）车公里所完成的货物吨公里数，计算公式如下：

$$P_{动}^{运}=\frac{\sum PL}{\sum NS}=\frac{\sum PL}{(\sum NS_{重}+\sum NS_{空})}\quad（t/车）$$

式中 $\sum NS_{空}$——空车走行公里，车 · km。

4. 货车载重力利用率

货车载重力利用率（ $\lambda_{载}$ ）反映的是货车装载能力的利用程度，计算公式如下：

$$\lambda_{载}=\frac{P_{静}}{P_{标}}\times 100\%$$

式中 $P_{标}$——货车标记载重，t。

二、货车周转时间

货车周转时间是指货车从第一次装车完了时起，至下一次装车完了时止，所平均消耗的时间。货车周转时间以“天”为单位计算。

一辆货车每完成一次周转，在其周转过程中完成了一个工作量，所以货车周转时间也可定义为货车每完成一个工作量平均消耗的时间。对全路来说，货车的每一次周转都包含了上述作业循环的全过程，而对铁路局集团公司而言，货车周转时间则带有假定性质，因此，以货车每完成一个工作量在铁路局集团公司管内所平均消耗的时间来表述更为恰当，这个时间包括重车状态和空车状态所消耗的时间。

货车周转时间越短，表示货车的周转越快，就可以用同样数量的货车，完成更多的运输任务。

货车周转时间一般采用车辆相关法和时间相关法两种方法计算。

（一）车辆相关法

假设全路每天装车 7 万辆，货车周转时间为 3 天，为了保证每天完成 7 万辆的装车任务，则共需运用车数为 7×3=21 万辆。由此可见，运用车数 N、工作量 u 及货车周转时间 θ 三者之间的关系可以用下式表示：

$$N=u\theta\quad（车）$$

式中 N——运用车数；

θ——货车周转时间。

因此，按上式推导，货车周转时间为

$$\theta=\frac{N}{u}\quad（d）$$

对全路来说，工作量就是使用车数；对铁路局集团公司来说，工作量是使用车数加接运重车数。因此，有：

全路　$\theta=\dfrac{N}{u}$（d）

铁路局集团公司 $\theta=\dfrac{N}{u_{使}+u_{接重}}$（d）

利用车辆相关法计算货车周转时间非常简便。全路、铁路局集团公司在统计日、旬、月、年实际完成的货车周转时间时，都采用这种计算方法。

为简便起见，在日常统计时，公式中的运用车数是采用每一日终了时（18 点）的现有运用车数来计算的，而 18 点的现有运用车数并不能代表全日的平均运用车数。因此，这样计算的结果不够精确。这种计算方法的另一个缺点是无法按货车周转过程的各项因素进行计算，不能从计算结果上看出运输生产各个环节完成的好坏程度，不便于分析原因和拟定改进措施。此外，在编制技术计划时，恰是需先确定货车周转时间，再计算所需要的运用车数，因而在编制技术计划和运输工作定期分析时，均采用时间相关法计算货车周转时间。

（二）时间相关法

如图 3-4 所示，货车每完成一次周转消耗的时间，可分为以下三个组成部分：

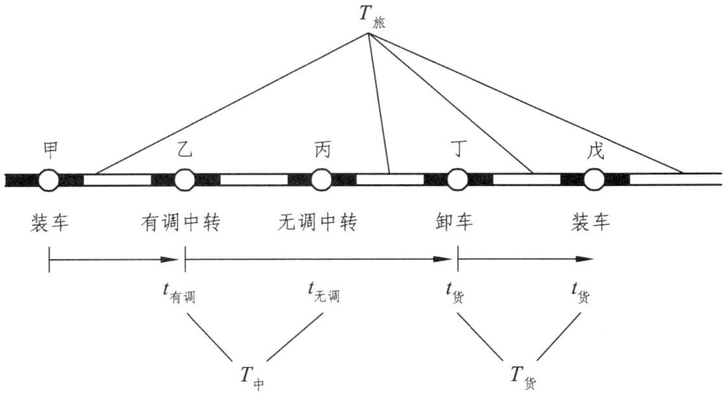

图 3-4　货车周转示意图

（1）货车在各区段内的旅行时间 $T_{旅}$（h）。

（2）货车在各技术站进行中转作业的停留时间 $T_{中}$（h）。

（3）货车在货物装卸站的停留时间 $T_{货}$（h）。

因此，货车周转时间可以用下式表示：

$$\theta=\frac{1}{24}(T_{旅}+T_{中}+T_{货})\ (\mathrm{d})$$

现将以上三项时间分析如下：

1. 货车在各区段内的旅行时间 $T_{旅}$

此项时间是指货车在一次周转中，平均在各区段内运行和各中间站停留所消耗的时间。

$$T_{旅}=\frac{l}{v_{旅}}\ (\mathrm{d})$$

式中 l——货车全周转距离（简称全周距），是指货车平均周转一次所走行的距离，其计算公式为：

$$l=\frac{\sum NS}{u}\ (\text{km})$$

式中 $\sum NS$——货车总走行公里，车·km。

货车总走行公里是指全路、局平均一日内所有运用货车总的走行公里。它包括重车走行公里和空车走行公里，即

$$\sum NS=\sum NS_{重}+\sum NS_{空}=\sum NS\left(1+\alpha_{空}\right)\ (\text{车}\cdot\text{km})$$

式中 $\sum NS_{重}$——重车总走行公里，是指货车在重车状态下总的走行公里数，车·km；

$\sum NS_{空}$——空车总走行公里，是指货车在空车状态下总的走行公里数，车·km；

$\alpha_{空}$——空车走行率，它等于空车总走行公里与重车总走行公里之比，即

$$\alpha_{空}=\frac{\sum NS_{空}}{\sum NS_{重}}$$

将上式代入全周距计算公式后可得：

$$l=\frac{\sum NS}{u}=\frac{\sum NS_{重}+\sum NS_{空}}{u}=l_{重}+l_{空}=l\left(1+\alpha_{空}\right)\quad(\text{km})$$

式中 $l_{重}$——货车重周距，km；

$l_{空}$——货车空周距，km。

关于重车走行公里的计算，可以采用以下方法：

1）按实际里程计算

根据重车车流表，按每支车流实际走行公里逐一计算，然后加总求得。

此法的优点是结果准确，缺点是计算烦琐，仅适用于运量较小的铁路局集团公司。

2）近似计算

采用近似计算法计算货车走行公里时，对通过区段的车流按区段距离的全程计算；对区段内产生或消失的车流则按区段距离的半程计算。此法比较简单，但不够精确，适用于运量较大及区段内各中间站的货运量较均衡的铁路局集团公司。

查定通过全区段或半区段的重车流量，可以采用对逐支车流进行分析的方法，也可以采用透孔法。空车流可以由空车调整图上查得。通过全区段和半区段重空车流确定后，分别乘以全区段或半区段的公里数，从而求出重空车走行公里。

例如，从重车车流表中可以查出丙局乙—丙区段通过全区段的重车流为 412+682=1 094，通过半区段的重车流为 141+69=210。其他各区段也可以按相同的方法查定。按图 3-1 所示区段距离，可以计算出各区段重车走行公里，见表 3-9。空车走行公里则是通过空车调整图查出通过全区段和半区段的空车流，分别乘以相应的全区段和半区段的公里数求得，见表 3-10。

表 3-9　重车走行公里计算表

区段	车辆行程	重车流量	走行距离	重车走行公里
乙—丙	全区段	1 094	150	164 100
	半区段	210	75	15 750
丙—丁	全区段	1 230	140	17 220
	半区段	101	70	7070
丙—M	全区段	290	60	17 400
	半区段	48	30	1 440
合　计				222 980

表 3-10　空车走行公里计算表

区　段	车辆行程	空车流量	走行距离	空车走行公里
乙—丙	全区段	150	150	22 500
	半区段	124	75	9 300
丙—丁	全区段	105	140	14 700
	半区段	77	70	5 390
丙—M	全区段	155	60	9 300
	半区段	28	30	840
合　计				62 030

由上表可知，$\sum NS_{重}$ =222 980 车公里，$\sum NS_{空}$ =62 030 车公里，$\sum NS$ =222 980+62 030=285 010 车公里，所以货车全周距为：

$$l=\frac{\sum NS}{u}=\frac{285\,010}{1\,688}=169\ （\text{km}）$$

2. 货车在各技术站进行中转作业的停留时间 $T_{中}$

此项时间是指货车在一次周转中，在沿途各技术站进行中转作业（包括无调中转及有调中转作业）的平均停留时间。如能找出货车在平均周转一次的过程中平均摊到的中转次数及每次中转平均停留时间（$t_{中}$），就可以求得此项时间。因此：

$$T_{中}=\frac{l}{L_{中}}t_{中}\ （\text{d}）$$

式中　$L_{中}$——货车中转距离（简称中距），是指货车在平均周转一次的过程中，平均中转一次所走行的距离，km。

中距是根据货车总走行公里及各技术站中转车总数确定的：

$$L_{中}=\frac{\sum NS}{\sum N_{中}}\ （\text{km}）$$

式中　$\sum N_{中}$——中转车总数。

各技术站中转车数包括中转重车数和中转空车数。中转重车数可通过重车车流表用分析法或透孔法查出。中转空车数可根据空车调整图直接查出。

丙局中转车数见表 3-11，由此可以计算出丙局货车中转距离为：

表 3-11 丙局中转车数表

技术站	重车	空车	合计
乙	1 008	250	1 258
丙	1 295	154	1 449
合　计	2 303	404	2 707

$$L_{中} = \frac{\sum NS}{\sum N_{中}} = \frac{285\,010}{2\,707} = 105\ (\mathrm{km})$$

3. 货车在货物装卸站的停留时间 $T_{货}$

此项时间是指货车在平均周转一次的过程中，在装车站和卸车站平均消耗的时间。

$$T_{货} = K_{管} t_{货}\ (\mathrm{h})$$

式中　$K_{管}$ —— 管内装卸率，是指货车平均周转一次摊到的货物作业次数，可按下式计算：

$$K_{管} = \frac{u_{使} + u_{卸空}}{u}$$

丙局 $K_{管}$ 为：$K_{管} = \dfrac{u_{使} + u_{卸空}}{u} = \dfrac{(630+433)}{1\,688} = 0.63$

对全路来说，$u = u_{使} = u_{卸空}$，所以：

$$K_{管} = \frac{u_{使} + u_{卸空}}{u} = \frac{2u_{使}}{u} = 2$$

对铁路局集团公司来说，$K_{管}$ 在 $0 \sim 2$ 变动。因为接入自卸的车流在管内没有装车作业，自装交出的车流在管内没有卸车作业，接运通过的车流在管内既没有装车作业也没有卸车作业，只有自装自卸车流在管内才有装和卸两次作业。所以，通过车流比重越大的铁路局集团公司，管内装卸率 $K_{管}$ 越小。如果铁路局集团公司办理的车流全部为通过车流时，则管内装卸率 $K_{管}$ 为 0；全部为自装自卸车流时则管内装卸率 $K_{管}$ 为 2。

综上所述，货车周转时间的时间相关法计算公式可以用下式表示：

$$\theta = \frac{1}{24}\left(\frac{l}{v_{旅}} + \frac{l}{L_{中}} t_{中} + K_{管} t_{货}\right)\ (\mathrm{d})$$

货物列车平均旅行速度 $v_{旅}$、中转车平均停留时间 $t_{中}$ 及一次货物作业平均停留时间 $t_{货}$ 的计算，已在前面有关章节讲述，这里不再重复。

例如，已知丙局 $v_{旅} = 30.5$ km/h，$t_{中} = 5.0$ h，$t_{货} = 9.9$ h，将上述有关因素数值代入时间相关法的计算公式，便可确定丙局的货车周转时间：

$$\theta = \frac{1}{24}\left(\frac{l}{v_{旅}} + \frac{l}{L_{中}} t_{中} + K_{管} t_{货}\right) = \frac{1}{24} \times \left(\frac{169}{30} + \frac{169}{105} \times 5 + 0.63 \times 9.9\right) = 0.83\ (\mathrm{d})$$

用时间相关法计算货车周转时间，也可将其作业分为四个组成部分，即把第二项的中转作业停留时间分为有调中转停留时间和无调中转停留时间，也可以再将第一项的旅行时间分为区间运行时分和中间站停留时间两部分，则货车周转时间就形成五项因素。货车周转时间的四项式计算公式和五项式计算公式，可以更详细地分析各项作业时间的比重及完成情况。用时间相关法计算货车周转时间，可分别对其各作业环节进行计算、分析，以考核各组成部分的完成情况，找出薄弱环节，提出改进措施。

（三）加速货车周转的途径

货车周转时间是铁路运输组织工作中一项重要的综合性指标，它反映了所有与运输生产有关部门的工作效率。压缩货车周转时间，可以以同样数量的货车，完成更多的运输任务。因此，加速货车周转对于铁路运输生产具有重要意义。

从货车周转时间的构成因素来看，缩短全周距、中转车平均停留时间及一次货物作业平均停留时间，减少管内装卸率，提高旅行速度，扩大货车中转距离，都有利于压缩货车周转时间。现分述如下：

1. 缩短全周距

全周距包括重周距及空周距。全周距的大小取决于重车走行公里与空车走行公里的多少。

重车走行公里及重周距主要取决于货物发到站间距离，即产销地点的布局。就铁路来说，虽属客观因素，但在编制运输计划时，如能提高计划的质量，减少或消除对流及重复等不合理运输，就能缩减货物平均运程，从而缩短重周距。

空车走行，在客观上是由于卸车地点与新装车地点分散，货流不平衡以及特种车辆空车回送所造成。但如果有预见地合理制定空车调整计划，认真执行方向别均衡排空和装车计划，消除同种空车对流，尽量组织不同车种货车的代用，提高货车双重作业系数，就能缩短空车走行公里、降低空车走行率。

2. 压缩中时

如合理组织开行直达、直通列车，增大无调中转车比重，并广泛采用先进工作方法，提高作业效率，组织快速作业，缩短集结时间，消除各项等待时间等。

3. 压缩停时

除应采取上述缩短货车中时的各种措施外，还应尽量扩大双重作业，压缩待取送时间，组织快速装卸等。对中间站的零星车流，有条件时，应大力组织不摘车装卸作业。

4. 提高列车旅行速度

如提高列车技术速度，正确组织指挥行车，合理会让，减少列车在中间站的停站次数和每次停站的时间等。

5. 扩大中距

货车平均中转距离，与技术站的配置有关，受铁路线上技术站布局的客观影响。但在实际工作中，应避免货车在枢纽内几个技术站上重复中转，并消除某些中间站发生甩中转车挂作业车等不合理组织方法，以减少不应有的中转车数，扩大货车平均中转距离。

6. 减小管内装卸率

管内装卸率越小，货车周转时间越短。管内装卸率的大小取决于铁路局集团公司管内重车流的性质，即铁路局集团公司的通过重车流比重越大，管内装卸率越小。通过重车流的大小，一般取决于生产力的配置和各地区之间的经济联系，对铁路来说是客观因素。但是，运输生产部门在货流组织工作中，应当加强同各有关部门的联系，尽量组织合理运输，避免重复运输，使管内装卸率不致无故增大。

三、货车日车公里和货车日产量

货车日车公里是指每一运用车每天平均走行的公里数，其计算公式为：

$$S_{车}=\frac{\sum NS}{N}\ (\text{km/d})$$

或

$$S_{车}=\frac{l}{\theta}\ (\text{km/d})$$

例如丙局：

$$S_{车}=\frac{169}{0.83}\approx 204\ (\text{km/d})$$

货车日车公里是表示货车运用效率的另一重要指标，在空车走行率一定的条件下，货车日车公里越高，反映货车运用成绩越好，为完成同样运输任务所需要的货车数也越少。

对铁路局集团公司而言，装卸作业量大的铁路局集团公司，货车日车公里往往较低，而通过车流量大的铁路局集团公司，货车日车公里则较高。所以，在编制技术计划时，除确定货车周转时间外，还应确定货车日车公里。在日常工作中，除分析货车周转时间完成情况外，还应统计货车日车公里完成情况，以便全面地考核货车运用效率。

货车周转时间及货车日车公里均与全周距指标有关，当全周距变动较大时，货车周转时间和货车日车公里两项指标的反映是不一致的。在运输组织工作中，常常同时用此两项指标来反映货车运用质量。但由于货车周转时间与运用车之间有较简明的关系，因而，常以货车周转时间作为反映货车运用质量的主要指标。

货车日产量 $w_{车}$ 是指平均每一运用货车在一昼夜内生产的货物吨公里数，它可按下式计算：

$$w_{车}=P_{动}^{运}S_{车}\ (\text{t·km/d})$$

第四节　运用车保有量计划

微课：运用车保有量计划

运用车保有量是指全路、铁路局集团公司为完成规定的运输任务，所应保有的运用货车数。在编制技术计划时，铁路总公司根据各铁路局的工作量和货车周转时间，规定各铁路局集团公司应保有的运用车标准数。运用车保有量的标准数 N 根据工作量 u 和货车周转时间 θ 确定，即

$$N = u\theta \text{（车·d）}$$

如丙局的工作量为 1 688 车，货车周转时间为 0.83 d，则

$$N = 1\ 688 \times 0.83 = 1\ 401 \text{（车·d）}$$

从上式中可以看出，货车周转时间越小，所需要的运用车保有量也就越少。因此，缩短货车周转时间的一切措施，也就是压缩需要运用车数的措施。

全路运用车包括运用重车和运用空车，铁路局集团公司的运用车可以按其到站分为管内工作车、移交重车和空车三种。

为了便于在日常工作中加强对车辆运用的监督以及分析车辆的运用效率，铁路局集团公司除确定运用车的总数外，还应分别确定管内工作车、移交重车和空车的保有量。

一、管内工作车保有量

管内工作车是指到达铁路局管内卸车的重车，它包括自装自卸和接入自卸两部分。管内工作车保有量是指铁路局集团公司为完成规定的卸车任务应保有的管内工作车数。其计算公式为：

$$N_{管重} = u_{管重}\theta_{管重} \text{（车·d）}$$

式中　$N_{管重}$——管内工作车保有量；

$u_{管重}$——管内工作车工作量；

$\theta_{管重}$——管内工作车周转时间，d。

管内工作车工作量是指铁路局集团公司一日内所办理的管内工作车的车数，一般是卸完一辆，即算完成了一个管内工作车的工作量。所以，管内工作车工作量就是卸空车数，即 $u_{管重} = u_{卸空}$。

管内工作车周转时间是指管内工作车每完成一次周转（完成一个管内工作车工作量）平均消耗的时间。即管内工作车从装车完了或从他局接入时起至卸完时止在铁路局集团公司管内平均消耗的时间。

因此，管内工作车保有量的计算公式又可写为：

$$N_{管重} = u_{卸空}\theta_{管重} \text{（车·d）}$$

二、移交重车保有量

移交重车是指铁路局集团公司经各分界站交出的重车，它包括自装交出和接运通过两部分。移交重车保有量是指铁路局为完成交出重车任务应保有的移交重车数。其计算公式为：

$$N_{移交} = u_{移交}\theta_{移交} \text{（车·d）}$$

式中　$N_{移交}$——移交重车保有量；

$u_{移交}$——移交重车工作量；

$\theta_{移交}$——移交重车周转时间，d。

移交重车工作量是指铁路局一日内所办理的交出重车数，交出一辆重车，就算完成了一个移交重车工作量。所以，移交重车工作量可按交重车数计算，即 $u_{移交}=u_{交重}$。

移交重车周转时间是指移交重车每完成一次周转（完成一个移交重车工作量）平均消耗的时间，即移交重车从装车完了或从他局接入重车时起至交出时止在铁路局管内平均消耗的时间。

因此，移交重车保有量又可写为：

$$N_{移交}=u_{交重}\theta_{移交}\ （车\cdot d）$$

三、空车保有量

空车保有量是指全路、铁路局为完成规定的运输任务而应保有的运用空货车数。其计算公式为：

$$N_{空}=u_{空}\theta_{空}\ （车\cdot d）$$

式中 $N_{空}$——空车保有量；

$u_{空}$——空车工作量；

$\theta_{空}$——空车周转时间，d。

空车工作量是指全路、铁路局集团公司一日内所办理的空货车数。在数值上空车工作量可以用一日内消失或产生的空车数来表示，即

全路：$u_{空}=u_{使}$（车）

或 $u_{空}=u_{卸空}$（车）

铁路局：$u_{空}=u_{使}+u_{交空}$（车）

或 $u_{空}=u_{卸空}+u_{接空}$（车）

在编制技术计划及日常统计工作中，空车工作量一般是按消失的空车数来计算的，即

$$u_{空}=u_{使}+u_{交空}\ （车）$$

空车周转时间是指全路、铁路局每完成一个空车工作量平均消耗的时间。具体来说，即货车自卸车完了或空车由邻局接入时起至装车完了或将空车向邻局交出时止在铁路局集团公司管内平均消耗的时间。

例如，丙局各种运用车工作量：

$$u_{管重}=u_{卸空}=433\ （车）$$

$$u_{移交}=u_{交重}=1\ 255\ （车）$$

$$u_{空}=u_{使}+u_{交空}=630+123=753\ （车）$$

又假设已知丙局各种运用车的周转时间：$\theta_{管重}=0.958$ 天，$\theta_{移交}=0.551$ 天，$\theta_{空}=0.390$ 天。则丙局的各种运用车保有量为：

$$N_{管重}=u_{卸空}\theta_{管重}=433\times0.958=415\ （车\cdot d）$$

$$N_{移交}=u_{交重}\theta_{移交}=1255\times0.551=692\ （车\cdot d）$$

$$N_{空}=u_{空}\ \theta_{空}=753\times0.390=294\text{（车·d）}$$

铁路局运用车保有量为上述三项保有量之和，即

$$N=N_{管重}+N_{移交}+N_{空}\text{（车·d）}$$

丙局　　$N=415+692+294=1401$（车·d）

丙局技术计划部分指标如表 3-12 所示。

表 3-12　丙局技术计划部分指标

指标名称		单位	数值	指标名称			单位	数值
1	装车数	车	600	13	中转时间		h	5.0
2	使用车数	车	630	14	一次作业时间		h	9.9
3	卸车数	车	408	15	旅行速度		km/h	30.5
4	卸空车数	车	433	16	货车周转时间		d	0.83
5	接运重车	车	1 058	17	管内工作车周转时间		d	0.958
6	工作量	车	1 688	18	移交重车周转时间		d	0.551
7	交出重车	车	1 255	19	空车周转时间		d	0.390
8	接入空车	车	320	20	运用车数	管内工作车	车·d	415
9	交出空车	车	123			移交重车	车·d	692
10	全周距	km	169			空　车	车·d	294
11	中转距离	km	105			合　计	车·d	1 401
12	管内装卸率		0.63	21	货车日车公里		km/d	204

第五节　机车运用指标计划

机车是铁路运输的基本动力，线路上的列车运行、车站内外的调车作业都要由机车来完成，因此，机车运用计划是铁路运输组织工作的一个重要组成部分。在运输生产计划中，应根据各铁路局的运输工作量，合理分配机车运用台数，规定机车运用指标，以便于考核和分析机车运用成绩，不断提高机车运用效率。

机车运用方式与货车不同。货车在全路范围内通用，机车则配属各机务段，并在固定的区段内牵引列车，或在固定的站段担当调车作业或其他工作。

一、机车运用数量指标

反映机车运用效率的数量指标包括机车走行公里、机车牵引总重吨公里和机车供应台次等。

1. 机车走行公里

机车走行公里 $\sum MS$ 是指机车运行的公里数。每一台机车运行一公里即为一机车公里。由于机车所担当的工作种不同，机车走行公里又可分为本务机车走行公里和辅助机车走行公里；

按机车运行中是否产生实际走行又可分为沿线走行公里和换算走行公里。各种机车走行公里的分类及其关系如图 3-5 所示。

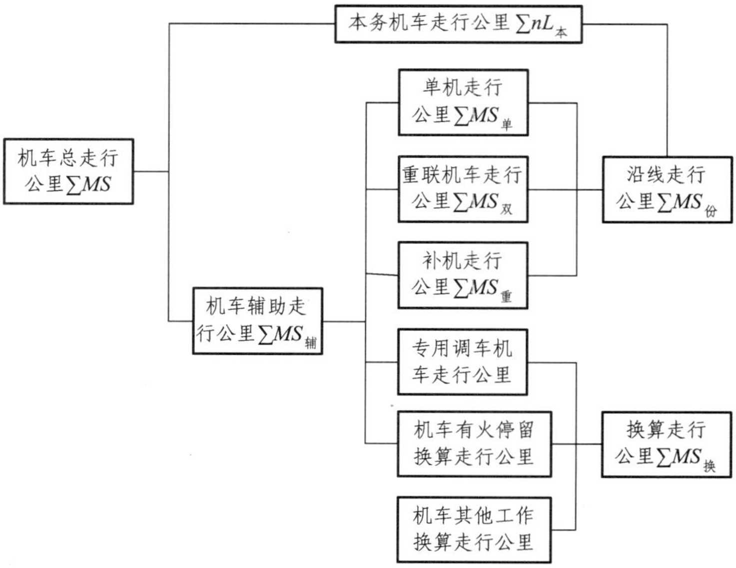

图 3-5　机车走行公里分类图

机车总走行公里为：

$$\sum MS = \sum nL_{本} + \sum MS_{单} + \sum MS_{双} + \sum MS_{补} + \sum MS_{换}$$

本务机车走行公里为：

$$\sum nL_{本} = n_1L_1 + n_2L_2 + \cdots + n_nL_n$$

沿线走行公里为：

$$\sum MS_{沿} = \sum nL_{本} + \sum MS_{单} + \sum MS_{双} + \sum MS_{补}$$

换算走行公里是指机车处于某种状态并不产生走行公里（如蒸汽机车的有火停留），或产生的走行公里无法计算（如调车机车进行调车工作），只能按机车小时换算为机车走行公里。

机车走行公里是铁路局和机务段用以确定机车需要台数和机车检修计划的依据，也是分析机车运用情况和考核机车乘务组工作的必要资料。但是，用机车走行公里指标来衡量机车工作量，具有一定的局限性，因为它只包含了机车走行距离的因素，而未反映机车牵引重量的因素。显然，一台牵引列车的机车和一台单机，虽然产生同样数量的机车走行公里，但它们所产生的工作效果却是不同的。因此，在计算机车走行公里的同时，还要计算机车牵引总重吨公里，简称总重吨公里。

2. 总重吨公里

总重吨公里 $\sum QS_{总}$ 表示机车牵引货物列车所完成的工作量，其值等于机车牵引总重（即列车总重，在统计日常完成的工作量时还包括单机附加的重量）和它的走行公里的乘积之和，即：

$$\sum QS_{总}=Q_1S_1+Q_2S_2+Q_3S_3+\cdots+Q_NS_n\text{（t·km）}$$

3. 机车供应台次

机车供应台次 $u_{供应}$ 表示一昼夜内全部机车在担当的牵引区段内的总周转次数。机车在牵引区段每往返一次，作为供应一台次。实行循环运转制的机车，每经过机务段所在站一次，即为供应一台次；在一昼夜内如只有往程或返程时，作为 0.5 台次；实行肩回运转制的机车，每周转一次即完成牵引一对列车的任务，亦即供应一台次。故每一区段的机车供应台次可按下式计算：

$$u_{供应}=n+n_{双}\text{（台次）}$$

式中　n——列车对数；

$n_{双}$——双机牵引的列车对数。

二、机车运用质量指标

反映机车运用效率的质量指标包括列车平均总重、机车全周转时间、机车日车公里、机车日产量等。

1. 列车平均总重

列车平均总重是指全路、铁路局集团公司、机务段或一个区段平均每台本务机车牵引列车的总重量，即

$$Q_{总}=\frac{\sum QS_{总}}{\sum nL_{本}}\text{（t/列）}$$

式中　$Q_{总}$—— 货运列车平均总重；

$\sum QS_{总}$——货运机车总重吨公里，t·km；

$\sum nL_{本}$——本务机车走行公里数，列·km。

列车平均总重反映了机车牵引力的利用程度，它直接影响到列车数、机车需要台数、机车乘务组需要数及其他有关支出的大小，是衡量机车运用效率的一个重要指标。

2. 机车全周转时间

机车全周转时间 $\theta_{机}$ 是从时间上反映机车运用效率的指标。机车全周转时间是指机车在一个牵引区段担当一个往返列车牵引作业所消耗的全部时间。具体为机车从第一次作业完了返回基本段经过闸楼时起，至再次作业完了返回基本段经过闸楼时止平均消耗的全部时间。缩短机车全周转时间，可以减少机车需要台数，降低运输成本，提高经济效益。机车全周转时间的计算见前面有关章节。

3. 机车日车公里 $S_{机}$

机车日车公里是指全路、铁路局集团公司或机务段平均每台货运机车（不包括补机）一

昼夜内走行的公里数。其计算方法见前面有关章节。

机车日车公里反映了货运机车平均每天完成的工作量。提高机车日车公里，可以减少机车需要台数，即可用较少的机车完成规定的运输任务，从而降低运输成本。

4. 机车日产量

机车日产量是指全路、铁路局集团公司或机务段平均每台货运机车（不包括补机）在一昼夜内产生的总重吨公里数，即

$$W_{机} = \frac{\sum QS_{总}}{M_{货}} = \frac{Q_{总}S_{机}}{(1+\beta_{辅})} \quad (\mathrm{t \cdot km})$$

$$\beta_{辅} = \frac{(\sum MS_{双} + \sum MS_{单})}{\sum nL_{本}}$$

式中 $W_{机}$——机车日产量；

$S_{机}$——机车日车公里；

$\beta_{辅}$——单机和重联机车走行率。

机车日产量既是反映机车牵引力的利用程度，也是反映机车周转速度、考核机车运用质量的一个综合性指标。机车日产量的高低，不仅取决于机务部门，而且与其他有关部门的工作，特别是运输组织方面工作的好坏有很大关系。必须在加速机车周转、提高机车日车公里的同时，加强运输组织工作，大力提高货物列车总重，降低单机走行率并充分利用单机附挂少量车辆等办法，才能提高机车日产量。

第六节 运输方案

规章原文

《技规》普速版第 226 条 运输方案是保证完成月、旬运输工作的综合部署。铁路局、站段，应根据实际情况，按照月度货物运输计划、技术计划、施工计划的要求和列车编组计划、列车运行图、机车周转图的规定，按级编制货运工作、列车工作、机车工作和施工安排等方案。各级运输部门，均应主动与路内外有关单位密切配合，共同编制和执行运输方案。

一、运输方案的作用

列车编组计划和列车运行图都是年度的基础性质计划，它们指导着全年运输组织工作中的车流组织和列车运行工作。传统的月编运输生产计划周期太长，但为了体现运输生产计划的指导意义，其编制周期也不可能太短，一般应不少于 10 d。运输生产计划规定了其计划期内铁路运输工作的数量及质量指标要求，然而，铁路究竟如何按照列车编组计划、列车运行图的规定和运输生产计划的要求来组织日常的运输生产活动呢？

在没有运输方案的条件下，是通过编制和执行日常作业计划即日（班）计划来解决的。

但是，由于编制日班计划时间短促，很难细致对货运工作、列车工作、机车工作等进行周密安排，甚至影响运输效率，影响运输任务的完成。因此，为了提高运输效率，保证完成和超额完成国家运输任务，除了编制运输生产计划外，每月、每旬还要编制运输方案，作为编制日班计划的依据。

运输方案是根据月度货物运输计划所规定的任务，按照列车编组计划及列车运行图的要求，考虑当月（旬）车流和运输能力的实际情况，对货运工作、列车工作和机车工作进行综合安排，即把货流组织、车流挂线、机车交路等结合起来进行统一部署。

通过运输方案可以更好地贯彻运输政策，大力组织合理运输和直达运输；进一步加强路内外的协作，把产、供、运、销全过程紧密衔接起来，进行全面安排，更好地适应国民经济发展对铁路运输的需要；找出运输生产中的主要矛盾和薄弱环节，使运能和运量相互协调，全面完成运输任务。

运输方案应根据运输生产计划规定的任务，按照列车编组计划、列车运行图的规定，考虑到装卸站的装卸能力和短途运输能力，企业部门的生产规律，根据当月（旬）的具体情况，对月、旬的货运工作、列车工作、机车工作和施工等进行统筹安排。通过运输方案的综合安排，使货流组织与车流组织、车流组织与列车运行、列车运行与机车运用互相紧密结合，使铁路内部和铁路运输与企业生产互相协调、密切配合、挖掘运输潜力，提高运输效率，从而使铁路运输更好地为工、农业生产、国防建设和人民生活需要服务，更好地满足国民经济发展对铁路运输的需要。

运输方案的主要作用有：

（1）通过运输方案，使运能和运量相互协调，保证运输生产计划的完成，全面完成运输任务。

（2）通过运输方案有效地组织路内外相关部门的紧密协作，提高运输效率和效益。

（3）通过运输方案找出运输生产中的主要矛盾和薄弱环节，预防可能发生的困难。

二、运输方案的编制原则和依据

运输方案一般包括货运工作方案、列车工作方案和机车工作方案三个基本组成部分。根据具体情况和需要，运输方案还可以包括枢纽工作方案和施工方案等。编制枢纽工作方案的目的在于使区段工作和枢纽工作协调配合；而编制施工及路料运输方案的目的则在于使运输工作与路内有关部门的维修、改建工作配合，尽量减免施工对运输工作的影响，而又使必要的维修、改建工作有顺利进行的条件。编好施工方案的关键则在于运输和工电有关部门的协作。

编制运输方案时，铁路总公司主要编制跨局方案，铁路局则进行具体安排。根据路局的运输方案各主要装卸站和技术站也应按照本站作业的特点，编制相应的车站方案。

编制运输方案必须坚持以下原则：

（1）坚决贯彻、执行党和国家的运输方针和政策，保证完成国家规定的运输任务。

（2）认真落实上级运输方案的安排，局部服从整体，保证上级运输方案的实现。

（3）明确目标，针对运输工作中的主要矛盾和薄弱环节，加强货流和车流组织，安排好列车、机车工作，保证运输工作的总体优化。

（4）坚持全局观念，组织运输过程各个环节的协调配合。

（5）树立营销观念，为广大货主服务，在完成运输任务的同时，提高运输效益。

编制运输方案的主要依据为：

（1）货物运输生产计划、旬计划。

（2）货物列车编组计划，列车运行图和站段技术作业过程。

（3）有关区段通过能力，主要站通过能力及改编能力、装卸能力。

（4）各铁路局间相互交换的重点车站装车资料。

（5）前一时期运输方案执行情况的分析。

（6）吸引地区主要物资部门的生产、供应、销售情况及其对运输的要求。

（7）铁路与其他交通工具的衔接协作，联合运输的开展情况和短途运输能力等。

三、货运工作方案

货运工作方案是运输方案的基础，它的主要任务在于全面组织自装车流，梳好货流“辫子”，最大限度地组织各种直达列车和成组装车，使运输生产计划和列车编组计划紧密结合起来，同时还要摸清到达重车情况，安排好主要站的卸车工作。货运工作方案的质量直接关系到列车工作方案和机车工作方案的质量，正确编制货运工作方案是整个运输方案的关键。

（一）货运工作方案的主要内容

（1）始发、阶梯直达列车计划及日历装车安排。

（2）固定车底循环列车、整列出车的短途列车计划及日历装车安排。

（3）成组装车的日历安排。

（4）零星车流的日历装车安排。

（5）主要卸车站的卸车安排。

（二）货运工作方案的编制

铁路局在编制装车方案时，应根据列车编组计划的要求，对运输生产计划的货流进行分析，然后按照“先直达、后成组、再零星”的顺序，全面组织自装车流。应当最大限度地组织始发、阶梯直达列车和不通过编组站的短途列车（整列出车），在条件许可的情况下，可以采用固定车底的循环列车，不能组织直达列车时，应组织五辆以上同一到站的成组装车，或按前方编组站编组计划的要求，组织通过编组站的成组装车；不能组织成组装车的零星车流，也应尽可能集中装车，还应大力提倡和组织高质量直达列车。

凡超过编组计划规定，并符合下列条件之一的列车为高质量直达列车：

（1）车船衔接，路、矿、厂、港直出直入，整列装卸的直达列车。

（2）同一卸车地点或按到站货区货位编组的直达列车。

（3）在始发站组织或技术站编组，超过编组计划规定并符合前方一个编组站编组计划的远程直达列车。

超编组计划高质量直达列车的组织形式，要不断创新，不断发展。各铁路局集团公司要在编制编组计划之后，拟定组织超编组计划高质量直达列车的规划和具体编组方法，发给有关站段，通过运输方案加以组织实现，以丰富编组计划的内容。

在编制装车方案时，对于组织超过编组计划规定的到达编组站解体的直达列车和通过编组站不进行改编作业的成组装车，其车流必须符合前方编组站编组计划的要求，否则在中途仍需改编，达不到预期的效果。

在编制货运工作方案时，主要应考虑下列问题：

1. 调整货源，实现合理运输

调整货源的目的是减少或消灭重复运输、对流运输等不合理运输，为组织装车地直达列车创造条件，其做法主要有以下几种：

（1）对同一发站不同发货单位的同品名货物，应尽量组织统一发货。例如，某站有三个货主向外发运同样的煤炭，则可组织其统一使用货区、货位，统一调配搬运和装车工具，统一发货、统一装车，一批装车只安排一个去向。这样既可提高装车设备的利用效率，又为组织直达列车创造了条件。

（2）对不同品类、不同去向的货物，要尽量调整到同一车站装运同一品类、同一去向的货物。

（3）对同一区段内多站装车的同类货物，应尽量将同一去向的货源调整到一个或相邻几个车站装车，变分散流为集中流。

（4）调整供销关系，减少经过编组站的改编作业。

2. 划分出车区，统一组织货流

按照货流和车流特点，将某个车站或几个相邻的车站，或一个支线，或一个区段在装车组织工作中联成一个整体，称为一个方案出车区。这样做更便于组织货流和车流。例如图 3-6 所示的乙—*G* 支线各站中，*A* 站和 *B* 站装车量较大，可以单独划为出车区；*C*、*D*、*E*、*F*、*G* 各站，只有 *C* 站和 *D* 站装车量较多，其余各站装车量都很少，且装车去向基本相同，故将该五站划为一个出车区，这样可以保证该出车区的装车相对稳定。

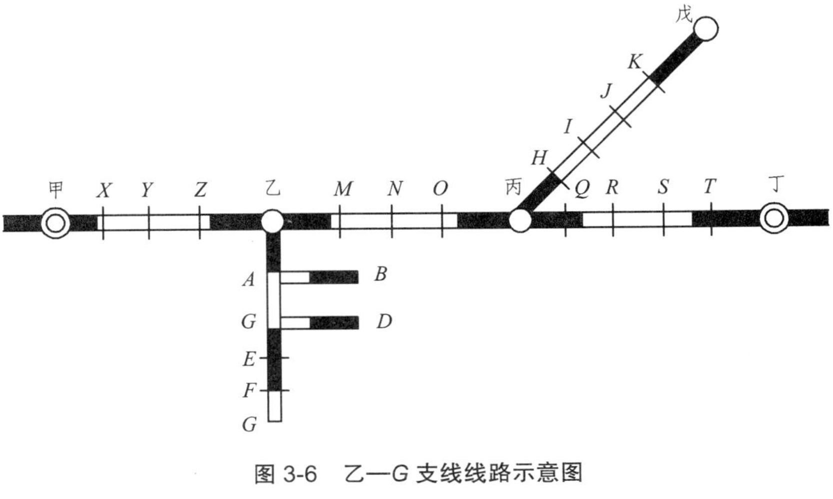

图 3-6　乙—*G* 支线线路示意图

3. 统一梳流，组织直达运输

所谓梳流，就是对批准的要车计划，按货物的发站或出车区，分别按到站或列车编组计划规定的去向加以分类，理出各支车流的数量，根据车流量的大小和设备条件确定车流组织方法。

自装车流的组织，一般是按“先远后近、先整后零”的顺序进行安排的。

（1）发、到站集中的大宗稳定货流，如煤、矿石、原油、木材、粮食等，可组织“五定”班列，即定点（装车站和卸车站）、定线（运行线）、定车次（班列车次）、定时（货物运到时间）、定价（全程运输价格）的直达快运货物列车。

（2）发站集中、到站分散的大宗稳定货流，可按“先远后近”和“先集中后分散”的顺序进行组织。先组织到达同一区段内几站卸的列车；再组织到达相邻区段几站卸的列车；再组织到达技术站解体的列车。

（3）一站不能单独组织直达列车的车流，可组织几站合编的阶梯直达列车。

（4）为将出车区内的零星车流组织起来，也可让装车大站“化整为零”与装车小站配合成列，以达到最大限度地把车流组织起来的目的。

（5）实在无法组织成列的零星车流，应按行程远近，尽量组织成组装车。

4. 按照均衡和集中的原则，合理安排旬间日历装车计划

所谓“均衡”，是指对运输整体要求均衡。所谓“集中”，是指对分散的零星货流和车流尽量组织集中发运、集中装车。按照以上原则，首先对全部运量进行旬间平衡，即每旬的运量基本上等于全月运量的三分之一，具体做法是“大户均衡、小户定旬”。

确定旬间运量之后，便可安排日历装车计划，安排日历装车计划的原则，仍然是在保证全局均衡的前提下局部要相对集中。

5. 编制主要卸车站的卸车方案

编制卸车方案，对于保证日常运输工作的正常进行有着重大意义。

到达铁路局管内卸车的车流来源有二：一是铁路局管内的自装自卸车流，一是由外铁路局接入自卸的车流。要编制卸车方案，首先要掌握到达卸车的来源和数量。其中本局自装自卸车流资料已在掌握之中，接入自卸车流资料可通过铁路局、铁路总公司以及与邻局交换资料等手段取得。根据本局的日历装车计划和从邻局接入自卸车流的计划，结合车辆运行时间，便可安排车站别的日历卸车计划。从而可预见掌握主要卸车站到达货物的品类和数量，在了解各主要卸车站卸车工作量变化的情况下，就可以事先有计划地做好卸车组织工作和搬运安排，必要时还可以主动与发站联系，提出切实可行的建议，以免重车积压、货场堵塞。若发现某站的卸车能力不能适应到卸车流时，应调整本局管内的自装自卸车流的日历装车计划。

四、列车工作方案

列车工作方案是运输方案的核心。货运工作方案中对货物运输的组织，最终要通过列车工作方案来实现。

列车工作方案的主要任务是以最有利的形式把车流组织成列流，指定配送空车和挂运重车的运行线（组流上线），使货运工作方案和列车运行图紧密结合起来。

（一）列车工作方案的主要内容

（1）对各种车流进行挂线安排（车流挂线），特别是对定装车地点、定编组内容、定运行

线的三定列车的安排。

（2）将卸空车流组织成列车流，合理安排定车次、定车种、定辆数的排空列车和配空列车。

（3）选定分号列车运行图和核心列车车次。

（二）列车工作方案的编制

1. 选定分号列车运行图

每月在编制列车工作方案时，首先应根据技术计划规定的各个区段的行车量，并考虑日常波动，选定分号运行图或方案运行图。当没有编制分号运行图而需从基本运行图中抽调列车运行线时，必须考虑以下几个方面：

（1）抽调的车次为非定期车次。

（2）流线结合。例如到达装车站的空车列车运行线应与装车站始发的重车列车运行线相配合；有车流交换的两个列车运行线在衔接站要互相配合；直达列车从装车站出发和到达卸车站的时间应与企业生产相配合等。

（3）阶段均衡。均衡安排列车运行线包括到达同一卸车站同一品类货物的列车应均衡到达；同一装车站装运同一品类货物的直达列车应均衡安排出发；编组站的列车尽可能做到改编列车和无调中转列车均衡到发；一天各阶段列车运行要基本均衡等。

（4）保证机车交路经济合理。

（5）符合施工需要的时间要求。

2. 车流挂线

把各种车流分别安排到每条运行线上挂运，简称车流挂线，即根据当月货流和车流特点，将组织好的各种车流，以“定点、定线、定编组内容”的方式固定下来。因此，列车工作方案比列车编组计划和列车运行图更具体，更便于执行，对于提高运输生产的质量作用也更大。车流挂线是编制列车工作方案的重点任务。

车流挂线包括空车挂线、重车挂线以及技术站中转车流挂线等几种形式。

空车是装车的保证。为了实现货运工作方案和满足排空的需要，列车工作方案应对空车流进行合理组织。管内空车流的组织应贯彻“一卸二排三装”的原则，根据列车编组计划的规定进行。为了保证排空和组织装运直达列车，保证厂矿重点物资的及时运送，首先应根据技术计划规定的排空任务，考虑接空局的要求，确定在卸车站和空车集结站按车种的整列排空列车数，其次要按照货运工作方案中组织直达列车和短途列车的安排，组织整列配空列数。

（1）车流挂线的条件。

车流挂线的基本条件是“稳定”，也就是车流挂线以后，必须保证某支车流固定走某条列车运行线，并保证每天开行。

在实际工作中，某一到达站的列车全月刚好组织成30列的情况是不多的，多数为多于30列或不足30列。因此，对各种列车安排运行线时，可根据车流量的大小，决定单独使用或共用一条运行线。

当某一到站的车流基本上能每天组织一个列车或全月能开25列以上时，可固定一条列车运行线单独使用；当某一到站的车流（包括已单独使用列车运行线后剩余的部分车流）不能保证每天开行一个列车或全月开行列数少于 25 列，而这些车流又比较稳定时，可以和有相同径路的其他车流共用一条列车运行线，交叉使用，以保证每天不空线。

（2）车流挂线的协调配合。

具体挂线工作是按区段分别进行的，而车流和列车运行却是延续和连贯的。因此，车流挂线应保证区段与区段、区段与技术站之间的协调配合。具体为装车地直达列车运行线与技术站自编列车运行线的协调配合、与技术站的技术作业的协调配合，列车在装车站和卸车站的到发时间与厂矿企业的生产进度、设备能力、作业条件的协调配合，此外，车流挂线要保证全日列车运行线的均衡。

例如，每天由各个方向到同一卸车站同一品类货物的列车运行线应当均衡安排，以便有时间腾空货位，保证及时卸车；同一装车站每天装运同一品类货物的直达列车，应当均衡安排出发列车运行线，以便保证有足够的时间集结货物；向外局排空列车运行线应当均衡安排；到达编组站的列车也应尽可能做到改编列车和无改编列车均衡安排；一天各阶段列车运行要基本均衡，等等。

在编制各种直达列车或不通过编组站的短途列车计划时，应当考虑装卸站的装卸能力和仓储设备容量，特别是要为到站和收货单位着想，避免由于组织直达列车，造成卸车、搬运、储存等困难，造成货物运送间隔时间过长，影响生产和消费的需要。在多站、多矿配开直达列车时，各站、各矿的配装辆数要适当，各日、各旬装车要尽量均衡。

（3）车流挂线的方法。

车流挂线一般是先安排跨铁路局的空、重直达列车运行线，然后再安排局管内列车运行线。对于路局管内的车流，应首先安排编组站自编列车的运行线，再据此安排配空、出重列车运行线。编组站自编列车运行线的选定，是比较复杂的问题，它决定于各方向到达车流的稳定程度。在有条件的情况下，编组站改编车流也可以做到部分车流挂线。在这种情况下，编组站车流挂线的运行线，一般不应选作装车地直达列车的运行线。

对于装车站的空、重车流挂线，一定要与厂矿企业的生产进度、储装能力相配合。其方法为：可以先确定配空列车运行线，再根据车站作业过程的需要时间安排出重列车运行线；也可以先确定出重列车运行线，再“反推”确定配空列车运行线。

技术站中转车流的挂线，若本月（或旬）无特别的车流接续计划，应按以往的车流集结规律确定。对中转列车，应在保证满足车站技术作业过程所需时间的前提下，选择紧密衔接的列车运行线。

中间站产生的零星车流，数量虽不大，但组织起来难度较大。

当区段内一昼夜只有一对摘挂列车时，可按日历装车的办法进行组织，例如各中间站单日均装甲站及其以远的车流，双日均装乙站及其以远的车流。摘挂列车实行开口挂车的作业方法，列车到达终点站后即成为技术站需要的车流。当区段内一昼夜开行二对及其以上的摘挂列车时，可按车次固定挂车内容。

由于实行按日历或按车次固定挂车办法，车站按要求组织装车，既压缩了货车在站停留时间，也使每一摘挂列车到达终点站时有了固定的编组内容，因此，实际上中间站的零星车流也挂上了运行线。

车流挂线，可以保证装卸站和编组工作的稳定和均衡，使铁路与厂矿企业协调配合，加速物资运送和机车车辆周转，因此应当通过货流和车流的组织，不断扩大车流挂线的比重。

五、机车工作方案

机车工作方案是运输方案的重要组成部分，是完成运输任务、实现列车工作方案的保证。机车工作方案的主要任务是根据列车工作方案和机车运用方式，合理安排机车交路，把机车的运用和检修结合起来，保证实现列车工作方案，提高机车质量和运用效率，全面完成运输任务。

机车工作方案的主要内容有：机车周转图、记号式机车交路图和机车检修计划等。

在机车周转图中，机车交路的部分或全部列车由固定号码的机车担当，这种周转图称为记号式机车交路图。

根据列车工作方案选定的分号运行图或方案运行图，合理安排机车交路，编制机车周转图。当发现某些管内列车运行线选定不合适而对机车运用不利时，应由机务部门与运输部门共同研究解决。

为了保证提供质量良好的机车，在编制机车周转图时，必须考虑机车的洗（定）检和中检，在图上定出机车中检、洗（定）检入库运行线和检修后牵引的列车运行线。采用记号式机车交路可以保证运用检修工作的稳定，同时也给机车乘务组创造了稳定的工作条件。但选为记号式机车交路的运行线，必须是有稳定车流保证的运行线。

编制记号式机车周转图时，不能使记号机车交路过于紧张，以免列车稍有晚点就打乱记号机车交路。选定记号机车交路运行线时还应考虑中洗检机车回段运行线，避免记号机车因中洗检而打乱方案。

六、运输方案的执行、分析与考核

运输方案编制后，必须严肃认真地贯彻执行，严格按运输方案的部署和安排来组织运输生产。在执行过程中，应加强对运输方案的考核和分析，不断提高运输方案的质量和组织水平。

车站进行考核分析的主要指标有：

（1）日历装车兑现率和旬装车兑现率。

（2）直达列车及成组装车比重。

（3）装车挂线兑现率。

（4）重车挂线比重。

（5）空车挂线比重。

（6）编组站列车方案兑现率。

（7）小运转列车方案兑现率等。

铁路局除了汇总各站上报的以上指标外，还应专门考核以下指标：

（1）跨局列车方案兑现率。

（2）跨局车组挂线兑现率等。

知识拓展——大协精神

大协站建于1958年，位于磁莱铁路磁东段的大协镇，距离泰山站68公里，是济南铁路局兖州车务段管辖的一个矿区货运四等站，办理整车、零担货物发到。大协站最著名的就是“大协精神”，他是大协站职工在运输生产中表现出来的联劳协作、勇于奉献的精神。

20世纪60年代初，大协站职工坚持“为煤矿服务、为收货单位服务、为到站服务、为编组站服务”四项服务内容，受到铁道部及当地省市领导的重视和赞扬。1965年9月8日，大协站被铁道部授予“全心全意为人民服务好车站”的荣誉称号，从此“大协精神”开始在全路闻名。

“大协精神”是大协站职工在运输生产中表现出来的联劳协作、勇于奉献的精神。20世纪60年代初，大协站提出了“宁愿自己千钧难，不让到站一时难”的口号，坚持做到煤矿产多少煤，车站就运多少煤。

为了适应煤矿的生产变化，大协站安排专人与煤矿联系，及时做好产运衔接工作。为了方便到站和编组站的工作，这个站开出“大协式”直达列车，并坚持按照卸车站的货区、货位的顺序装车。大协站把工作质量定位在“货主满意”的标准上，多次为货主解燃眉之急。

“大协精神”推出后，在全路范围内得到了有效推广。在学习“大协精神”活动的推动下，沈阳、北京、郑州和原广州铁路局协作编组、开行了从沈阳到广州的长途直达货物列车。这趟列车全程运行3 154千米，运行时间为6天，比过去缩短了5天以上的运行时间。

原青岛铁路分局学习“大协精神”，开展“四站合一”“五站合一”“九站合一”的联劳协作，编组、开行了途经张店、济南、山海关、南京西等编组站的直达货物列车，提高了运输能力。

资料显示，截止到1987年底，全路就有767个车站与厂矿实现专用线共用，1 200多家企业由原来在车站发货改为在专用线发送货物，大大提高了运输效率。

2006年3月，大协站被评为中国“保护消费者杯”先进单位；2007年2月，大协站被铁道部评为“全路先进中间站”；2007年4月，大协站又被全国铁路总工会授予“工人先锋号”的光荣称号。

◆ 思考题

1. 什么是技术计划？它包括哪些内容？
2. 重车车流表是如何组成的？如何使用？
3. 空车调整计划的编制依据是什么？如何编制？
4. 什么是货车工作量？各种工作量如何确定？
5. 什么是货车周转时间？如何计算？
6. 货车周转时间的时间相关法计算公式中各项因素的含义是什么？如何确定？
7. 压缩货车周转时间的主要途径有哪些？
8. 什么是运用车保有量？如何确定？

9. 运输方案有什么意义？它包括哪些主要内容？

10. 如何编制货运工作方案？

11. 列车工作方案的关键是什么？包括哪些主要内容？

【技能训练题】

1. 已知：（1）乙局管辖范围示意图如图 3-7 所示。

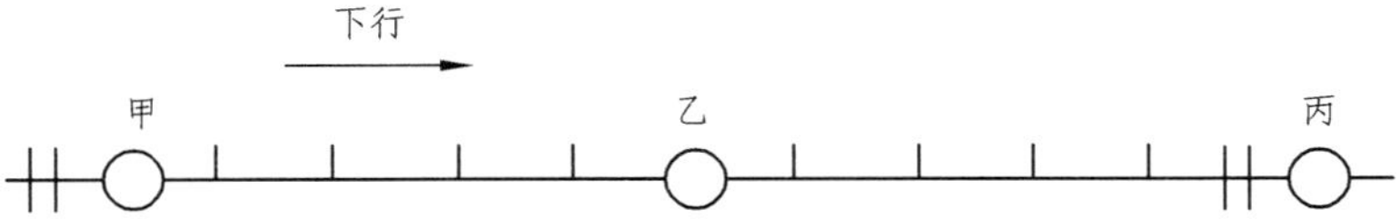

图 3-7　乙局管辖范围

（2）乙局重车车流见表 3-13。

表 3-13　乙局重车车流

装或接 \ 卸或交		卸空车					交出重车			合计
		甲	甲—乙	乙	乙—丙	小计	甲口	丙口	小计	
使用车	甲		5	20	12	37	20	80	100	137
	甲—乙	15	15	15	20	65	30	35	65	130
	乙	10	12		14	36	16	12	28	64
	乙—丙	6	6	8		20	14	18	32	52
	小计	31	38	43	46	（　）	80	145	225	（　）
接运重车	甲口	10	8	7	10	35		500	500	535
	丙口	25	30	40	20	115	350		350	465
	小计	35	38	47	30	150	350	500	850	1 000
合计		66	76	90	76	（　）	430	645	1 075	（　）

要求：（1）完成重车车流表（在括号内填入数字）。

（2）在重车车流表中找出以下数量指标。

管内车流（　　　）；输出车流（　　　）；　输入车流（　　　）；

通过车流（　　　）；使用车数（　　　）；　卸空车数（　　　）；

接运重车数（　　　）；交出重车数（　　　）；　局工作量（　　　）；

空车调整数（　　　）。

（3）计算甲—乙区段下行通过重车流。

2. 设全路现有运用车 60 万辆，如果全路的货车周转时间从 4.90 天缩短至 4.85 天，问全路每天可多装车多少辆（假设货源有充分保证）？

3. 某局五月份技术计划规定，货车周转时间为 0.80 天，5 月 20 日实际完成装车 1 900 车，接运重车 3 200 车，卸车 2 000 车，交出重车 3 000 车，18 点现在车数为 4 400，问该局 20 日是否完成了货车周转时间指标？

4. 某局四月份技术计划规定，使用车 3 100，接运重车 1 900，若该局四月份实际完成的货车周转时间由 1.32 天压缩至 1.30 天，问该局四月份节省运用车多少辆？

第四章　铁路运输调度计划与指挥

➢ **主要内容**

铁路运输调度基本任务，车流调整，调度工作日班计划，列车调度指挥，列车运行实际图，一部计划一条线理念，行车指挥自动化等。

➢ **重点掌握**

车流调整方法，铁路局日间总计划的编制，列车调度指挥的基本方法，列车运行实际图的表示方法，列车运行的整理符号，分散自律调度集中系统等。

铁路运输是一个复杂的大系统，这一庞大的系统具有线长、点多、工种多、分工细、连续性强的特点。为使各环节协调配合，铁路运输生产必须实行集中统一指挥的管理原则。凡与运输有关部门、各工种都必须在运输调度的统一指挥下，进行日常生产活动。

铁路运输调度是铁路日常运输组织的指挥中枢，分别代表各级领导组织指挥日常运输工作。铁路运输调度担负着确保运输安全、组织客货运输、保证国家重点运输、提高客货服务质量的重要责任，对完成铁路运输生产经营任务，提高铁路运输企业效益起着重要作用。各级调度人员必须精心组织，科学调度指挥，努力增运增收、节支降耗。凡与行车组织有关日常生产活动都必须在运输调度的统一组织指挥下进行。

月度货物运输生产计划所规定的运输生产任务及有关技术指标是按每月的日平均数制定的，而运输生产过程由于受各种因素的影响，每日的运输状态均不相同，经常偏离规定标准。为使运输生产控制在正常状态，必须经常分析运输生产指标完成情况，进行车流分布预测，并且根据具体的运输工作条件，调整车辆分布及列车运行，并通过制定日、班计划贯彻运输调整措施，以预防或消除运输生产过程可能或已经发生的困难，保证车流正常分布，经济合理地使用运输设备，完成或超额完成运输生产计划。调度系统就是为完成这一任务而设置的日常指挥机构。

本章主要介绍车流调整，调度工作日间总计划的编制，列车运行调整主要方法，列车实际运行图，调度工作分析，调度指挥自动化等内容。

第一节　概　述

PPT：铁路运输调度系统组织结构

一、铁路运输调度系统组织结构

我国调度指挥实行分级管理、集中统一指挥的原则，通过设置三级调度机构进行统一指挥，即中国铁路总公司设调度指挥中心（调度处）、铁路局集团公司设调度指挥中心（调度所）、技术站设调度室的三级调度指挥机构。铁路总公司调度、铁路局调度、技术站调度分别代表铁路总公司经理、铁路局长、车站站长，根据分级管理、逐级负责、统一指挥的原则，分别掌管全国铁路、铁路局和车站的日常运输组织指挥工作。

各级运输调度指挥部门同时受运输管理部门的领导和上级调度指挥部门的指挥。我国三级调度指挥机构设置如图 4-1 所示。

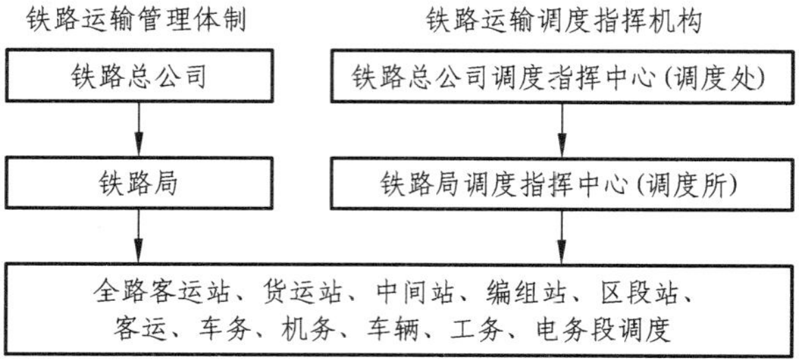

图 4-1　全路调度指挥机构示意图

铁路总公司设值班处长、调度员；铁路局设值班主任（必要时可设值班副主任）、主任调度员、调度员；技术站设值班站长、车站调度员。

铁路总公司值班处长、铁路局值班主任、车站值班站长分别领导一个班的运输生产工作。在组织日常运输工作中，下级调度必须服从上级调度的指挥；铁路总公司、铁路局、技术站各工种调度及有关人员分别由值班处长、值班主任、值班站长统一组织指挥。

铁路局调度统一指挥协调车站和各单位完成日班工作任务，车站值班站长统一指挥技术站运输工作，车站调度员统一指挥完成阶段计划规定的解编取送任务。

二、铁路局调度指挥中心调度组织系统

铁路运输调度指挥工作的核心部门是铁路局调度指挥中心，在调度指挥中心一般设有：

（1）列车调度员，负责管辖区段内所有与列车运行有关的工作。

（2）计划调度员，负责编制和调整管辖区域的列车工作计划，协助值班主任组织实现日班计划。

（3）机车调度员，负责机车运用的调度工作。

（4）客运调度员，负责旅客计划运输及客车的运用。

（5）货运调度员，负责管辖区段内装卸作业及管内重车的输送工作。

此外，根据各铁路地区的具体货流和设备情况还可以设有：篷布调度员、罐车调度员、车辆检修调度员、特种运输调度员、预确报调度员、军事运输调度员、电力牵引区段的电力调度员等。

值班主任负责领导全班各工种调度员实现运输工作日计划，协调各工种调度员的工作。规模较大的路局往往划定不同的调度区，设调度区主任，负责本调度区的调度工作，并相应地配备有关工种的调度人员，形成分级、分工管理的铁路运输调度工作系统。

铁路局调度中心的调度组织机构系统如图 4-2 所示。

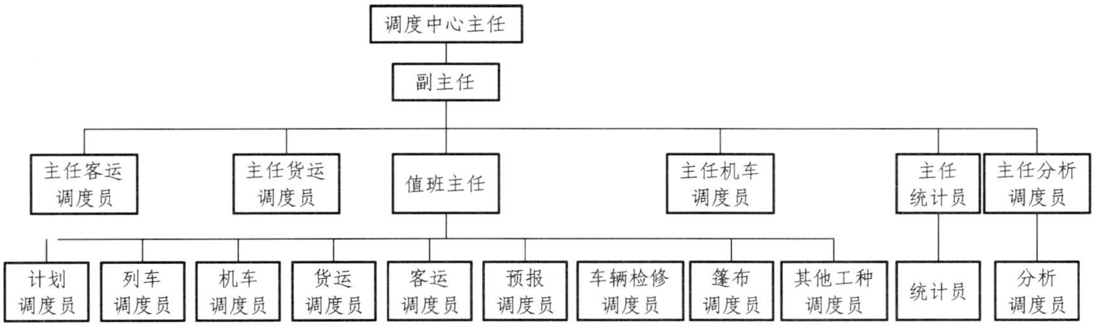

图 4-2　铁路局调度中心组织系统图

根据管辖范围和工作量，各调度岗位按区域分别设岗。计划调度员和货调、机调一般按枢纽或管辖区域设置；列车调度员由于工作较为繁重，一般按区段设置（除枢纽单独设置外，一般情况下是按行车量每区段设置 1～2 名列车调度员）；其他调度岗位一般按区域设置，如工作量相对较小，也可以不分别设置。

调度指挥中心一般还设有统计室和分析室，负责日常的统计和分析工作。近年来随着运输组织自动化水平的提高和调度集中（CTC）系统的应用，统计工作基本已由计算机完成。

铁路局各工种的调度员根据各自担当的角色不同，工作之间有着不同的联系。在这些调度员之中，与行车组织关系最为密切的是计划、机车和列车调度员，信息交流最广泛的也是这三个工种的调度员。在三者之中计划调度员是处于核心的位置，一天运输任务能否很好地实现，关键在于日班计划安排得是否合理。列车调度员负责全天列车的具体指挥，机车调度员负责提供设备良好的机车，保证日班计划的完成。

铁路运输企业的运输经营，在得到上级调度指挥部门和周围运输企业支持的同时，又要受到一定的限制。铁路总公司运输调度既代表全路运输企业的利益，使铁路获得最大的效益，又要落实国家宏观经济调控政策，承担完成国家重点运输任务的责任。由于我国铁路路网的整体要求及铁路运输业具有大联动机的特性，所以，铁路运输需要进行统一调度、计划组织，合理分配运力，用最小的资源投入，实现最大的经济效益。

三、铁路运输调度的基本任务

铁路运输调度的基本任务是：合理组织运输生产，完成或超额完成技术计划规定运输生产经营任务及各项指标；同时，必须使车辆分布和车流的构成经常处于正常范围之内。在铁路日常调度工作中，车流调整和列车调度是整个调度工作的核心。

各级调度机构的具体任务和职责如下。

（一）铁路总公司调度指挥中心（调度处）

铁路总公司调度指挥中心（调度处）负责全国铁路日常运输指挥工作，具体任务和职责为：

（1）依法对铁路局调度安全指挥进行监督管理和监督检查工作。维护调度纪律，正确发布调度命令，检查各铁路局调度执行铁路总公司调度命令和规章制度的情况，对违令、违章造成不良后果的单位和人员进行通报批评并提出处理意见。

（2）负责全路日常客运、货运和车流组织工作。组织各铁路局有计划、及时地输送旅客，平衡各铁路局货车保有量，经济合理地使用机车车辆，充分利用运输能力，挖掘运输潜力，提高运输效率和效益。

（3）编制和下达全路调度轮廓计划和日（班）计划，督促、检查各铁路局按日（班）计划均衡地完成运输生产经营任务。

（4）监督检查各铁路局按列车编组计划编车、按列车运行图行车、按运输生产经营计划组织运输，督促、组织各铁路局按铁路总公司批准的计划均衡地完成铁路局间分界站列车、车辆交接任务，及时处理铁路局间分界站出现的问题，实现铁路局间分界口畅通。

（5）掌握全国重点用户、港口和车站的装卸车，搞好与路外单位的协作。

（6）掌握旅客、军运及重点列车的始发运行情况，处理跨铁路局旅客列车的加开、停运、变更径路、客车甩挂，根据需要临时调拨客车、动车组。

（7）负责审批日常Ⅰ级施工和繁忙干线铁路总公司管理的施工项目日计划，组织各铁路局兑现施工日计划，做好施工期间的分界口车流调整工作。

（8）负责全路抢险救灾物资、人员运输组织工作，跟踪掌握输送情况。

（9）按阶段收取各铁路局调度工作报告，检查日常运输工作完成情况。

（10）掌握全路备用货车，批准全路备用货车的备用、解除，检查各铁路局对备用货车的管理情况。

（11）负责全路专用货车的统一调整，军运备品和集装箱的回送，篷布的运用和备用、解除。

（12）检查、通报安全情况，及时收取、掌握铁路交通事故、自然灾害等突发事件信息，启动应急预案，通报信息、组织救援、调整运输。

（13）负责全路日常运输工作完成情况和全路调度安全监督检查情况的分析工作，抓好典型，及时总结、推广调度工作先进经验。

（14）负责《铁路运输调度规则》的修订，检查指导全路调度基础管理和技术培训工作，不断加强和规范调度管理和队伍建设。

（15）负责全路调度信息化统一规划，积极采用、推广先进设备和技术，促进调度指挥工作现代化。

（二）铁路局调度指挥中心（调度所）

铁路局调度指挥中心（调度所）负责铁路局管内日常运输指挥工作，其具体任务和职责如下。

（1）严格执行各项规章、安全管理制度和安全卡控措施，遵守和维护调度纪律，正确发布调度命令，及时处理影响行车安全的有关情况，确保调度指挥安全。

（2）组织铁路局管内各运输生产单位密切配合、协同动作，经济合理地使用机车车辆，充分利用运输能力，挖掘运输潜力，压缩运输成本，提高运输效率和效益，完成运输生产经营任务。

（3）负责编制和下达铁路局调度日（班）计划，并组织各站段落实，提高计划兑现率。

（4）组织调整铁路局管内的货流、车流，按阶段均衡地完成铁路总公司下达的车流调整计划和去向别装车计划，重点掌握排空、重点物资运输。

（5）按铁路总公司批准的计划组织列车在分界站均衡交接，保证机车与列车的紧密衔接，保持与邻局的密切联系，向邻局做出正确的列车预报，及时协商、解决发生的问题，保证分界站畅通。

（6）负责组织和监控列车运行，重点掌握旅客、专运、军特运、超限超重、挂有装载危险货物车辆等重点列车，督促、检查车站按列车编组计划、列车运行图、运输生产经营计划和重点要求编发列车，实现按图行车。

（7）掌握铁路局管内各站和主要用户、港口装卸车，搞好与路外单位的协作。重点抓好大客户、路企直通、战略装卸车点的运输组织工作，提高直达列车和成组装车比重，扩展运输能力。

（8）负责铁路局管内抢险救灾物资、人员运输组织工作，跟踪掌握输送情况。

（9）认真执行全路备用货车的管理制度，严格掌握铁路局管内备用货车的备用、解除。

（10）掌握铁路局管内客车配属、客流变化、旅客列车开行情况，重点掌握动车组、特快旅客列车、国际旅客列车及跨铁路局集团公司重点旅客列车的运行情况；组织站段按计划、及时地输送旅客，组织铁路局管内旅客列车的临时加开、停运、迂回运输、编组、车辆甩挂和实施票额调整。

（11）负责铁路局管内专用货车的调整，军运备品和集装箱的回送，篷布的运用和备用、解除。

（12）负责编制、下达施工日计划，发布运行揭示调度命令、施工调度命令，协调组织施工按计划进行，确保施工期间行车安全。

（13）检查、通报各站段安全正点情况，及时收取、上报铁路交通事故、自然灾害等突发事件信息，启动应急预案，通报信息、组织救援、调整运输。负责调动救援列车或向铁路总公司调度请求调动跨铁路局的救援列车。

（14）及时收取、上报调度工作报告。

（15）检查各站段执行调度命令和规章制度的情况，对违令、违章的单位或人员，进行通报批评并提出处理意见。

（16）负责铁路局日常运输工作完成情况及调度安全工作情况分析，抓好典型，及时总结、推广运输生产先进经验。

（17）负责铁路局调度基础管理和技术培训，指导站段调度工作，不断加强和规范调度管理和队伍建设。

（18）负责配合铁路局有关部门实施铁路局调度信息化建设规划，积极采用、推广先进设备和技术，促进调度指挥工作现代化。

（三）技术站调度室

技术站调度室负责技术站的日常运输组织指挥工作，其具体任务和职责如下。

（1）严格执行各项规章、安全管理制度和安全卡控措施，遵守和维护调度纪律，认真执行上级调度命令和指示，及时处理影响行车安全的有关情况，确保调度指挥安全。

（2）掌握货源、货流、车流，根据铁路局下达的日（班）计划，正确编制和组织实现车站的班计划和阶段计划，保证车站按列车编组计划和列车运行图编发列车，不间断地接发列车。

（3）经济合理地运用车站技术设备和能力，掌握调车机运用，组织有关部门、单位密切配合，协同动作，按作业计划、技术作业过程和时间标准，完成编组和解体列车的任务，提高作业效率，加速机车车辆周转。

（4）及时收集到达列车预确报，掌握车流变化，正确推算现车和指标，按阶段向铁路局调度汇报车流和车站作业情况。

（5）组织旅客、军运、行邮、行包列车，“五定”班列及重载和重点货物列车的开行。

（6）主动与厂矿企业联系，及时预报车辆到达情况和取送车作业计划，掌握货位、装卸劳力情况，按计划均衡地完成装车和卸车任务，组织开行路企直通列车。组织新送（厂修）客车、货物作业车、检修车（修竣车）和专用车的取送，缩短待取、待送时间。

（7）发生影响行车的事故时，积极组织救援，减小事故对行车的影响。

（8）正确、及时填画技术作业图表，并运用计算机等先进设备组织指挥运输生产。

（9）认真分析考核车站日常作业计划的兑现情况和日常运输生产完成情况，及时向铁路局调度和车站领导报告。

为完全发挥调度作用和提高调度组织指挥水平，各级调度部门必须建立严密的工作制度，坚持政治和业务学习，建立健全岗位责任制，固定班次并加强交接班碰头会、分析会和班中碰头会，制定严格的安全生产制度和分析制度。要求调度员定期深入基层站段调查研究，以达到了解现场人员业务水平、技术能力和设备情况，掌握作业特点和运输规律、了解和解决运输生产中存在问题的目的。

规章原文

《调规》普速部分第十一条 各级调度应建立交接班和班中会制度，保持调度工作的连续性。

总公司、铁路局交接班和班中会，分别由值班处长、值班主任负责主持，有关工种调度人员参加。

（一）接班会：传达有关命令、指示和重点事项，通报上一班安全、运输生产情况，布置安全注意事项，研究本班完成运输生产经营任务的具体措施。

（二）班中会：每班至少召开一次，根据调度日（班）计划执行情况，研究完成本班和全日任务的具体措施。

（三）交班会：各工种调度分别汇报本班安全、运输生产经营任务完成情况，分析存在的问题，总结经验教训。

各工种调度交接班时，交班内容和待办事项必须清楚、完整，不得遗漏。

《调规》普速部分第十二条 建立工作报告制度，加强各级调度间工作联系，加强与安全监察、专业部门之间的信息沟通，准确掌握工作进度和安全信息，及时处理发生的问题。

（一）车站向铁路局调度报告：

1. 车站在列车到、开或通过后，及时报告车次、时分(具有自动采点设备，可自动采点时除外)。

2. 列车始发站应及时报告列车解编进度、编组内容、列车编组变化情况及出发列车速报（车次、机型、机车号、辆数、牵引总重、换长）；列车在非始发站摘挂作业，作业站要及时报告摘挂列车在站作业、占用股道及作业后的编组变化情况。

3. 机车及股道占用情况。

4. 因特殊原因，临时造成旅客积压，不能及时输送。

5. 车站有关工种人员每3小时向铁路局所属工种调度上报规定内容。

6. 具备信息系统上报条件的车站，须通过系统及时准确上报。

7. 安全情况和重要事项应随时报告。

（二）铁路局调度向总公司调度报告：

1. 10:00（22:00）前，铁路局值班主任向总公司调度报告接班后的管内运输情况，预计本班分界站列车交接、排空、机车运用情况，7:00前向总公司值班处长报告运输安全和运输生产任务完成情况的综合分析。

2. 铁路局各工种调度及时向总公司相关工种调度报告各项规定的内容。

3. 安全情况和重要事项应随时报告。

（三）当上级调度向下级调度和站段了解有关运输情况时，有关人员应及时汇报。

（四）铁路局调度接到铁路交通事故、行车设备故障等安全信息后，应按规定填写《铁路交通事故(设备故障)概况表》（安监报1），及时报总公司调度，并通过铁路安全监督管理信息系统及时报送铁路局安全监察部门。

（五）铁路局客运调度接到客运突发事件报告后，应及时填写《客运突发事件概况表》报总公司调度。

《调规》普速部分第十三条 为准确掌握客运工作情况，及时处理发生的问题，车站客运计划员、客运段派班、车务段（直属站）调度、铁路局客运调度必须严格执行报告制度，除按规定上报的有关资料外，凡发生下列情况之一时必须逐级向上级客运调度报告。

（一）发生自然灾害或发生事故中断行车，客运调度须了解情况，及时上报相关客运事项。

（二）发生旅客、路内客运职工伤亡事故；由于站车设备损坏或其他原因造成人员伤亡。

（三）车站和旅客列车发生火情、火灾。

（四）旅客列车因机车、车辆发生事故造成甩车或长时间修理造成列车晚点。

（五）售票系统发生故障不能正常售票。

（六）车站和列车票款、票据被抢、被盗。

（七）上访人员乘车或发生群体性拦截旅客列车。

（八）站、车之间发生纠纷或其他原因影响旅客列车晚点。

（九）站、车发生意外情况，工作人员不能正常作业。

（十）因特殊原因，临时造成旅客、行包积压，不能及时输送。

（十一）因误售车票出现旅客误乘、漏乘。

（十二）因错、漏传调度命令，错挂或漏挂车辆，造成旅客不能正常乘车。

（十三）有关客运工作中出现好人好事的典型事例。

（十四）其他需要及时上报的有关客运工作事项。

《调规》普速部分第十六条 为提高调度人员组织指挥水平，加强各级调度之间、调度与站段有关人员的工作联系，各级调度人员每季度深入现场应不少于一次，熟悉设备、人员情况，交换工作意见，解决日常运输及安全生产中存在的问题。

深入现场前要有计划，返回后要有报告。

深入现场活动可采取添乘机车（动车组）、列车，召开座谈会、联劳会、同班会、跟班作业、专题调研等多种形式。

总公司、铁路局应按规定为调度人员办理机车（动车组司机室）添（登）乘证。调度人员持证添（登）乘机车（动车组）、列车，并准许在乘务员公寓食宿。

《调规》普速部分第八十三条 调度人员招聘（选拔）要求：

调度人员招聘（选拔）须按照公平、公正、公开的原则进行，新招聘（选拔）调度人员除具备上述调度人员基本素质要求外，还须满足以下条件：

（一）年龄要求：新招聘调度人员年龄一般应在35岁及以下。

（二）学历要求：总公司调度须有全日制大学本科及以上文化程度，铁路局调度须有大专及以上文化程度。

（三）工作经历要求：新招聘（选拔）调度人员从事现场相关岗位工作须满2年。总公司调度应从下级调度人员或优秀行车人员中招聘。铁路局列车调度员应从车站值班员、车站调度员、机车（动车组）司机或优秀行车人员中招聘，其他工种调度员应从基层运输生产单位专业对口的优秀人员中招聘。车站调度员应从有实践工作经验和指挥能力的优秀行车人员中选拔。

《调规》普速部分第八十四条 调度人员培训要求：

（一）各级调度必须配备专业技术教育人员，由具备中级及以上技术职称或具有较强业务水平和实践经验的人员负责技术业务培训工作。

（二）铁路局应对新招聘调度员制定培训计划，组织进行任职资格培训，列车调度员培训时间不少于6个月，其他工种调度员培训时间不少于3个月，其中理论培训（脱产）不少于1个月，培训期满进行考试和考核，合格后方准持证上岗。

（三）对转岗、转台调度人员必须经过跟班学习，经考试、考核合格后，方准独立工作。

（四）为不断提高调度人员的业务水平，各级调度可采取脱产与不脱产相结合的方式，轮流对现职运输调度人员进行培训，脱产培训学习每年不得少于10天；对新设备投入运用、新规章实施、运行图调整等必须提前进行业务培训，考试（考核）不合格不得上岗。

（五）铁路局每年组织现职调度员进行《铁路局调度员合格证》年度鉴定考试，合格后方准上岗。

（六）铁路局原则上每年应组织一次铁路局调度职业技能竞赛，总公司原则上每三年组织一次全路调度职业技能竞赛。对职业技能竞赛成绩优胜者应给予奖励并在晋职晋级时优先考虑。

第二节 车流调整

车流调整是铁路运输调度的重要工作，车流调整的目的是保持全路货车的合理分布及各线车流的相对稳定。车流结构及车辆分布偏离标准是进行日常调整的主要原因，自然灾害、事故是影响运输生产保持正常状态的偶然性因素。车流结构发生较大变化时，将造成有些线路或车站的能力紧张甚至可能形成堵塞，有些线路则形成能力虚糜。车辆分布不正常，会引起某些地区车辆不足，完不成运输任务，或者运用车数增大，车辆积压，甚至可能造成堵塞。

车流调整工作必须实行高度集中、统一调整的原则。铁路总公司调度处、铁路局调度所应指定专人负责车流调整工作，研究掌握货流、车流变化规律及有关技术设备的使用效能，认真推算车流，有预见、有计划地进行车流调整。

车流调整应遵循优先确保大客户、路企直通、战略装卸车点的运输需求原则。限制装车时应减少零散装车点的装车，组织集中装车时，应优先增加大客户、路企直通、战略装车点的装车。

一、车流预测

只有准确预测车流的分布，才能有预见地采取有效的车流调整措施。车流预测按日期有远期车流预测和近期车流预测（推算）两种。远期车流预测一般可预测 3 ~ 7 天到达局管内的车流，近期车流预测一般可预测当日和次日的车流，其车流预测（推算）方式有所不同。

（一）远期车流推算

推算远期到达铁路局的管内工作车，一般按照各局装车数和运行期限，使用表 4-1 所示的格式进行推算。

表 4-1　外局装到本局及本局自装远期管内车流推算表

发局 / 日期	A	B	C	D	E	F	G	…	计	局自装自卸计划				合计
运行计划	4	4	3	2	1	2	3			××站	××段	…	计	
月计划														
1										45				
2					65						260			
3				120		60								
4			40				20							
5	50	35												
⋮														
⋮														
计														

铁路总公司调度指挥中心每日早 06:00 前将全路昨日各铁路局的方向别装车数通知到各局调度指挥中心，局调度指挥中心车流调整人员根据上述资料及本局装到本局管内卸的车数、通过各分界站装到外局的车数添入车流推算表，以推算远期车流。车流填记及推算方法是按照各装车局到本局的接入分界站的运行期限，分别将有关车数填入不同的日期栏内。例如，A 局装到该局的车辆，其运行期限为 4 天，若某月 1 日 A 局装到该局的车数为 50 辆，则应在 A 局名下对应 5 日的栏内填记 50，其他各局 1 日装到该局的车数也根据运行期限填入相应栏内。按此方法逐日填记，即可预计今后某日接入管内工作车的车数。

推算远期接入的通过重车流，也可以用类似的方法进行，只要装车局能提供车流通过的出入分界站，并按出入分界站的运行期限，即可推算通过局未来各日向各分界站交出的通过车数。

（二）近期车流推算

近期车流推算主要是推算当日 18 点各种运用车数。推算方法为：铁路局计划调度员于第一班（18:00—次日 06:00）工作结束后，根据各分界站出入的实际车数及预计的出入车数、预计的全日装卸车数等数据，推算出 18 点预计结存的管内工作车数、各分界站的移交重车数、空车数及总的运用车数。

二、车流调整

按照调整的对象，车流调整方法分为重车调整、空车调整及备用车调整三种。车流调整一般通过调度日班计划组织实现，必要时可下达临时紧急调整计划。

（一）重车调整

重车调整是车流调整工作的重点。这是因为在运用车中重车占很大比重，重车的流向和数量，既决定着各区段的行车量，也决定着空车流的流向和数量，决定着排空和卸车任务的完成。因此，重车调整是整个车流调整工作的重点。

重车调整措施有：去向别装车调整，限制装车或停止装车，集中装车，以及变更车流运行径路等。在日常运输工作中，应根据车流预测资料，运用车分布情况，各方向、各区段的列车运行情况，主要技术站、枢纽、卸车地区的作业情况，以及卸车站的卸车能力和搬运能力等因素，综合确定重车调整措施。

1. 去向别装车调整

为了使车流分布合理，防止车流积压和堵塞，必须按去向别调整装车，它是重车调整中的一项根本方法。

对装车去向的控制，首先是对自装交出和自装自卸两部分车流的控制。在正常情况下，应保证按计划完成对外局的装车。对于通过困难区段的车流和到达卸车能力紧张车站的车流，要进行相应的调整。

在日常运输组织工作中，各局必须按照上级批准的运输生产计划组织装车（特别是向外局的装车）。但由于种种原因，如因管内工作不正常，影响装车计划的实现时，或因效率提高可以超额完成装车计划时，则应对管内自装自卸车数加以调整，保证向外局的装车，保持计划规定的去向别装车标准。在遇有发往外局的货源货流发生变化，不能实现计划的去向别装车任务时，则应逐级上报，以便上级调度采取相应的调整措施。当铁路局接入某方向的重车不足或增多时，应采取增加或减少向该方向装车的办法进行调整，以保证完成移交重车标准，从而保持各方向列车的均衡和通过能力的合理使用。

2. 限制装车或停止装车

限制装车或停止装车，又称限装或停装，即规定在一定时期内，将向某一方向、某一到站或某一收货单位发送的装车数限制在一定数量内或停止装车。这种调整方法一般来说不利于均衡运输，它只是在发生非正常情况时采取的一种非正常措施。

限装或停装在遇到以下特殊情况时采用：

（1）装车数超过区段通过能力或编组站作业能力时。

（2）装车数超过卸车地卸车能力时。

（3）因自然灾害、事故、线路封闭中断行车时。

（4）因其他原因发生车辆积压或堵塞时。

采用限装或停装的调整措施时，限装或停装的期限及限制装车的数量，应根据能力及积压车流的情况决定。为了使这种调整措施产生应有的效果，尽量减少其不利影响，在采取这种措施时可先停止或限制近距离装车局的装车。在恢复正常装车时，应先恢复远距离装车局的装车。

3. 集中装车

集中装车就是有组织地增加某一方向、某一到站或某一收货单位的装车，使之超过计划所规定的日均装车数。在日常运输生产中，下列情况应需采用这种措施：

（1）某铁路局的管内重车严重不足时。

（2）某方向移交重车严重不足时。

（3）重点用户、港口、国境站等急需到达物资或外运物资严重积压时。

（4）急需运送防洪、抢险、救灾物资时。

实行集中装车调整措施时，必须遵守国家的运输政策，保证重点物资的及时运送，同时对一般物资也要根据具体情况妥善安排。

4. 变更车流运行径路

为了加速车流输送，降低运输成本，铁路总公司对各种车流规定了正常的运行径路，包括最短径路和特定径路。在日常运输工作中，正常径路因全面进行技术改造而通过能力不足，或因灾害和重大事故中断行车，或因车流增加以致通过能力不能负担时，可采取变更车流运行径路的调整措施。注意采用这种措施必须经铁路总公司批准。

变更车流运行径路主要在以下情况下采用：

（1）正常径路因车流增长，通过能力负担不了，而另一径路通过能力有富余时。

（2）正常径路进行技术改造通过能力不足时。

（3）因自然灾害或重大事故正常径路中断行车时。

确定采用变更径路的措施时，必须规定变更径路的期间、经由线路、每日绕道的列车数和车数、重车去向、空车车种以及有关的列车编组计划，并以调度命令公布实行。

（二）空车调整

空车调整是为了合理地运用空车，保证装车需要的调整措施。空车调整必须做到缩短空车行程，组织车种代用，消除同车种对流。

空车调整对全路车辆分布有重大影响，各级调度必须从整体利益出发，严肃排空纪律，坚决完成上级规定的排空任务。

空车调整包括正常调整、综合调整和紧急调整。

1. 正常调整

根据运输生产计划所规定的空车调整任务，安排日常空车调整计划，这是平时经常采用的空车调整方法。采用这种方法时，铁路局可利用通过空车供本局装车（编组计划指定开行的空车直达列车除外），而以本局卸后空车代替，即对通过空车可以在本局管内自行调整运用，在分界站仍按规定的车种与空车数移交给邻局。

2. 综合调整

综合调整就是综合考虑重空车流的调整方法。例如，在货源发生变化，超过计划增加了空车方向的装车时，即可减少交出空车数；反之，如减少了空车方向的装车时，就要相应增加交出空车数。实行这种制度，在一定条件下可以保证更合理地分配运用车数，减少空车走行公里。

综合调整需在日计划中安排，并且须经上级调度的批准才能实行。因为它涉及去向别装车和空车运用的变动，必须综合考虑接空局的空车需要量、沿线通过能力以及机车的运用情况。综合调整的重、空车数经日计划确定后，各局不得再用临时增加重车来代替空车。

3. 紧急调整

紧急调整是由于特殊紧急需要或为加速车辆合理分布而采取的非常措施，虽然这种措施可能造成不合理的空车对流。

接到紧急空车调整任务的铁路局，必须严格按规定的车种、车数排出空车，即使因此而影响本局装车或造成运用车保有量不足，也应优先完成这项排空任务。

以上各种空车调整方法，都是保证全路车流合理分布的重要手段。空车是装车的保证，重车是空车的来源，两者只有按照计划紧密地结合起来，才能收到预期的效果。因此，任何一个排空局，都必须保证实现空车调整任务。

（三）备用车调整

备用货车也称备用车，是为了保证完成临时紧急运输任务的需要所储备的技术状态良好的归属铁路总公司的空货车。

备用车分为特殊备用车、军用备用车、专用货车备用车和港口、国境站备用车。

特殊备用车是指因运输市场发生结构变化，为调剂车种、满足运输需要，对铁路总公司以备用车命令指定的大于本局月计划部分的某种空货车。

特殊备用车、军用备用车、专用货车备用车、港口和国境站备用车的备用和解除，必须经铁路总公司以备用车命令批准。

备用车的备用、解除必须符合下列规定：

（1）特殊备用车须备满 48 h，军用备用车、专用货车备用车和港口、国境站备用车须备满 24 h 才能解除备用。因紧急任务需要解除备用车时，须经铁路总公司调度命令批准，可不受时间限制。

（2）备用车状况需经备用基地检车员检查。

备用车必须停放在铁路局批准的备用车基地内。港口、国境站备用车必须停放在指定的港口、国境站。凡未停放在指定地点的，均不准统计为备用车。备用车在不同基地间不得转移，在同一基地内转移时，须由铁路局以备用车命令批准。

铁路局、备用车所在站和基地检车员，均须分别建立备用车登记簿，按备用日期、时分、命令号码、地点、车种、辆数、车号、吨位等内容顺序进行登记。铁路总公司、铁路局集团公司调度分别建立备用车命令簿，单独规定备用车命令号码。

专用货车（包括冷藏车、散装粮食车、家畜车、罐车、矿石车、散装水泥车、毒品专用车、集装箱专用平车、小汽车运输专用车、车种为“D”字的长大货物车和涂有“专用车”字样的一般货车）的调整方法，除按一般货车调整规定办理外，空车应按铁路总公司指定的方向、到站回送，有配属站的除铁路总公司另有指定外，均应向配属站回送。

为使冷藏车、罐车经常保持设备完整、性能良好，各铁路局原则上不得以冷藏车代用其他货车，各种罐车应分类使用，装运危险货物的罐车必须专车专用。冷藏车必须代用时，需经铁路总公司特运调度命令批准，装运危险货物运输的罐车不得代用。

外国货车停运或在国境站积压时，要采取优先放行和换装措施；对暂时没有确定到站的进口货物，经铁路总公司准许，可换装在我国货车内待发或及时组织卸车。凡外国空货车（包括利用装该国货物的车辆），应经由最短径路向所属国回送。经铁路总公司调度命令批准，可在国内顺路装车使用。

第三节 调度工作日班计划

微课：调度日班计划

由于日常铁路运输工作中，运输情况不断变化，每日的装车数量和车流量与月度技术计划所规定的任务不可能完全相同。因此，为了均衡地完成月度货物运输计划、技术计划，实现列车编组计划、列车运行图及运输方案，必须根据每旬、每日的具体情况，编制运输工作日常计划。

运输工作日常计划包括旬计划、日班计划和车站作业计划。全路、铁路局要分别制定旬计划和日（班）计划。

调度工作日班计划是在一日（班）具体条件下，保证完成各项运输任务的具体作业计划。

日计划是由当日 18:00 至次日 18:00 一日内的日间运输工作计划。日计划分为两个班计划：当日 18:00 至次日 06:00 为第一班计划，次日 06:00 至 18:00 为第二班计划。铁路局可根据第一班计划的执行情况和日计划任务，对第二班计划内容进行部分调整。

一、调度日班计划的编制原则

（1）安全生产的原则。

（2）贯彻国家运输政策，保证重点运输的原则。

（3）“一卸、二排、三装”的运输组织原则。

（4）按列车编组计划编车，按列车运行图行车，按运输生产经营计划组织运输，按《车站行车工作细则》组织作业，最大限度地组织直达、成组运输的原则。

（5）按施工计划安排施工，坚持运输、施工兼顾的原则。

（6）经济合理地使用机车车辆和其他运输设备，提高运输效率和效益的原则。

（7）组织均衡运输的原则。

二、调度日班计划的主要内容

日（班）计划包括货运工作计划、列车工作计划、机车工作计划和施工日计划。

（1）货运工作计划包括：各主要站和各区段的卸车数，各主要站和各区段按发货单位、品名、到站别的装车数，快运货物班列、重点直达列车、集装箱直达列车、企业自备车直达列车和成组装车的列数、组数和车数，装卸劳力、机械的调配计划，篷布运用计划等。

（2）列车工作计划包括：列车到发及运行计划，分界站列车交接计划，管内工作车输送计划，各主要站配空挂运计划，摘挂列车的装卸、甩挂计划，专用货车的使用、调整计划等。

（3）机车工作计划包括：各区段机车周转图，机车沿线走行公里，机车运用台数，机车日车公里，机车大修、中修、辅修、临修回送计划等。

（4）施工日计划是指由铁路局调度所施工调度室根据月度施工计划、临时施工及主管业务处提报的施工计划，申请编制的次日 0:00 至 24:00 施工计划。

三、调度日班计划的编制依据

（1）铁路总公司下达的轮廓计划。

（2）月度运输生产经营计划、列车编组计划、列车运行图、机车周转图、机车车辆检修计划、站段有关技术作业时间标准。

（3）日请求车（军用应有军运任务通知书，超限超重货物应提出批示电报）和物资部门的要求。

（4）预计当日 18:00 各类运用车数、车站现在车数（重车分去向，其中到本局和邻局管内摘挂车流分到站；待卸车、空车分车种）和机车、机车乘务员分布情况。

（5）旅客列车的临时加开、停运、迂回运输、编组、车辆甩挂调度命令。

（6）列车预确报。

（7）分界站协议。

（8）月度施工计划及主管业务处提报的施工计划申请。

（9）设备维修作业计划等。

四、调度日班计划的编制程序

（一）09:00 下达次日轮廓计划

为了均衡完成运输生产任务，合理调整运用车，预防运输生产过程产生困难，铁路总公司调度指挥中心在每日早 09:00 前应向铁路局下达轮廓计划任务，其内容包括：分界站交接列车数、重车数、车种别排空车数、到局别使用车数、通过限制口的装车数和重点要求等。

（二）14:30 前收集编制资料

铁路局各工种调度人员，在每日 14:30 前向有关站段收集编制日（班）计划的资料，并向调度所主任（副主任）提供。

（1）货运调度员——预计当日 18:00 各站卸车数、装车数和去向别装车数、重点物资装车数，快运货物班列装卸情况，18:00 待卸车，有关停、限装命令，卸车单位的卸车能力，次日请求车情况等。

（2）计划及列车调度员——预计当日 18:00 各站运用车（重车分去向，其中到本局和邻局管内摘挂车流分到站；待卸车、空车分车种）、备用车等分布情况，在途列车的编组内容和预计到达编组站、区段站、分界站的时分等。

（3）机车调度员——预计当日 18:00 运用机车和机车回送计划，机车检修情况，机车、机车乘务员分布动态情况等。

（4）车辆调度员——预计当日 18:00 货车扣修、修竣、检修车分布站及回送情况等。

（三）15:00 至 17:00 编制日班计划

（1）调度所主任负责编制日间总计划，包括全铁路局的卸车数、装车数、各分界站交接重空列数及车数，日计划各项指标等。

（2）主任货运调度员负责编制货运工作计划，包括各站装卸车数、直达列车及成组装车计划等。

（3）计划调度员负责编制列车工作计划，包括列车到发及运行计划、分界站列车交接计划和管内工作车输送计划等。

（4）主任机车调度员负责编制机车工作计划，包括各区段机车周转图、机车运用台数、机车日车公里、机车检修工作安排等。

（四）17:00 至 17:30 审批与下达

铁路局日计划经分管副局长（总调度长）批准后，于 17:00 前报铁路总公司，17:30 前以调度命令下达到各站段执行。

对 18:00 至 21:00（06:00 至 09:00）的列车工作计划，应提前在 16:00（4:00）前下达有关站段。

五、铁路局日间总计划的编制

日间总计划是对日间计划任务量提出控制数。它的主要内容包括：卸车数；装车数和通过限制口的装车数；分界站交接列车数、重车数和车种别排空车数等。

铁路局日间总计划的编制，除了要根据月、旬计划及铁路总公司下达的轮廓计划外，还需要掌握货源、货流的变化情况，分界站接入列车及重空车辆的预确报以及计划日开始前（当日 18:00）运用车分布情况。当日 18:00 运用车情况需根据收集的有关资料推算得出。

（一）预计当日 18:00 各种运用车保有量

计划日开始前各种运用车保有量不仅是反映运输状态并据以确定调整措施的资料，而且是确定计划日运输任务的依据。因此，在编制日计划前应预计当日 18:00 各种运用车保有量。

PPT：预计当日 18:00
各种运用车保有量

（1）预计当日 18:00 管内工作车保有量：

$$N_{\text{管内}}^{\text{当日}} = N_{\text{管内}}^{\text{昨日}} + u_{\text{自装自卸}}^{\text{当日}} + u_{\text{接入自卸}}^{\text{当日}} - u_{\text{卸}}^{\text{当日}}$$

式中　$N_{\text{管内}}^{\text{昨日}}$——昨日 18:00 管内工作车保有量；

$u_{自装自卸}^{当日}$——当日预计全日自装自卸的装车数；

$u_{接入自卸}^{当日}$——当日预计全日接入自卸的接重车数；

$u_{卸}^{当日}$——当日预计全日卸车数。

（2）预计当日 18:00 空车保有量：

$$N_{空}^{当日}=N_{空}^{昨日}+u_{接空}^{当日}+u_{解备}^{当日}+u_{卸}^{当日}-u_{交空}^{当日}-u_{列备}^{当日}-u_{装}^{当日}$$

式中 $N_{空}^{昨日}$——昨日 18:00 空车保有量；

$u_{接空}^{当日}$——当日预计全日接入空车数；

$u_{解备}^{当日}$——当日计划解除备用车数；

$u_{交空}^{当日}$——当日预计全日排空车数；

$u_{列备}^{当日}$——当日计划列入备用车数；

$u_{装}^{当日}$——当日预计全日装车数。

（3）预计当日 18:00 移交车保有量：

$$N_{移交}^{当日}=N_{移交}^{昨日}+u_{自装交出}^{当日}+u_{接入通过}^{当日}-u_{交重}^{当日}$$

式中 $N_{移交}^{昨日}$——昨日 18:00 移交车保有量；

$u_{自装交出}^{当日}$——当日预计全日装出的自装交出车数；

$u_{接入通过}^{当日}$——当日预计全日接入的通过重车数；

$u_{交重}^{当日}$——当日预计全日交出的重车数。

（4）预计当日 18:00 总运用车保有量：

$$N_{当日}=N_{昨日}+\Delta u_{出入差}^{当日}+u_{解备}^{当日}-u_{列备}^{当日}$$

式中 $N_{昨日}$——昨日 18:00 总运用车保有量；

$\Delta u_{出入差}^{当日}$——当日预计全日接入交出重空车总数之差额。

当日 18:00 总运用车保有量 $N_{当日}$ 也应符合以下计算公式：

$$N_{当日}=N_{管内}^{当日}+N_{移交}^{当日}+N_{空}^{当日}$$

推算出当日 18:00 即计划日开始时各种运用车保有量以后，铁路局应根据车流预测资料及铁路总公司轮廓计划，确定次日车流调整措施，并通过确定次日卸车任务、装车任务及各分界站重空车交接任务等加以实施。

推算各种运用车保有量之后，将其与技术计划标准数进行比较，以便发现问题，采取措施。调整的办法不外乎从车流来源和车流去向两个方面加以控制。如果管内工作车积压，则应加强卸车及少装到管内各站卸的重车；如果移交车保有量超过标准，则应少装超标方向的重车和加速移交重车的运送；空车保有量不足时，则应加强卸车和减少装车等。

由于卸车是产生空车的重要来源，有了卸车任务才可据以确定排空和装车任务，因此，日间总计划应先从确定卸车计划开始。

（二）确定次日卸车计划

卸车是运输工作的重要环节，它是完成排空任务和装车任务的保证。

次日卸车任务主要依据以下三个管内工作车来源：一是当日 18:00 结存的管内工作车情况，二是次日自装的管内工作车情况，三是次日接入的管内工作车情况。

确定应卸车数，目前是以技术计划规定的管内工作车周转时间和推算的当日 18:00 管内工作车数计算出来的，即按下式计算次日应卸车数：

$$u_{应卸}^{次日}=\frac{N_{管内}^{当日}}{\theta_{管内}}$$

式中 $\theta_{管内}$——技术计划规定的管内工作车周转时间。

必须指出，用上式计算应卸车数，是按当日 18:00 管内工作车保有量的瞬时值确定的，不能完全反映次日管内工作车的变化情况。因为当日 18:00 管内工作车保有量的多少，并不决定次日自装自卸及接入自卸车流也与其成比例增减。

例如，某局技术计划规定每日接入自卸和自装自卸的车辆总数 $u_{自装自卸}+u_{接入自卸}$=300 车，管内工作车周转时间 $\theta_{管内}$=0.5 d，管内工作车保有量标准 $N_{管内}$=150 车。如果该日推算的 18:00 管内工作车保有量超过标准，达到 300 车，而预计次日接入自卸和自装自卸的车数反而减少到 200 车。那么，按上式计算次日应卸车数则为 600 车，显然这个任务是不可能完成的。

为了能反映由于次日自装自卸和接入自卸车流的变动对应卸车数的影响，使确定的次日卸车任务能符合次日车流的实际情况，次日的应卸车数与当日 18:00 结存的管内工作车、次日由各分界站接入的管内工作车和次日自装的管内工作车三部分车流均有关，所以，必须考虑次日管内工作车的变化情况。

由于

$$N_{管内}^{次日}=N_{管内}^{当日}+u_{接入自卸}^{次日}+u_{自装自卸}^{次日}-u_{应卸}^{次日}$$

所以次日应卸车数应为以推算的当日 18:00 管内工作车数和次日 18:00 管内工作车数的平均值计算出的应卸车数，即

$$u_{应卸}^{次日}=\frac{N_{管内}^{当日}+N_{管内}^{次日}}{2\theta_{管内}}=\frac{2N_{管内}^{当日}+u_{接入自卸}^{次日}+u_{自装自卸}^{次日}-u_{应卸}^{次日}}{2\theta_{管内}}$$

$$u_{应卸}^{次日}=\frac{2N_{管内}^{当日}+u_{接入自卸}^{次日}+u_{自装自卸}^{次日}}{1+2\theta_{管内}}$$

在制定卸车计划时，除了应根据计算的应卸车数外，还应考虑主要卸车站的卸车能力。当主要卸车站车流积压时，卸车计划应适当减少。

（三）确定排空及装车计划

制定排空计划和装车计划时，必须按照“一卸、二排、三装”的原则，首先按照上级下达的排空任务安排各分界站的排空计划，并在保证次日空车保有量基本符合运输生产计划规定标准的情况下确定装车计划，以保证后一日运输工作的均衡。所以，在确定装车计划前还需要推算次日 18:00 的空车保有量。

$$N_{空}^{次日} = N_{空}^{当日} + u_{接空}^{次日} + u_{解备}^{次日} + u_{卸}^{次日} - u_{交空}^{次日} - u_{列备}^{次日} - u_{装}^{次日}$$

式中 $u_{接空}^{次日}$——次日接入空车数；

$u_{解备}^{次日}$——次日计划解除备用车数；

$u_{列备}^{次日}$——次日计划列入备用车数。

（四）计算日计划指标

日计划指标包括装车数、卸车数、排空车数、工作量、货车周转时间等指标。

计划日的货车周转时间可用车辆相关法计算。因此，需首先推算次日 18:00 的运用车保有量。次日运用车保有量可按下式推算：

$$N_{次日} = N_{当日} + \Delta u_{出入差}^{次日} + u_{解备}^{次日} - u_{列备}^{次日}$$

式中 $N_{当日}$——当日 18:00 运用车保有量；

$\Delta u_{出入差}^{次日}$——次日各分界站交接车数差。

次日计划工作量 $u_{次日}$ 为：

$$u_{次日} = N_{使}^{次日} + u_{接重}^{次日}$$

式中 $N_{使}^{次日}$——次日使用车数；

$u_{接重}^{次日}$——次日接入重车数。

预计次日货车周转时间 $\theta_{次日}$ 为：

$$\theta_{次日} = \frac{N_{次日}}{u_{次日}}$$

为减少利用运用车保有量的瞬时值所带来的不准确性，货车周转时间也可用下式预计：

$$\theta_{次日} = \frac{N_{当日} + N_{次日}}{2u_{次日}}$$

【例 4-1】编制丙铁路局日间总计划

1. 已知资料

（1）丙铁路局（以下简称丙局）管辖范围如图 4-3 所示。

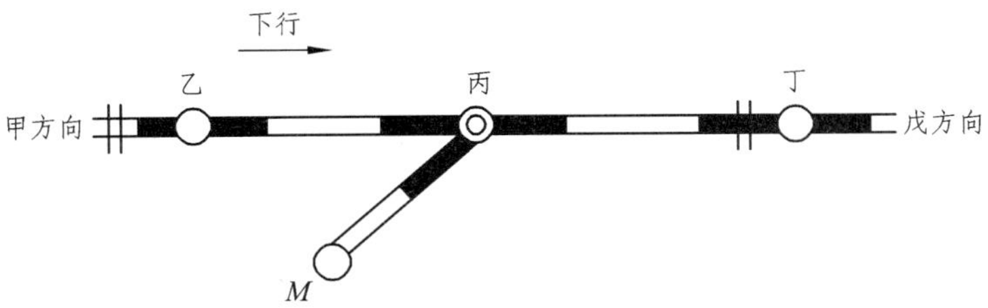

图 4-3　丙局管辖范围示意图

（2）丙局技术计划规定的有关指标如下：

① 装车数 747 车，其中：自装自卸 292 车、自装交出 455 车（乙分界站 65 车、丁分界站 390 车），卸车数 550 车。

② 运用车保有量 2 026 车，其中：管内工作车 583 车、移交重车 1 013 车（乙分界站 540 车、丁分界站 473 车）、空车 430 车。

③ 货车周转时间 1.12 天，其中管内工作车周转时间 0.95 天。

④ 各分界站出入重空车数及列数见表 4-2。

表 4-2　技术计划规定的分界站出入计划表

接或交 分界站	接入		交出	
	列数	重车/空车	列数	重车/空车
乙	13	$633\dfrac{363(\text{其中自卸}163)}{270}$	14	$665\dfrac{665(\text{其中自装}65)}{0}$
丁	15	$745\dfrac{695(\text{其中自卸}95)}{50}$	15	$713\dfrac{590(\text{其中自装}390)}{123}$
合计	28	$1\,378\dfrac{1\,058}{320}$	29	$1\,378\dfrac{1\,255}{123}$

（3）昨日 18:00 运用车实际结存总数为 2 056 车，其中：管内工作车 541 车、移交重车 1 050 车（乙分界站 563 车、丁分界站 487 车）、空车 465 车。

（4）当日工作情况：

① 预计全日能完成的各分界站交接列数及车数见表 4-3。

表 4-3　预计当日能完成的分界站货车出入表

接或交 分界站	接入		交出	
	列数	重车/空车	列数	重车/空车
乙	13	$603\dfrac{313(\text{其中自卸}163)}{290}$	14	$665\dfrac{665(\text{其中自装}65)}{0}$
丁	15	$765\dfrac{715(\text{其中自卸}115)}{50}$	15	$713\dfrac{590(\text{其中自装}385)}{123}$
合计	28	$1\,368\dfrac{1\,028}{340}$	29	$1\,378\dfrac{1\,255}{123}$

② 预计当日完成装车 750，其中：自装自卸 300、自装交出 450（乙分界站 65、丁分界站

385），完成卸车 550。

（5）铁路总公司下达的次日轮廓计划为：装车 745、卸车 600，各分界站交接重空车数及列数见表 4-4。

表 4-4 铁路总公司下达的次日分界站出入轮廓计划表

接或交 分界站	接入		交出	
	列数	重车/空车	列数	重车/空车
乙	13	$633\frac{363}{270}$	14	$665\frac{665}{0}$
丁	15	$740\frac{690}{50}$	15	$710\frac{587}{123}$
合计	28	$1\,373\frac{1\,053}{320}$	29	$1\,378\frac{1\,252}{123}$

2. 丙局日间总计划的编制

（1）预计当日 18:00 各种运用车保有量。

① 预计当日 18:00 管内工作车保有量为：

$$
\begin{aligned}
N_{管内}^{当日} &= N_{管内}^{昨日} + u_{自装自卸}^{当日} + u_{接入自卸}^{当日} - u_{卸}^{当日} \\
&= 541+300+(163+115)-550 \\
&= 569\text{（车）}
\end{aligned}
$$

比技术计划规定数值 583 少 14 车。

② 预计当日 18:00 空车保有量为：

$$
\begin{aligned}
N_{空}^{当日} &= N_{空}^{昨日} + u_{接空}^{当日} + u_{解备}^{当日} + u_{卸}^{当日} - u_{交空}^{当日} - u_{列备}^{当日} - u_{装}^{当日} \\
&= 465+(290+50)+0+550-(0+123)-0-750 \\
&= 482\text{（车）}
\end{aligned}
$$

比技术计划规定数值 430 多 52 车。

③ 预计当日 18:00 移交车保有量为：

$$
N_{移交}^{当日} = N_{移交}^{昨日} + u_{自装交出}^{当日} + u_{接入通过}^{当日} - u_{交重}^{当日}
$$

乙分界站：$N_{移交}^{当日} = 563+65+600-665 = 563$（车）

比技术计划规定数值 540 多 23 车。

丁分界站：$N_{移交}^{当日} = 487+385+150-590 = 432$（车）

比技术计划规定数值 473 少 41 车。

④ 预计当日 18:00 总运用车保有量为：

$$
\begin{aligned}
N_{当日} &= N_{昨日} + \Delta u_{出入差}^{当日} + u_{解备}^{当日} - u_{列备}^{当日} \\
&= 2\,056-10+0-0 \\
&= 2\,046\text{（车）}
\end{aligned}
$$

运用车保有量又为：

$$N_{当日}=N_{管内}^{当日}+N_{移交}^{当日}+N_{空}^{当日}$$
$$=569+482+(563+432)$$
$$=2\ 046（车）$$

比技术计划规定数值 2 026 多 20 车。

以推出的各种运用车保有量与技术计划规定的标准数比较可以得出：运用车总数实际比计划多 20 车，这主要是因为空车保有量增加了 52 车所致，而去丁方向的移交重车实际比计划少 41 车，这就要求我们在计划日（次日）适当增加去往丁方向的装车数，在降低空车保有量的增加移交重车（丁方向）保有量，另外次日应注意乙方向移交重车的输送，尽量多交车。

（2）确定丙局次日应卸车数。

$$u_{应卸}^{次日}=\frac{N_{管内}^{当日}}{\theta_{管内}}=569\div0.95\approx599（车）$$

次日应卸车数是铁路总公司考核铁路局完成卸车任务的主要依据，在确定次日卸车计划时，其数字不应小于应卸车数，铁路总公司给丙局下达的卸车任务是 600 车，丙局确定的卸车任务应该大于等于 600 车。

由于次日卸车任务主要依据以下三个管内工作车来源：当日 18:00 结存的管内工作车情况、次日自装的管内工作车情况、次日接入的管内工作车情况，所以应在次日自装自卸车数和次日接入自卸车数确定后，再调整次日卸车计划。

（3）确定丙局次日排空及装车计划。

按照“一卸、二排、三装”的运输组织原则，装车计划应在完成排空任务后确定。

排空计划严格按照铁路总公司下达的各分界站排空任务，按照日班计划规定的排空车次、车种、车数组织实现，当排空任务与装车计划发生矛盾时，应先排后装。

铁路总公司下达给丙局的排空计划为乙分界站接入空车 270 车、丁分界站接入空车 50 车、排出空车 123 车，丙局应在此基础上调整本局的装车任务。

为保证运输工作的均衡性，在确定装车计划前，还应推算次日 18:00 空车保有量，作为调整装车计划的依据。

$$N_{空}^{次日}=N_{空}^{当日}+u_{接空}^{次日}+u_{解备}^{次日}+u_{卸}^{次日}-u_{交空}^{次日}-u_{列备}^{次日}-u_{装}^{次日}$$
$$=482+320+0+600-123-745-0$$
$$=534（车）$$

推算结果表明，次日 18:00 空车保有量比技术计划规定标准 430 多 104 车，因此可适当增加次日的装车数，经请示铁路总公司后将次日装车计划确定为 805 车，其中自装自卸 300 车、自装交出 505 车（乙分界站 65 车、丁分界站 440 车）。

（4）调整丙局分界站货车出入计划。

在铁路总公司轮廓计划的基础上，根据本局运用车分布情况、本局装车计划及从邻局收集到的接入车流情况，最终确定的丙局次日分界站货车出入计划表见表 4-5。

表 4-5　次日分界站货车出入计划表

接或交 分界站	接入		交出	
	列数	重车/空车	列数	重车/空车
乙	13	$633\,\frac{363(\text{其中自卸}213)}{270}$	14	$665\,\frac{665(\text{其中自装}65)}{0}$
丁	15	$745\,\frac{695(\text{其中自卸}95)}{50}$	15	$724\,\frac{601(\text{其中自装}440)}{123}$
合计	28	$1\,378\,\frac{1\,058}{320}$	29	$1\,389\,\frac{1\,266}{123}$

（5）调整丙局次日卸车计划。

$$
\begin{aligned}
u_{\text{应卸}}^{\text{次日}} &= \frac{2N_{\text{管内}}^{\text{当日}} + u_{\text{接入自卸}}^{\text{次日}} + u_{\text{自装自卸}}^{\text{次日}}}{1 + 2\theta_{\text{管内}}} \\
&= (2\times569+308+300)\div(1+2\times0.95) \\
&\approx 602\ (\text{车})
\end{aligned}
$$

最终确定的次日卸车计划即次日预计卸车数是 602 车。

（6）计算丙局日计划指标。

除已经确定的丙局次日装车数 805 车、卸车数 602 车外，还应确定：

① 次日运用车保有量：

$$
\begin{aligned}
N_{\text{次日}} &= N_{\text{当日}} + \Delta u_{\text{出入差}}^{\text{次日}} + u_{\text{解备}}^{\text{次日}} - u_{\text{列备}}^{\text{次日}} \\
&= 2\,046+(1\,378-1\,389)+0-0 \\
&= 2\,035\ (\text{车})
\end{aligned}
$$

② 次日计划工作量：

$$
\begin{aligned}
u_{\text{次日}} &= u_{\text{使}}^{\text{次日}} + u_{\text{接重}}^{\text{次日}} \\
&= 805+1\,058 \\
&= 1\,863\ (\text{车})
\end{aligned}
$$

③ 预计次日货车周转时间：

$$
\begin{aligned}
\theta_{\text{次日}} &= \frac{N_{\text{次日}}}{u_{\text{次日}}} \\
&= 2\,035\div1\,863 \\
&\approx 1.09\ (\text{d})
\end{aligned}
$$

为减少利用运用车保有量的瞬时值所带来的不准确性，货车周转时间也可用下式预计：

$$
\begin{aligned}
\theta_{\text{次日}} &= \frac{N_{\text{当日}} + N_{\text{次日}}}{2u_{\text{次日}}} \\
&= (2\,046+2\,035)\div(2\times1\,863) \\
&\approx 1.10\ (\text{d})
\end{aligned}
$$

丙局计划完成的货车周转时间取 1.10 d。

最后将上述结果汇总成丙局日间总计划表（见表 4-6）。

表 4-6　丙局日间总计划表

预计当日运用车

项目	月计划	昨日结存	出入差	转入	转出	当日结存	差
实际	2026	2 056	-10	0	0	2 046	+20

预计管内工作车

项目	昨日结存	接入 计	接入 乙口	接入 丁口	自装	卸空	当日结存	差
月计划	583	258	163	95	292	550	583	/
实际	541	278	163	115	300	550	569	−14

预计移交重车

项目		昨日结存	接入 计	接入 乙口	接入 丁口	自装	交重	当日结存	差
乙口	月计划	540	600	/	600	65	665	540	/
乙口	实际	563	600	/	600	65	665	563	+23
丁口	月计划	473	200	200	/	390	590	473	/
丁口	实际	487	150	150	/	385	590	432	−41

预计空车

项目	昨日存	接空 乙口	接空 丁口	交空 乙口	交空 丁口	装车	卸车	转入	转出	结存	差
月计划	430	270	50	0	123	747	550	0	0	430	/
当日	465	290	50	0	123	750	550	0	0	482	+52
次日	482	270	50	0	123	745	600	0	0	534	+104

次日分界站出入计划

分界站＼接或交	接入 列数	接入 车数（重/空）	交出 列数	交出 车数（重/空）
乙口	13	$633\,\frac{363\text{（其中自卸 213）}}{270}$	14	$665\,\frac{665\text{（其中自装 65）}}{0}$
丁口	15	$745\,\frac{695\text{（其中自卸 95）}}{50}$	15	$724\,\frac{601\text{（其中自装 440）}}{123}$
合计	28	$1\,378\,\frac{1\,058}{320}$	29	$1\,389\,\frac{1\,266}{123}$

次日分界站出入轮廓计划

	接入		交出	
乙口	13	$633\,\frac{363}{270}$	14	$665\,\frac{665}{0}$
丁口	15	$740\,\frac{690}{50}$	15	$710\,\frac{587}{123}$
合计	28	$1\,373\,\frac{1\,053}{320}$	29	$1\,375\,\frac{1\,252}{123}$

次日计划指标

项目	当日运用车	次日运用车	使用车	卸空车	接运重车	交出重车	工作量	周转时间
月计划	2 026	2 026	747	550	1 058	1 255	1 805	1.12
日计划	2 046	2 035	805	602	1 058	1 266	1 863	1.10

六、技术站列车工作计划的编制

列车工作计划是确定一日内各区段及各分界站上、下行开行列车车次、列数、编组内容的计划。由于车流量的变化，每天开行的列车数不一定与列车运行图规定的列数相同，所以必须制定日间列车工作计划及与之相关的机车工作计划。

技术站列车工作计划是利用技术站列车工作计划表进行编制的。该图表与车站技术作业表类似，但其主要目的是推算车流，制定列车开行计划。

1. 推算车流

每日 14:00 开始，计划调度员即着手收集预报资料，推算车流。技术站的车流包括中转的重车、空车及车站作业车，这些车流主要来自三方面：

（1）当日 18:00 结存车，即当日 18:00 编组站的运用车。这是根据车站 15:00 的现在车，加上 15:00—18:00 预计到达的车数，减去预计 15:00—18:00 编组出发列车的车数。

（2）当日 18:00 在局管内途中的车流。这是当日 18:00 已在局管内各区段运行的列车中，但于 18:00 以后方可到达该编组站的车流。这些资料可由各有关调度员提供。

（3）次日由分界站接入或由局管内其他车站编组到达该技术站的车流。

2. 选定列车运行线

列车工作计划必须规定全日开行列车的车次及其编组内容，而日间所开行的列车数可能与列车运行图规定的行车量相同，也可能不同，为保证日间列车运行组织的优化，在选定车次时必须注意：列车按一日四个阶段基本均衡；日计划选定的列车数小于或大于列车运行图方案时，选定列车车次应首先保证核心车次的开行；按阶段均衡地安排停运、加开列车车次，或选用与日计划列车对数相适应的分号运行图；列车工作计划要确保排空列车的开行，为使排空任务均衡地实现，第一班计划排空车数必须达到全日计划的 45%以上；分界站列车数的波动应有一定限制，铁路总公司指定的限制口，未经其批准不得向上波动等。

列车工作计划中的各种具体问题均应按《铁路运输调度规则》的规定确定。

3. 确定分界站交接车计划，进行列车预报

根据所确定的出发列车计划，即可确定分界站交出车计划，并向邻局预报列车的车次及编组内容。分界站交接车计划应汇总于规定的报表。分界站交出车计划不仅是该局日计划的结果，而且其中一部分又是邻局编制日计划的资料，因此，列车预报应及时传送，以满足邻局编制日计划的需要。

七、区段管内车辆输送计划的编制

区段管内车辆输送计划是完成装卸车任务的保证，区段管内重车和空车是以整列列车或以摘挂列车、小运转列车输送的。区段管内车辆输送计划应根据列车编组计划和运输方案的规定，利用“技术站及区段管内日（班）列车工作计划表”编制。

区段管内车辆输送计划是根据预计的各站当日 18:00（06:00）的结存车数（包括待发重车、空车及待卸车），技术站的列车工作计划，邻局列车到达预确报以及各车站次日装车任务，按

照列车运行图及运输方案的规定，确定各站的配空车数及管内工作列车在区段内的甩挂作业计划。

八、机车工作计划

机车工作计划包括机车周转图及由周转图所决定的机车运用台数、机车日车公里等计划和机车定修、回送计划。

次日各区段计划开行的列车车次经列车工作计划确定后，机车调度员可根据机车在自、外段的时间标准及乘务员的作息时间绘制机车周转图，并对需要大、架修和定修的机车，在周转图上注明回送车次。

编制机车周转图时，如发现机车运用有浪费情况，应当与计划调度员共同研究，适当调整车次，以提高机车的运用效率。

根据机车周转图即可决定机车运用台数计划、机车沿线走行公里及机车日车公里等指标。

九、调度日班计划的审批和修正

调度日班计划编制后，局主管运输工作的领导必须亲自审批，并应重点注意以下几点：

（1）主要品类及去向别装车是否符合旬计划或上级调度布置的日间总任务。

（2）卸车计划是否达到应卸车标准，局间管内重车的移交是否正常、及时。

（3）排空数量是否符合要求，排空列车及重点配空列车的车流有无保证。

（4）编组站出发列车是否均衡，车流有无积压，机车运用是否经济合理。

（5）主要技术指标（货车周转时间、机车日车公里、运用车保有量）能否达到月度技术计划标准等。

铁路局日计划经批准后，应及时上报铁路总公司并下达站、段执行。注意 18:00 至 21:00（06:00 至 09:00）的列车工作计划应提前于 16:00（04:00）前下达到有关车站，以便保证各阶段工作的衔接。

铁路局日计划分两班执行：前半个日计划就是第一班计划（18:00 至 06:00）；后半个日计划应根据前半日计划执行情况于每日早 06:00 前进行部分调整，作为第二班计划，以便更好地实现日计划任务。后半日计划的修正工作，由调度中心主任或值班主任负责，计划调度员、货运调度员和机车调度员参加。

规章原文

《调规》普速部分第四十条 编制货运工作计划的规定：

（一）卸车计划——根据预计当日 18:00 管内工作车结存和次日产生的有效管内工作车数，确定次日卸车计划；根据 18:00 实际管内工作车确定次日应卸车数，并以此考核铁路局卸车完成情况；根据《管内工作车去向表》（运货 4）确定各站的卸车任务。

（二）装车计划——必须在保证排空任务的前提下，严格按照总公司下达的调度轮廓计划及各站运输需求情况确定装车日计划。

（三）第一班装、卸车计划应达到全日计划的 45%以上。

《调规》普速部分第四十一条 编制列车工作计划的规定：

（一）列车工作计划必须有全日车次和全日编组内容。

编制列车工作计划必须有可靠的资料，禁止编制无车流保证的空头计划。各区段日计划列数，要按列车运行图做到基本均衡。

（二）实行分号列车运行图时，选定列车车次、确定日计划列数应以分号列车运行图为基础，首先保证核心列车开行。当分号列车运行图的列车开满后，可开行基本列车运行图的列车车次；增开的跨局列车车次，由相邻铁路局协商确定。

（三）列车运行图规定的货物列车是否开满，跨局列车以分界站全日交接列车计算；铁路局管内列车以编组站或区段站全日发出列车计算；干支线衔接的区段，列车对数应分别计算；列车运行图规定在中间站始发和到达的列车未开满，但贯通全区段运行的列车已开满时，可视为列车运行图已开满。

（四）列车工作计划要确保排空列车的开行。第一班计划的排空车数应达到全日计划的45%以上。

（五）始发列车计划应按列车运行图规定的时分制定；中转列车可按预计到达时分，在分号列车运行图中选定紧密衔接的适当运行线。

图定车次贯通到底的直达货物列车，在接续的区段站或编组站因晚点不能使用原图定运行线，在制定日（班）计划时，准许利用图定的直达或直通列车运行线开车，但必须保持原车次不变。

（六）摘挂列车与其他货物列车运行线不得互相串用。

（七）在中间站始发或终到的列车，如列车运行图规定为通过时分，在编制日（班）计划时，应另加起停车附加时分。

（八）开行临时定点列车的规定：

1. 基本列车运行图的列车开满后，方准加开临时定点的列车（特需、快速货物列车除外）。

2. 始发列车无适当车次使用时，可制定临时定点列车计划，其旅行时间不得超过本区段内同类列车最长旅行时间。跨局运行时，须征得邻局的同意。

3. 开行列车运行图以外的阶梯直达列车，只限于作业站间可临时定点。

4. 挂有运行条件限制机车车辆的列车、有时间限制的军用列车和在区间整列装卸的列车，不能利用列车运行图中的运行线时，可开行临时定点列车。

挂有运行条件限制机车车辆的列车，在制定日（班）计划时允许指定始发和到达时分，运行时分可在3～4小时列车运行调整计划中确定。

5. 途中停运的列车，恢复运行时应利用空闲运行线。如确无适当运行线可利用时，方准开行临时定点列车到达前方第一个技术作业站。

（九）分界站当日未交出的晚点列车，需纳入次日计划。接近18:00的晚点列车，来不及纳入次日计划时，准许18:00后晚点交出。

（十）原则上不准编制跨局的超重、超长列车计划；必须时，须征得邻局的同意。

（十一）挂有装载超限超重、剧毒品货物车辆和运行条件限制机车车辆的列车跨局运行时，应向邻局重点预报。

（十二）班计划一经确定，必须维护计划的严肃性，在执行中原则上不准变更列车车次和整列方向别的编组内容；跨局列车遇有特殊情况必须变更日（班）计划确定的列车车次和整列方向别的编组内容时，要预先征得邻局的同意。

（十三）列车工作计划编制后，相邻铁路局调度所必须主动将分界站列车交接计划（包括车次、时刻、编组内容、机车交路）核对一致后，方准上报总公司批准。

（十四）严格执行编组计划，遇特殊情况违反编组计划时，须经铁路局计划调度员准许并发布调度命令（跨局时须经总公司调度命令准许）。

《调规》普速部分第四十二条　编制机车车辆工作计划的规定：

（一）机车车辆工作计划要保证日常运输任务的需要，按列车工作计划供应质量良好的机车车辆，合理安排机车车辆检修计划。

（二）机车周转图必须根据列车工作计划和规定的技术作业时间、乘务员劳动时间、机车交路进行编制。不准编制反交路，消除对放单机，减少单机走行。如编有紧交路时，必须采取兑现计划的组织调整措施。

（三）跨局长交路机车工作计划编制由机车配属局机车调度员负责，支配局、有继乘站的机车经过局机车调度员配合共同编制。编制的跨局长交路区段机车工作计划必须完整准确，跨局长交路相关铁路局要实现计划、实际机车周转图的数据共享。

《调规》普速部分第四十三条　编制、下达施工日计划的规定：

（一）施工单位于施工前 3 日将施工日计划申请报铁路局主管业务处室，主管业务处室审核（盖章）后，于施工前 2 日 09:00 前向施工办提报施工日计划申请，其中铁路局所管设备越过局间分界站延伸至邻局调度管辖区段的施工日计划申请向调度管辖区段铁路局施工办提报。

（二）施工办应将主管业务处室提报的施工日计划申请与月度施工计划（含临时文电批复的）进行核对，同时将Ⅰ级施工和繁忙干线总公司管理施工项目的施工计划申请于施工前 2 日 15:00 前报总公司运输局调度处，运输局调度处根据总公司月度施工计划和批准的施工文电进行审核后，于施工前 2 日 18:00 前反馈相关铁路局施工办，施工办据此编制施工日计划。

（三）因运输原因不能安排施工计划时，须经铁路局分管运输副局长（总调度长）同意。医专特运原因不能安排施工计划时，按总公司（铁路局）调度命令执行。

（四）编制的施工日计划经调度所主任（副主任）审核后，纳入调度日计划。

（五）施工办于施工前一日 12:00 前（0:00 至 04:00 执行的施工日计划于前一日 08:00 前）将施工日计划下达本局有关机务段、车务段（直属站），传（交）主管业务处室和相关计划调度台、列车调度台、供电调度台，其中涉及邻局的车务段（直属站）和相关调度台，传（交）邻局施工办并由其负责转达。主管业务处室负责通知施工单位、配合单位，车务段（直属站）负责通知相关车站。

（六）Ⅰ级施工和繁忙干线总公司管理施工项目的施工日计划，施工办于施工前一日 15:00 前报总公司运输局调度处。

（七）施工日计划下达后，不得随意取消施工日计划（项目）。因特殊原因临时取消时，须经铁路局分管运输副局长（总调度长）批准（Ⅰ级施工和繁忙干线总公司管理施工项目还须经总公司运输局调度部主任或副主任批准）并采取行车安全措施后，以调度命令办理取消（含取消或重新发布运行揭示调度命令）。

（八）施工日计划下达后，施工开始前，施工单位自身原因取消施工和维修时，不发布取消施工和维修的调度命令。涉及运行揭示调度命令的施工取消时，施工单位须登记行车条件，铁路局调度所根据登记发布调度命令。

第四节 列车调度指挥

日常运输组织工作中，由于货流车流发生变化、线路施工、气候、自然灾害以及行车事故等影响，经常发生列车停运、加开、早点、晚点的情况。而铁路行车部门是由多部门、多工种参加联合作业的，一趟列车的正点运行，不仅与车站有关，往往会涉及车、机、工、电、辆、供电等多个部门，涉及几个区段、路局，每一个环节出问题，都可能会影响列车的安全正点。因此铁路总公司和铁路局集团公司的调度机构都设立了专门的列车调度员负责列车的运行调整工作。

一、列车调度员的职责

PPT：列车调度员主要职责

列车调度员是所辖区段日常运输工作的组织者和指挥者，其对组织有关人员实现列车运行图、编组计划和运输方案，以及完成运输工作的数量指标和质量指标负有重大责任。为此，列车调度员必须做到：

（1）检查各站执行列车运行图和编组计划的情况，及时发布有关行车调度命令和口头指示。

① 检查始发站是否按列车运行图和列车编组计划规定的时刻、重量、长度、内容编组列车，有无违反车辆编挂限制的情况。

② 检查各中间站是否按规定接发列车和进行车辆摘挂作业，发现问题应及时纠正处理。

③ 检查机车、机车乘务员及运转车长等准备情况。

（2）严格按列车运行图指挥行车，遇列车发生晚点应积极采取措施，组织有关人员恢复正点。

列车调度员应随时掌握列车运行情况，有预见地指挥列车运行，设法消除产生列车晚点的因素。遇列车晚点时，应与有关人员加强联系，采取如组织司机“赶点”、变更会让站、组织快速作业、组织列车反方向运行等措施，尽可能恢复列车正点。

（3）注意列车在车站到发及区间运行情况，正确、及时地处理临时发生的问题，防止行车事故。

① 对旅客列车，超长、超限、限速、续行列车及晚点列车，应重点掌握，防止列车运行事故。

② 遇行车技术设备临时发生故障或天气不良时，及时向有关部门和人员发布相应的命令或口头指示，采取措施，以保证行车安全。

（4）组织区段内各站按日班计划的要求完成卸车、排空、装车任务和中时、停时、旅速等指示。

列车调度员应精心安排编制 3～4 h 列车运行调整阶段计划，组织好所辖区段管内工作列车，保证及时甩挂车，为区段内各站完成各项运输生产指标创造有利条件。

为完成上述任务，列车调度员应熟悉和掌握管辖区段内的人、车、天、地、图和有关规章制度。

人，是指与列车运行相关的人员，主要有车站值班员、机车乘务员等，要了解他们的业务素质和思想水平，做到行车调度指挥时心中有数；

车，是指机车车辆，要了解主要型号机车车辆的基本构造、性能和使用特点；

天，是指当地气候变化对列车运行的影响；

地，是指铁路线路的平、纵断面和各站的站场布置等情况；

图，是指本区段的列车运行图，要熟悉开行列车的车次、时刻、区间运行时分，了解关键车站、列车、区间以及进行运行调整时关键列车、主要矛盾所在。

此外，列车调度员要不断提高自己的心理素质和思想政治水平，培养良好人际关系和协调能力；熟练掌握、深刻体会特殊情况下进行列车调度指挥的方法，适应调度指挥信息化、现代化的工作环境。

二、列车调度指挥原则

（一）安全生产的原则

在列车调度指挥工作中，必须坚持安全生产的原则，正确指挥列车运行。不能发布没有安全保障依据的命令和指示。当得到有关危及行车安全的信息时，要正确、及时、妥善处理。以保证旅客列车的安全为重点，组织列车安全运行。

（二）按图行车的原则

列车正点率是铁路运输产品质量的重要技术指标，也是铁路运输组织管理水平的综合反映。只有按图行车，才能保持正常的运输秩序，进而保证列车的正点率。

（三）单一指挥的原则

铁路行车工作是一个由互相联系、互相影响的多部门、多单位、各工种所组成的完整系统。在这个系统中，各部门、各单位、各工种间的紧密联系和协调一致，对于保证行车安全和运输效率有着决定性的意义。铁路行车调度是为适应铁路行车特点而设置的铁路行车工作的统一指挥者。在列车运行调整工作中，与行车有关的人员，必须服从所在区段当班列车调度员的集中统一指挥。其他任何人不得发布与行车有关的命令和指示。

（四）下级调度服从上级调度的原则

在列车运行组织与调整过程中，相邻调度台、相邻局之间应保持紧密联系，以保证列车的正常交接。对出现的问题，双方要主动协商解决，当出现意见不一致的情况时，由上一级调度进行仲裁。调度台间由值班主任解决；铁路局集团公司间分界站出现的问题，由铁路总公司解决。一经上级调度决定，有关人员必须无条件执行。

（五）按列车等级进行调整的原则

列车调度员要按列车运行图指挥列车运行。当列车不能按列车运行图运行时，应按规定的列车等级顺序进行调整。除特殊情况外，应坚持“先客后货、先跨局后管内”的原则。现行的列车等级顺序规定如下。

（1）高速动车组旅客列车（车次 G1 ~ G9998）。

（2）城际动车组旅客列车（车次 C1 ~ C9998）。

（3）动车组旅客列车（车次 D1 ~ D9998）。

（4）直达特快旅客列车（速度 160 km/h、车次 Z1 ~ Z9998）。

（5）特快旅客列车（速度 140 km/h、车次 T1 ~ T9998）。

（6）快速旅客列车（速度 120 km/h、车次 K1 ~ K9998）。

（7）普通旅客快车（车次 1001 ~ 5998）。

（8）普通旅客慢车（车次 6001 ~ 7598）。

（9）通勤列车（车次 7601 ~ 8998）。

（10）临时旅客列车（速度 100 km/h、车次 L1 ~ L9998）。

（11）旅游列车（速度 120 km/h、车次 Y1 ~ Y998）。

（12）特快货物班列（速度 160 km/h、车次 X1 ~ X198）。

（13）快速货物班列（速度 120 km/h、车次 X201 ~ X398）。

（14）货物快运列车（速度 120 km/h、车次 X401 ~ X998、X2401 ~ X2998）。

（15）中欧、中亚集装箱班列，铁水联运班列（车次 X8001 ~ X9998）。

（16）普快货物班列（车次 80001 ~ 81998）。

（17）直达货物列车（车次 82001 ~ 87998、10001 ~ 19998）。

（18）直通货物列车（车次 20001 ~ 29998）。

（21）区段货物列车（车次 30001 ~ 39998）。

（22）摘挂列车（车次 40001 ~ 44998）。

（24）小运转列车（车次 45001 ~ 49998）。

（25）重载货物列车（车次 71001 ~ 77998）。

（26）自备车列车（车次 60001 ~ 69998）。

（27）超限货物列车（车次 70001 ~ 70998）。

（28）保温列车（车次 78001 ~ 78998）。

（29）军用列车（车次 90001 ~ 91998）。

（30）单机（车次 50001 ~ 54998）。

（31）试运转列车（车次 55001 ~ 55998）。

（32）轻油动车、轨道车（车次 56001 ~ 56998）。

（33）路用列车（车次 57001 ~ 57998）。

（34）救援列车（车次 58101 ~ 58998）。

单机、路用列车应根据用途按指定条件运行。开往事故现场救援、抢修、抢救的救援列车应优先办理。军用列车、专运和特殊指定的列车按指定的等级运行。

三、列车运行调整计划的编制

由于我国铁路线路行车量一般都比较大，列车调度员要通过编制列车运行调整计划实现列车运行组织。列车调度员通过运行调整计划指挥本区段内列车的运行，及时向车站下达发车计划和会让、越行计划；向主要站段和相邻调度台进行列车到达预确报；促使行车人员密切配合、协调动作，保证实现列车运行调整计划，质量良好地完成日班计划规定的运输任务。

（一）列车运行调整阶段计划的主要内容

微课：列车运行调整

（1）编组站、区段站或分界站列车到发计划。

（2）中间站列车会让计划。

（3）重点列车、超限列车及限速列车运行计划。

（4）摘挂列车甩挂作业及货物装卸作业计划。

（5）区间装卸车及施工计划。

（6）中间站始发列车作业计划（包括车流来源、出发时刻及机车安排等）。

（7）其他重点及安全注意事项。

（二）列车运行调整阶段计划的编制方法

列车调度员编制和执行列车运行调整计划一般可以分为收集资料、编制计划、下达计划、组织实现等四个步骤。

1. 收集资料

包括区段内各站现在车（空车分车种，重车分去向）情况及到发线占用情况、邻台（局）及本区段内客、货列车实际运行情况、摘挂列车编组内容、作业进度及前方站的作业计划、技术站到发线使用和待发列车情况、机车运用计划及换班安排、区间装卸及施工计划、领导指示及其他情况等。

2. 编制计划

列车调度员将收集了解到的情况和资料，经过认真的分析、研究，依据列车运行图、编组计划、运输方案的要求及日（班）计划的任务，运用各种列车运行调整方法，做出合理、切实可行的列车运行调整计划。

在编制计划时，一般采用“满表铺线，分段编制”的方法。具体做法是：接班后，根据所掌握的情况粗线条地将列车计划线铺画到18:00（06:00），然后按照3、4小时阶段计划编制列车运行调整计划。在“满表铺线”的基础上，执行上一个阶段计划的列车运行调整计划的同时，边收集资料，边铺画下一个阶段的列车运行调整计划。这样一步一步地进行，在列车运行调整计划执行前一小时编制完成。

编计划时，应注意为各种必需的作业留足充分的作业时间，必要时，可拟定两个及以上的调整方案，以适应情况的突然变化。

具体编制列车运行调整计划时应注意以下几个方面。

（1）按照列车等级，先高后低，优先安排旅客列车和重点列车运行线。

（2）采取“定两头调中间”的方法安排货物列车运行线。

所谓“定两头调中间”，就是按照有关货物列车运行正点统计的规定，先定下货物列车在调度区段两端站的开到时间，再调整各中间站列车的会让或组织赶点。一般情况下，对在区段内各站无作业的货物列车一般使其不在区段内停车。列车会让时尽可能实现紧密交会。

（3）在运行图上安排计划运行线时，可采用正铺与倒铺相结合的方法。

如图 4-4 所示，42206 次列车计划在 *G* 站进行摘挂车作业量比较多，什么时间开才能赶到 *D* 站会 K519 次客车？如果从 *G* 站开始铺画，往往时间算不准而返工，若采取从 *D* 站向 *G* 站倒铺，一次铺出 *G* 站 19:09 必须开车。采取正铺与倒铺相结合的方法铺画节省了时间。

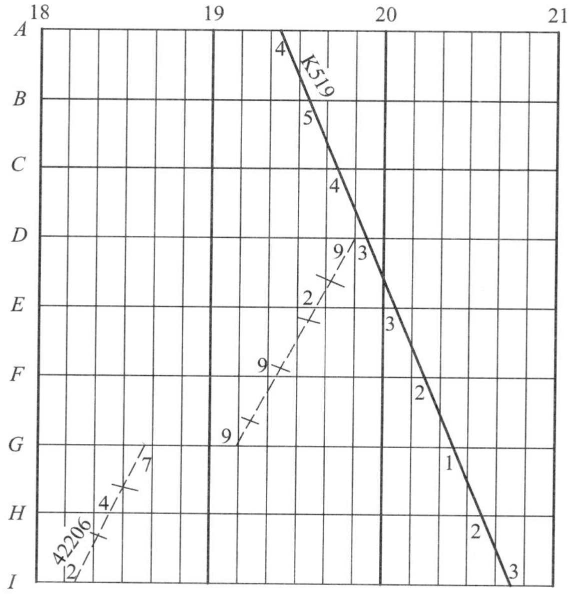

图 4-4 倒铺与正铺相结合示意图

（4）对于始发货物列车，可视需要在货物列车运行正点统计规定的正点允许范围内组织早开。

（5）对于摘挂列车，要及时与车站值班员了解作业进度，商定作业时间和到、开时刻。

（6）遇有超限、超长、超重、军运、专运等重点列车，在安排计划时予以特殊关照，并对各中间站的线路使用严格按规定进行，保证列车运行的绝对安全。

（7）遇有施工计划，应提前了解情况，做好计划和组织安排。

3. 计划下达与组织实施

列车调度员在阶段计划编制完成后，要及时下达给各站。根据具体情况，可采取集中、分段或个别的方式下达计划。要向车站执行者交代清楚，使其明确计划意图，心中有数。重点交代列车三交会、四交会情况，有甩挂作业或施工作业的车站，以及重点列车运行注意事项等。

列车运行调整计划下达后，仅仅是组织计划实现的开始，组织实施是保证列车安全正点运行的重要环节。在执行计划的过程中，列车调度员要随时注意列车运行情况的变化，做到勤沟通、勤联系，要及时采点，随时监督列车的运行，以便发现问题时及时采取调整措施，保证列车按计划安全正点运行。

计划的组织实施应注意以下几个方面：

（1）组织晚点旅客列车恢复正点，对旅客列车变更无客运作业的会让站要交代清楚。

（2）遇新增临时旅客列车时要特别注意交代好客运作业停靠车站，防止误通过。

（3）关注重点列车和车辆（如机车紧交路列车，超限、超长、超重、军运、专运等重点列车，影响全局计划的会让列车，轻型车辆等）的运行。

（4）督促有施工计划的相关车站做好施工前的准备工作。

（5）某些特殊情况下由正线变侧线通过的列车、通过施工地段的列车一定要通知司机及交代有关车站做好预告工作。

（6）防止有作业的摘挂列车带到站重车过站。

（7）列车运行计划变更时一定要及时通知车站。

（8）组织列车运行时一般赶前不赶后，防止运行情况一旦有变时失去工作主动性。

（9）树立安全第一的思想，正确及时发布调度命令，杜绝违章指挥。

（10）当接到现场关于列车、线路出现危及行车安全的报告时应指示有关人员立即停车，查明情况，妥善处理，并做好记录。

（11）当发生行车事故或自然灾害危及行车时，必须掌握事故现场的第一手资料，及时向上级报告，确定是否出动救援列车，尽快拿出比较周全的救援方案，尽快恢复行车。

四、列车运行调整的基本方法

（一）组织列车正点出发

要保证列车运行秩序，实现按图行车，列车调度员首先要抓列车始发正点，这样不仅该列车可按运行线正点运行，还避免了对其他列车的干扰。因此，抓好始发列车正点是保证列车运行的基础。反过来，列车运行正点又是保证列车始发正点的主要条件。

1. 组织旅客列车始发正点

在组织列车正点出发的工作中，保证旅客列车始发正点是实现按图行车的首要条件，因为旅客列车等级较高，一旦晚点就会影响整个区段的列车始发或运行。所以列车调度员应该重视旅客列车始发正点的组织工作。

对于在本调度区段始发的旅客列车，列车调度员要加强与各有关方面的联系工作，及时了解客车底的取送情况、牵引机车准备情况、行包装卸情况、旅客组织情况等，发现问题及时采取措施处理，保证旅客列车整点出发。

对由邻接区段接入的旅客列车，列车调度员要及时向邻台（所）了解列车正、晚点情况，提前做好列车运行调整计划。当遇有旅客列车晚点时，应设法组织快速作业，与客运调度员密切配合，组织列车乘务员双开车门、组织旅客快上快下、行包邮件快装快卸，及时准备好换挂的机车，缩短列车停站时间，保证列车正点发车。

2. 组织货物列车始发正点

为了保证货物列车始发正点，列车调度员要抓好车流和机车这两个环节，重点要做好以下工作：

（1）在编制日（班）计划时，所做出的列车出发计划要切合实际，车站作业时间、车流和机车要有保障，避免计划晚点。

（2）在运行组织上，对编组列车所需车流，组织按时送达，并注意技术站列车的均衡开到，保证车站的正常作业，为按时编组列车创造条件，同时，要注意督促车站按时编组，及时技检。

（3）对始发列车所需的机车，列车调度员应加速放行，保证机车有足够的整备时间，并督促机务段组织机车按时出库。

（4）加强与车站的联系，督促车站按时做好发车的各项准备工作，确保按时发车。

PPT：普速铁路列车运行调整实例讲解

（二）列车运行调整方法

列车始发正点是保证按图行车的基础，但由于种种原因（如停车待发、停车待接、作业延误、途中运缓等），使列车不一定都能按运行图规定的时刻正点运行，当出现这种情况时，就需要列车调度员对列车运行进行调整，尽可能使晚点列车恢复正点运行。

1. 充分利用线路、机车、车辆的允许速度，组织缩短列车区间运行时分

为了使晚点列车恢复正点运行，或为了使列车赶到指定地点会车、让车，以及为了赶机车交路、车流接续等，在列车编组情况、机车类型及技术状态、乘务员的思想和技术水平、线路横纵面情况以及天气状况等条件允许的情况下，经与司机商议，说明运行调整的意图，提出对本次列车赶点的要求，在司机同意配合的情况下，方可组织实施。

例如，在某单线区段，按运行图规定 10001 要在 *B* 站停会 K168 次，实际工作中因 K168 次晚点 36 min，影响 10001 次的正点运行。列车调度员预先了解到这种情况后，经过周密的计算分析，提前在 *A* 站通知 10001 次司机并征得同意，要求在 *A*—*B*、*B*—*C* 两区间“赶点”4 min，至 *C* 站会 K168 次，如图 4-5 所示。

区间运行时分			
旅客		货物	
上行	下行	上行	下行
18_1^1	16_1^1	20_2^1	18_1^2
20_1^1	18_1^1	22_2^1	20_1^2
20_1^1	18_1^1	22_2^1	20_1^2

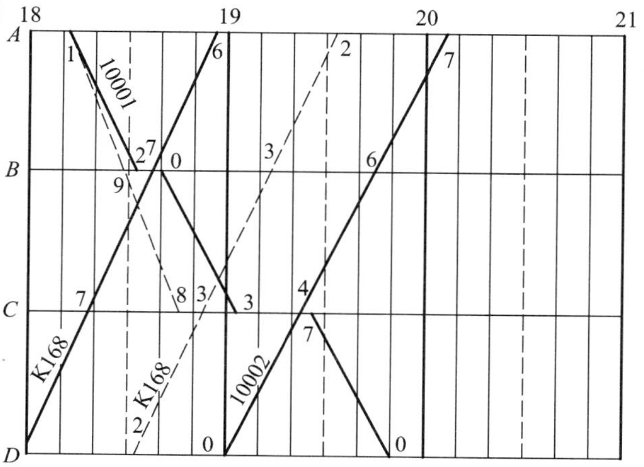

图 4-5　组织列车加速运行调整方法

2. 选择合理的会让站，加速放行列车

当有列车发生早点、晚点或停运、加开时，往往有变更会让、越行站的必要，以提高铁路运输质量和运输效率。

（1）有列车早点时：如图 4-6 所示，按运行图规定，22001 次在 *C* 站会 22002 次让 K225 次，现由于 22001 次在 *A* 站早开 15 min，此时可将 22001 次与 22002 次的会车地点改在 *D* 站，这样就不必在 *C* 站会 K225 次，提前到达终点，而 22004 次也能早到 *A* 站。在双线区段，适当组织列车早开，可以减少待避次数，进而有利于提高列车旅行速度。

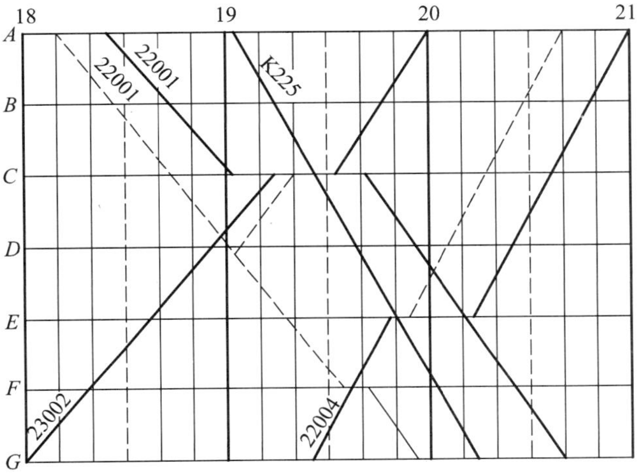

图 4-6　变更会让地点示意图（1）

（2）有列车晚点时：如图 4-7 所示，11006 次图定在 18:52 到达 *C* 站停会 11005 次，但因 11005 次列车晚点 40 min，此时可将会车地点由 *C* 站改为 *B* 站，这样就保证了 11006 次列车的正点运行。

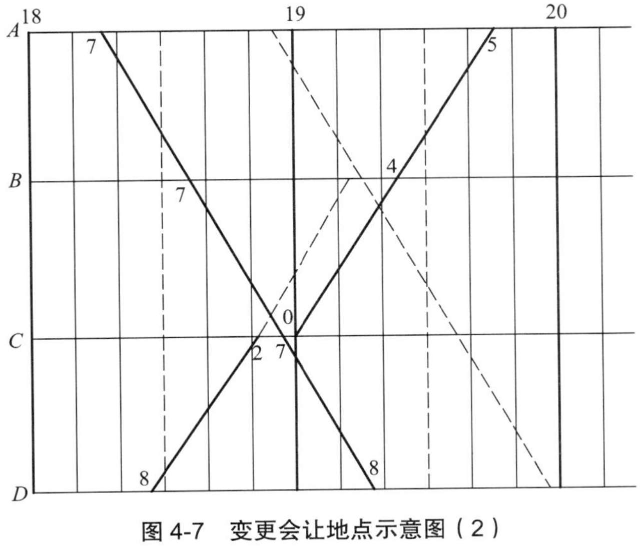

图 4-7　变更会让地点示意图（2）

3. 组织列车进行快速、平行作业，缩短列车在站作业时间

一般来说，列车在运行途中往往要进行一些技术作业。例如，旅客列车在途中要进行旅

客上下、行包装卸等客运作业，摘挂列车要进行车辆甩挂等作业。当遇有列车发生晚点或加开、停运需要压缩某列车的停站时间时，列车调度员要事先周密计划部署，与车站和司机提前联系说明情况，取得有关人员的支持，组织快速平行作业，压缩列车在站作业时间，保证列车正点运行。

如图 4-8 所示，按运行图计划规定，40415 次摘挂列车在 *B* 站作业并等会 T208 次旅客列车，在 *C* 站也要进行甩挂作业。现因 T208 次列车晚点，若仍按图定计划在 *B* 站等会 T208 次列车，就会大大延长 40415 次列车在站的停留时间，造成该列车晚点。此时为了保证 40415 次列车的正点运行，列车调度员应有预见性地组织 *B* 站采取各种措施（如提前准备好待挂车辆，尽可能进行平行作业等）抓紧 40415 次列车的作业，压缩其在 *B* 站的作业停留时间，提前开到 *C* 站等会 T208 次。这样既保证了 40415 次在 *C* 站的正常作业时间，也使其能按图定时间正点到达终点。

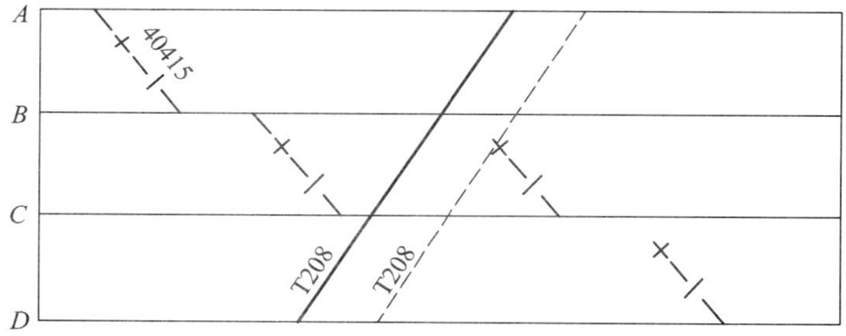

图 4-8 缩短列车在站停留时间示意图

4. 组织反方向行车及列车合并运行

（1）在双线区段组织列车反方向行车。

双线列车反方向运行，是列车调度员调整列车运行的一种方法。它是充分运用现有技术设备，提高区间通过能力，组织列车按图行车的有力措施。调整列车运行时，为了避免列车晚点及作业需要，根据不同方向的列车密度，选择有利时机，可组织适当的列车反方向行车。

组织列车反方向行车时，因其属于非正常行车组织办法，不安全的因素较多，因此列车调度员要检查督促车站及有关人员注意行车安全，严格按有关作业程序和要求进行组织。旅客列车仅在正方向区间的线路封锁施工、发生自然灾害或因事故中断行车等特殊情况下，经铁路局调度所值班主任准许，方可组织反方向运行。

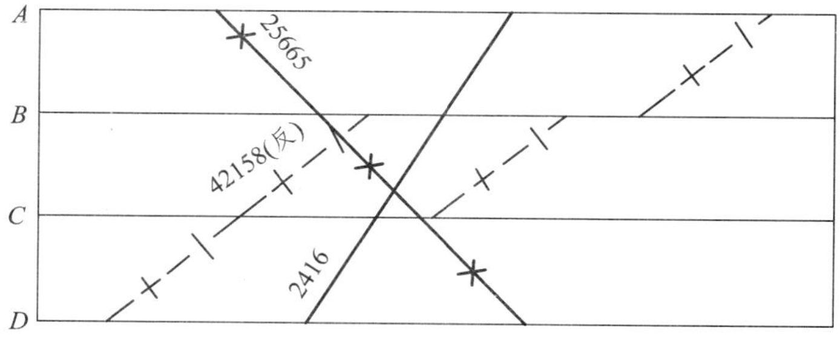

图 4-9 组织列车反向运行示意图

如图 4-9 所示，按运行图规定 42158 次列车要在 *C* 站待避 2416 次，又要会 25665 次，现 25665 次因故停运，同时 42158 次在 *B* 站的甩挂作业量较大。在此种情况下，列车调度员可组织利用下行线的空闲时间，在保证安全的前提下，组织 42158 次列车在 C—B 区间反方向运行，这样就可以保证 42158 次摘挂列车在 B 站有充分的作业时间，并保证其正点运行。

（2）组织列车合并运行。

如图 4-10 所示，将两个在途列车（包括单机）合并成一条运行线运行，是列车调度员在调整列车运行时，为了缓和区间通过能力和车站到发线使用紧张时采取的一种运行调整方法。一般是对单机、小运转列车或牵引辆数较少而前方又无作业的列车采用此方法。

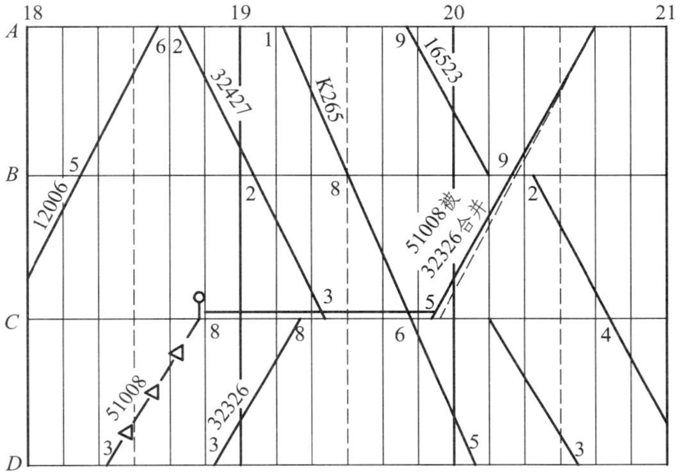

图 4-10　组织列车合并运行示意图

将单机 51008 次与 32326 次列车合并，不但节省了一条运行线，而且还可以增加 32326 次列车的牵引力。

当技术站接车线路紧张时，把编组辆数较少的列车（如摘挂列车、小运转列车等）保留在技术站附近的中间站，与同方向的次一列车合并运行，可以缓和接车线路紧张的矛盾。

规章原文

《技规》普速版第 230 条　有关行车人员必须执行列车调度员命令，服从调度指挥。

列车调度员应负责组织实现列车运行图、编组计划、运输方案，为此必须：

1. 检查各站执行列车运行图和编组计划的情况，及时发布有关行车命令和口头指示。

2. 严格按列车运行图指挥行车，遇列车发生晚点时，应积极采取措施，组织有关人员恢复正点。

3. 注意列车在车站到发及区间内的运行情况，正确、及时地处理临时发生的问题。

《调规》普速部分第五十二条　列车、计划、机车调度员要掌握机车运用情况，需变更日（班）计划机车交路时，列车、计划调度员须通知机车调度员，由机车调度员统一调整，跨局机车要与机车所属局加强协调。各机务段派班室、折返（乘务换乘）点须向机车调度员报告机车乘务员出勤时间。机车调度员要掌握机车乘务员劳动时间，对接近超劳的列车要通知列车、计划调度员优先放行，对超劳的列车要采取安排换乘等措施。

《调规》普速部分第六十四条　列车调度员应熟悉主要行车人员和机车车辆、线路桥隧、通信信号、牵引供电等设备情况，掌握天气变化对行车工作影响的规律，组织行车有关人员协调动作，实现按列车运行图行车。

《调规》普速部分第六十五条 为维护良好的列车运行秩序，列车调度员应加强与现场行车有关人员的联系，及时布置重点工作。发生非正常情况时，现场行车有关人员须立即向列车调度员报告，列车调度员向行车有关人员了解情况时，有关人员须如实汇报。

第五节 列车运行实际图

一、列车运行实际图的作用

列车基本运行图是根据列车编组计划确定的货物列车种类及行车量，适当考虑行车量的一定波动所编制的经常使用的列车运行图。列车运行实际图则是记载一个调度区段内列车运行实际情况，以及列车运行有关事项的图表。

列车运行实际图的作用主要有以下几个方面。

（1）通过列车运行实际图，可以随时掌握调度区段内的列车运行情况、有关车站到发线占用、作业情况及机车交路等。

（2）通过列车运行实际图，可以及时发现问题，便于提早考虑采取必要的调整措施。

（3）作为统计列车正晚点、列车技术速度、旅行速度等项指标的主要依据。

（4）列车运行实际图是分析列车运行情况，不断提出改进意见的重要资料。

二、列车运行实际图的绘制方法

列车运行实际图一般采用十分格运行图，有关列车运行、列车运行整理符号应按规定填绘在规定的图表内，其符号和表示方法由铁路总公司颁布的《铁路运输调度规则》规定。

（一）列车实际运行线的表示方法（见表 4-7）

表 4-7 列车运行线的表示方法

列车种类	表示方法		备注
旅客列车（包括行邮列车、动车组检测车）	红单线	————	以车次区分
临时旅客列车	红单线加红双杠	—‖—‖—	
回送客车底	红单线加红方框	—□—□—	
行包列车	蓝单线加红圈	—○—○—	
快运货物班列	蓝单线加蓝圈	—○—○—	
快运货物、直达、单元重载货物列车	蓝单线	————	以车次区分
组合重载货物列车	蓝色断线	----------	2 万、1 万吨组合重载列车以车次区分

续表 4-7

列车种类	表示方法		备注
直通、自备车、区段、小运转列车	黑单线	————	以车次区分
冷藏列车	黑单线加红圈	—○—○—	
军用列车	红色断线	----------	
回送军用列车	红色断线加红方框	--□--□--	
超限超重货物列车	黑单线加黑方框	－□－□－	
摘挂列车	黑单线加“+”“｜”	－＋－｜－	
路用列车、试运转列车	黑单线加蓝圈	－○－○－	车次区分
单机	黑单线加黑三角	–▷–▷	
高级专列及先驱列车	红单线加红箭头	—→—→—	
救援和除雪列车	红单线加红“×”	—×—×—	
重型轨道车、轻油动车	黑单线加黑双杠	—‖—‖—	

（二）列车运行整理符号

（1）列车始发、终止、在中间站临时停运及由邻接区段转来或开往邻接区段，如图 4-11 所示。

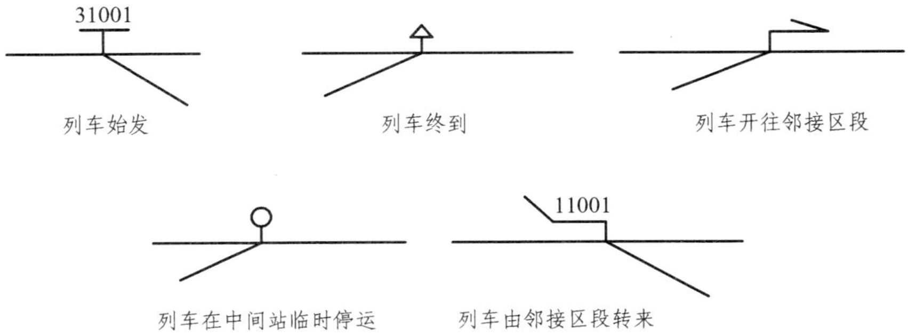

图 4-11　列车到发符号

列车到开时分记在钝角内。早点用红圈，晚点用蓝圈记于锐角内，圈内注明早、晚点时分。晚点原因可用略号注明，如因编组晚点可只写“编”字。

（2）列车合并运行时（在列车运行线上注明某次列车被合并），如图 4-12 所示。

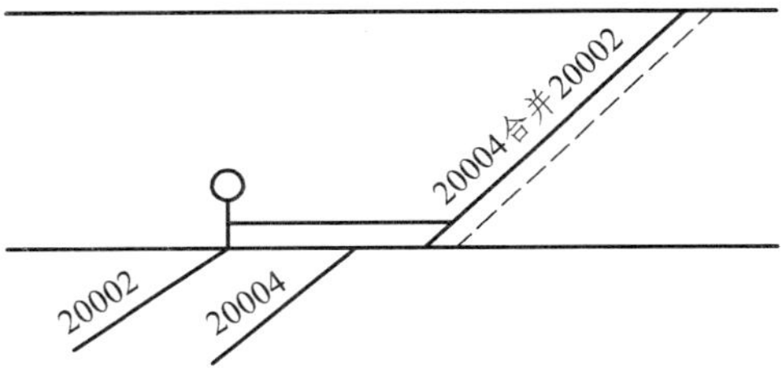

图 4-12　列车合并表示

（3）列车让车时，如图 4-13 所示。

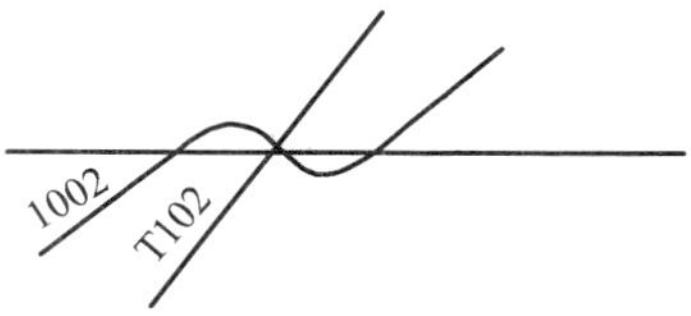

图 4-13　列车让车表示

（4）列车反方向运行时，在反方向运行区间的运行线上填写车次及（反）字，如图 4-14 所示。

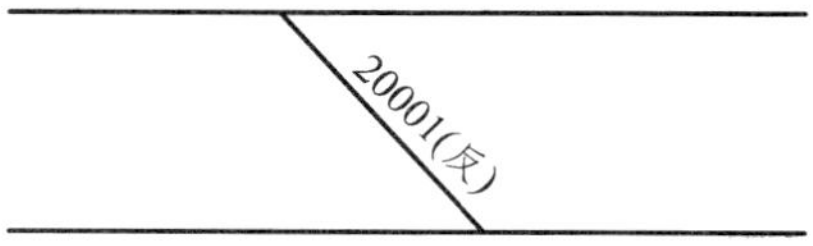

图 4-14　列车反方向运行表示

（5）列车在区间内分部运行时，如图 4-15 所示。

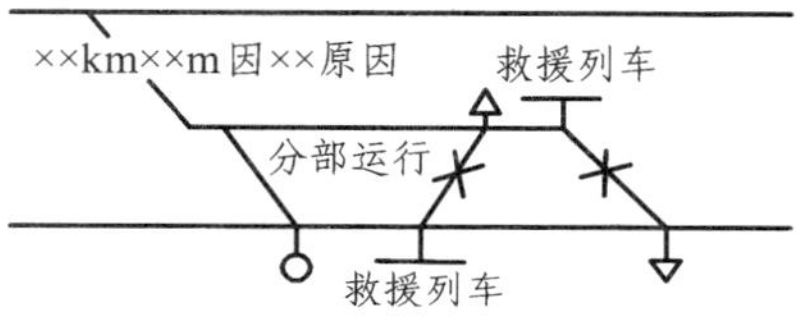

图 4-15　列车在区间内分部运行表示

（6）补机中途折返时，如图 4-16 所示。

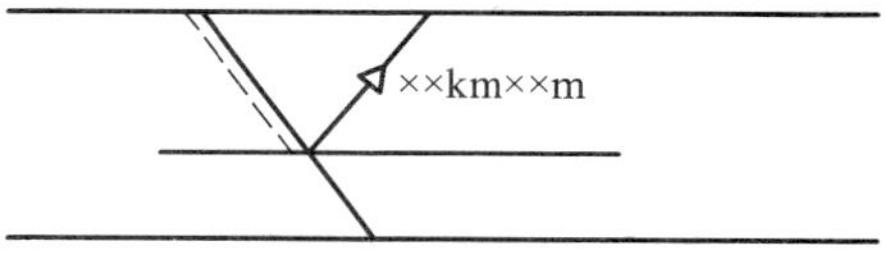

图 4-16　补机中途折返表示

（7）线路中断或施工封锁区间时，要在该区间内画一红横线表示，单线区间中断或封锁时，如图 4-17 所示。

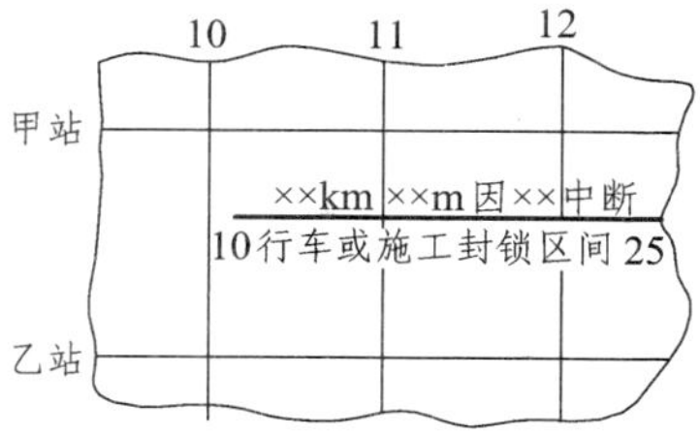

图 4-17　单线区间中断行车或施工封锁时表示

双线区间上、下行线路全部中断或封锁时，表示方法与单线区间相同；有一线中断或封锁时，以在红横线上或下画的蓝断线，表示上行线或下行线中断或封锁，如图 4-18 所示。

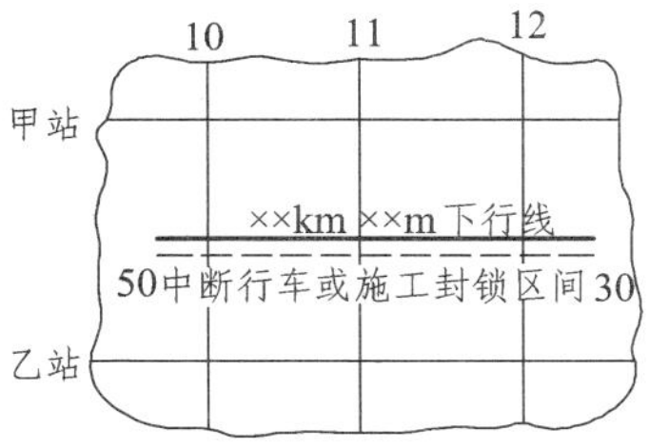

图 4-18　双线区间之下行线中断行车或施工封锁时表示

（8）因施工或其他原因区间需要慢行时，由开始时起至终了时止，用红色笔画断线表示，并标明地点、原因、限制速度（如双线就标明上行线或下行线），如图 4-19 所示。

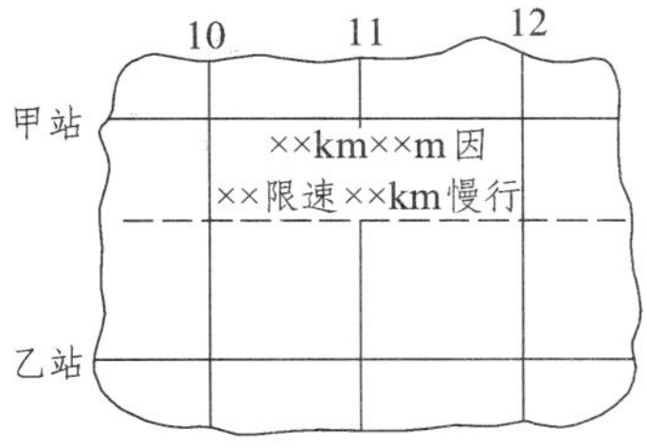

图 4-19　列车慢行表示

（9）列车在区间内有装卸作业时，要标明车次、作业地点、装卸货物品名，如图 4-20 所示。

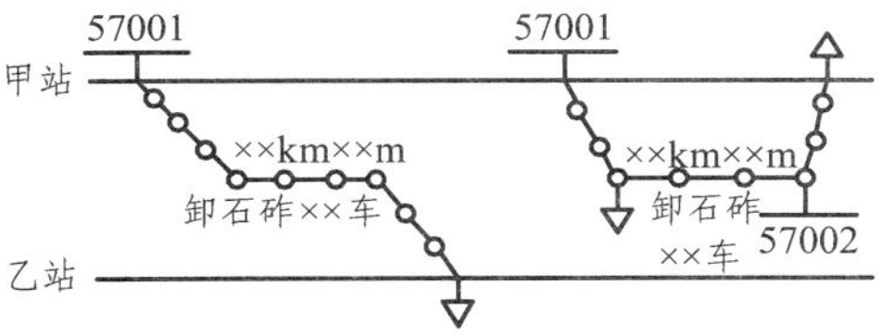

图 4-20　列车在区间装卸作业表示

（10）列车在中间站不摘车作业，用红色笔表示。分子表示装车，分母表示卸车。

（11）列车在中间站甩挂作业，用蓝色笔表示。“+”表示挂，“-”表示甩，分子表示重车，分母表示空车。

（12）列车运缓时，在列车运行线上方用蓝色笔标明运缓时分；赶点时，在列车运行线上方用红色笔标明赶点时分。

（13）列车在进站信号机外停车时，用红色笔画“△”，并标明停车时分，如图 4-21 所示。

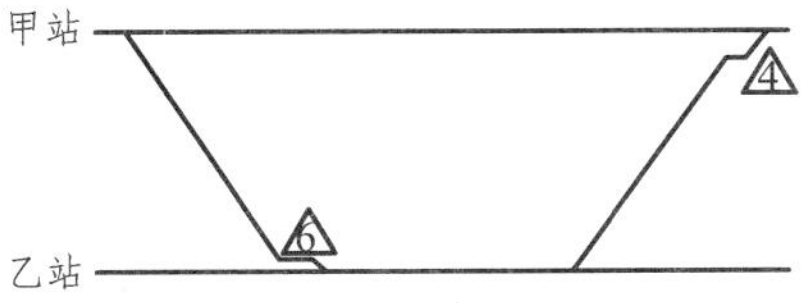

图 4-21　列车在进站信号机外停车表示

（14）机车交路及机车出入库时间的表示方法：机车在本段交路用蓝色笔、在折返段用黑色笔画实线，并在交路上逐列标明出入库时间，如图 4-22 所示。

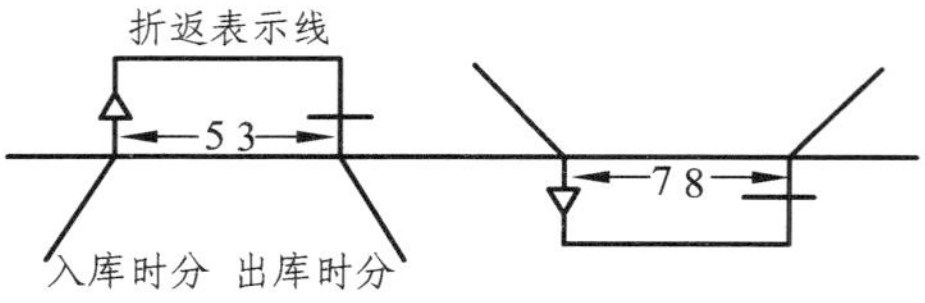

图 4-22 机车交路表示

其他未统一规定的符号各铁路局集团公司可自行规定。

第六节 “一部计划一条线”理念应用与展望

为适应铁路运输组织改革，满足“实货制”运输和精细化调度指挥管理需要，为货运电子商务提供坚实的“后厂”技术保障，努力提升调度指挥信息化应用水平，通过现有调度指挥系统升级改造，强化调度集中统一指挥，充分体现“一部计划一条线”的管理理念。以支持“按计划组织生产和指挥行车”为基础，实现生产过程各部门、各环节间信息实时共享，对调度“掌握信息、进行预测、做出决策、监督执行”的工作流程全面支撑，实现合理利用运输资源，充分发挥调度日（班）计划在运输生产组织中的龙头作用，进一步提高运输生产和调度指挥效能。

一、“一部计划一条线”的含义

“一部计划”的基本含义为：打破铁路局级调度各计划台间界限，所有计划台协同编制全局一部计划，广义为所有计划系列的调度工种协同编制全局一部计划；“一条线”的含义为计算机按车流径路自动生成从始发至终到的一条完整的计划运行线，以“一条计划运行线”为载体，加载完整的相关属性信息，实现生产过程各部门、各环节信息实时共享，实现“一条运行线”全生命周期的管理。

二、“一部计划一条线”的目标与任务

“一部计划一条线”理念要达到的目标是拉长车流，作远、作准调度日（班）计划，为均衡运输、目的运输、对接运输市场、满足客户需求提供基础保障；打破既有计划台按区域（线别）设置格局，重新进行资源优化整合，构建立体分层的新型调度日（班）计划管理体系；按车流属性设置计划台，实施车流专项掌握，始发负责、一管到底，实现全局骨干车流拉通；拓宽日（班）计划编制主体，变计划员单独编制为调度生产全员共同编制，变站段被动执行为主动参与编制，实现以一部日（班）计划牵动全局运输组织；以全局装卸排日（班）任务为主线，指标预算与计划调整动态结合，确保重点、兼顾一般，突出运输组织目的性和导向性，实现全局运输效益与效率总体最优。

坚持全路“一部计划一条运行线”，就是要实现以日（班）计划编制与执行为核心的各类

运输信息，在总公司、铁路局集团公司、站段三级调度间实时共享，实现透明指挥；基于铁路运输信息集成平台，完善对各调度工种在横向、纵向交互上一致、完整的信息支持，实现调度指挥信息的综合管理，最终实现“管控集成”；统一运行线 ID 号，对列车进行全生命周期管理，解决各调度台（邻局）日（班）计划分散编制、人为割裂完整运行线问题，实现调度指挥工作流程的数据化管理；货运工作计划、列车工作计划和机车工作计划等在一个平台上共同操作、协同编制，日计划、班计划、阶段计划一体化编制和动态滚动调整，实现调度指挥行为的流程控制。

三、“一部计划一条线”理念提出的背景

随着运输形势和技术设备的发展变化，既有计划指挥模式不适应的问题越来越突出。新形势下，如何释放日（班）计划在整个运输链条中的总体牵动作用，成为各级调度部门必须深入探索的新课题。

（一）计划编制周期不匹配，难以满足“实货制”运输基本要求

货运组织改革以来，铁路总公司大力推行“实货制”运输，其核心要求是“有货即装、有货必装、随到随装”。这就对装车时限提出了更高要求，因此调度必须随时掌握客户装车需求，按约定时限提供空车，而传统上，调度是按 24 小时编制货运工作计划，按 12 小时编制列车工作计划，这就导致了货运工作计划为列车工作计划提供空车需求时效性不强的问题。

（二）计划编制受技术条件所制约，车流完整性被人为“割裂”

随着货运改革的深入，货主对货物运到时限、货物追踪查询等提出了越来越高的需求。这就要求每条代表车流信息的计划运行线，均需具有从始发到终到的纵向完整性。而传统计划编制受技术条件的制约，车流信息的纵向完整性被分段设置的计划调度台人为“割裂”开来，使一个铁路局的班计划由各部计划台组合“拼接”而成，自然也就人为破坏了车流的完整性。

同时，计划运行线从始发到终到需经多部计划台“接力式”交接串联，容易在交接环节出现漏做接续、错做方向、错漏入流等问题，严重地制约了日（班）计划质量的提升。

（三）计划编制平台不完备，不利于准确掌握运输限制因素

TDMS5.0（铁路运输调度管理系统）之前的各时期版本，为调度员提供的计划编制界面始终在沿袭手工时代的“航空线”方式，界面中无客车框架、无施工天窗，调度员只能靠调阅基本图、翻看施工计划及自身的经验编制。而人的行为具有不确定性，不能保证节点间列车计划准确性，导致到达计划不准，影响开车计划不准，形成恶性循环。而传统界面之所以采用“航空线”方式，是因为一张纸质大表无法全面表述各种运输限制条件和每个节点站计划运行时刻，但是在计算机时代，完全能解决该问题。

除了上述三个主要问题，传统计划指挥模式还存在计划台与机调台的计划形成不同步、

重复作业大量占用调度员精力、无法及时准确预告发到信息等一系列问题，均不同程度地制约了调度计划质量的提升。

四、“一部计划一条线”的实践应用

按照“一部计划一条线”理念，充分运用信息技术手段，对原有 TDMS4.0 系统中列车工作计划、货运工作计划、机车工作计划进行升级，研发了 TDMS5.0 系统，有效解决了既有运输调度管理系统存在的突出问题，实现了货流、车流、机车、能力的紧密结合。

（一）实现了计划线条与实际车流、区间能力的结合

1. 集中编制一部计划，一条线贯通始终，可保证车流完整

TDMS5.0 系统中，无论运行区段长短，列车工作计划均由始发计划台一次编制完成，无须再进行计划交接；全部计划台提交列车计划后，系统自动生成全局一部列车工作计划，保证了列车计划的完整性和准确性，消除了传统人工交接所产生的漏做接续、错做方向、错漏入流等弊端。特别对于车流属性较强的跨局移交、整列空车、整列管重，设骨干计划台专项编制日计划，实行骨干车流专项掌握，始发负责、一管到底，实现全局骨干车流拉通。

2. 优化作业界面，可紧贴实际能力作计划

TDMS5.0 系统摒弃传统“航空线”，采用“列车视图”窗口，可准确描述列车运行全过程的“计划运行线”，具备客车日计划、施工日计划自动上图功能，也就实现了各区段能力限制的因素一目了然，计划员查定线上旅行时间和点上作业时间充分贴近实际；TDMS5.0 系统还实现了与 TDCS 系统数据的实时交互，自动更新列车实际运行时分，为日计划、班计划、阶段计划动态调整提供了方便条件。

3. 运用“计划编组”提前获取远期车流，可提升列车解编质量

TDMS5.0 系统通过“运输信息集成平台”和“货运日计划”，提前获取详细到站的计划编组，改变了开车发报后才能获取列车编组的滞后状况，使下一技术站按到站别准确掌握远期到达车流的时机大幅提前，有利于科学合理地制定列车解编计划和编组高质量远程直达列车，减少解编次数，加速车流移动；也有利于中间站车流的合理集结，避免同一到站车流分批挂运造成的中间站重复作业，从计划源头为现场作业营造良好环境。

4. 自动推算车流，可确保技术站阶段站存车准确无误

TDMS5.0 系统模式下，计划调度与车站站调车流数据实时透明，两级调度作业过程、车流数据共享，车流推算、计划编制同步更新。系统自动按阶段提取车站现在车信息，并根据计划运行线编挂车流自动推算，推算结果与现车自动校验，从技术上保证了不漏流。

（二）实现了列车工作计划与货运工作计划的结合

1. 做“短”货运工作计划，可满足“实货制”运输即时性货流需求

TDMS5.0 系统设置“货运视图”，建立与“实货制”运输相对应的“实车制”配空管理系统，以 6 小时为阶段，按“待发、待装、待卸、空车及外站管重”状态分类，自动汇总货运

站作业车，综合分析“本站卸后、在途到达、当日装到、周边配空”四种空车来源，按照“空率最小、空距最短、配空时机最佳”原则，以 6 小时为阶段滚动推算最优配空供需关系。

2. 做“长”列车工作计划，实现“长车流”服务“短货流”

基于计划台 TDMS5.0 系统所具备的车流信息完整性特质，将编制 12 小时列车班计划扩展为滚动编制 24 小时管重和空车日计划。用新系统变“长”的车流，服务货改后变“短”的货流。变传统的“以货找车”为“以车保货”，使配空管理更具主动性。

3. 同步掌握阶段配空供需关系，精确编制配空方案

“货运视图”使计划员共享货运调度推算的 6 小时配空供需关系，综合处理配空与排空矛盾，确定最优配空方案，精确编制配空计划，保证及时装车，避免空车浪费。

（三）实现了机车工作计划与列车工作计划的结合

机车工作计划是兑现列车工作计划和货运工作计划的保障。TDMS5.0 系统结合“机车周转图系统和乘务员叫班辅助系统”，实现了机车工作计划与列车工作计划同步完成，消除了机车工作计划滞后于列车工作计划编制所产生的运输链条中机列衔接环节断档。

1. 运用“号码制”机车周转图，可准确掌握机车动态

建立机车字典，将机车配属、支配、运用类别等各类信息提前录入机车周转图系统，机车调度可随时掌握运用机车位置和非运用机车动态。机车周转图形成后，还可实现机车折返时间的即时统计，解决机报一、二之间统计时间口径不一致产生的误差，按日或按班测算机车三项运用指标，有利于调度对运输成本的合理控制。

2. 统一全局叫班模式，机务段调度运用职能得到前移

为强化车站与机务之间的联系衔接，在较大节点站的站调室配设了驻站机调，把机务段调度运用职能前移到车站。为有效发挥驻站机调的站区协调作用，消灭站调与驻站机调间互不信任问题，“乘务员叫班辅助系统”为叫准机班、省车省人提供了良好作业平台。

3. 机列计划同步编制，可实现“机、列、人”紧密衔接

在建立“号码制”机车周转图和统一全局叫班模式的基础上，TDMS5.0 系统与机车周转图进行结合，机调系统可随时加载列车计划运行线，实现机车工作计划与列车工作计划同步编制，补接机列计划存在的断链；TDMS5.0 系统与“叫班辅助系统”结合，自动向站区内驻站机调、站调、值班员下达阶段开车计划，消除了工种间掌握偏差，按唯一的开车时刻组织兑现，有效减少了机、列、人衔接不紧密的问题。

五、按“一部计划一条线”理念升级运输调度管理系统的展望

（一）计划牵动作用将明显增强

按“一部计划一条线”理念升级运输调度管理系统，通过新型运输调度管理系统与货调配空系统、机车周转图系统的功能融合，消灭了作业结合部，调度员不需耗费精力重复研究配空方案，不需查阅运行限制，不需逐列重复入流，也不必担心发生计划错漏交接，只要本

台始发计划准确，即可保证全局计划质量。精力的释放，使调度员工作重心从“编制计划本身”转移到“统筹协调牵动”，组织所有工种步调一致地编制和执行班计划，切实提高了计划可执行性。

（二）精细指挥程度将明显增强

新型计划指挥模式下，货运调度台承担的是“小计划”角色，实现了对基层货运中心作业车装卸过程的精细掌握；机车“号码制”周转图、乘务员叫班辅助系统，实现了对机车、劳时和乘务员的精细掌握；计划编组、自动入流、自动推算，实现了对技术站阶段车流的精细掌握；列车视图形成了高仿真计划编制界面，实现了对区间能力的精细掌握。

（三）运输组织目的性将明显增强

铁路局成为市场经营主体后，既要满足企业货主即时性运输需求，又要最大限度压缩经营成本支出。新型计划指挥模式做短的 6 小时货运阶段计划，能满足货主随到随装的时限要求；做长的 24 小时日计划，能准确提供运到信息；机车与列车工作计划的同步形成，能根据节点间机列保有量，有选择地修正列车工作计划，实现对向均衡运输，提高机车日产；按属性梳理形成的车流日计划，能根据移交、接卸能力超前组织均衡运输，避免点线憋堵；计划运行线与实际运行线的同步变化，能按照调度员意图指挥行车。

总之，按“一部计划一条线”理念建立起来的计划指挥新模式符合车流内在特质，是铁路调度部门适应新时期运输需求的有效手段，是充分发挥调度在运输组织中总体牵动作用的有效途径。

第七节　行车指挥自动化

随着我国铁路现代化水平的不断提升，铁路总公司管辖的所有新建铁路和既有线路已经不同程度地实现了行车指挥自动化。行车指挥自动化技术的引进彻底改变了原有的列车调度员“一张图纸一支笔，对着电话吼到底”的工作形式，极大地改善了行车调度指挥人员的劳动条件，同时也使得列车调度指挥更加科学合理，进一步增加了区段通过能力，提高了列车运行指挥的质量。行车指挥自动化主要包括如下内容。

（1）自动编制列车运行调整计划，调整列车运行。

（2）自动控制车站的接发车进路。

（3）自动记录实绩列车运行图。

目前，我国铁路主要采用两种行车指挥自动化系统，一是列车调度指挥系统（Train Operation Dispatching Command System，TDCS），二是分散自律调度集中系统（Centralized Traffic Control System，CTC）。以下分别对这两套系统作简单介绍。

一、列车调度指挥系统（TDCS）

TDCS 是实现铁路各级运输调度对列车运行实行透明指挥、实时调整、集中控制的现代化信息系统，是铁路运输调度指挥的基础设施，是铁路运输生产重要技术装备。TDCS 由铁路总公司、铁路局 TDCS 中心局域网及车站基层网组成，是一个覆盖全路的现代化铁路运输调度指挥和控制系统。TDCS 利用信息技术、网络技术、控制技术等现代科学技术手段取代了传统落后的行车指挥手段，采用并结合了先进的通信、信号、计算机网络、数据传输、多媒体技术等现代信息技术，在保证网络安全的前提下，与相关系统紧密结合、互联互通、信息共享，实现了铁路运输组织的科学化、现代化，增加运能，提高效率，减轻了调度人员的劳动强度，改善了调度指挥的工作环境。

TDCS 配置独立的处理平台，关键设备采用冗余配置。采用独立的业务专网，铁路总公司调度指挥中心和铁路局调度所采用双局域网，车站可采用单局域网，各级局域网通过专用数字通道互连。TDCS 能满足高安全、高可靠、高实时性的要求，建立维护管理体制，保证设备不间断使用，实现各级运输调度的集中管理、统一指挥和实时监督。

（一）TDCS 的组成

我国铁路调度指挥管理是以行车调度为核心，以站、段为基础，实行铁路总公司和铁路局两级调度指挥管理的体制。TDCS 分为三层网络体系结构，如图 4-23 所示。

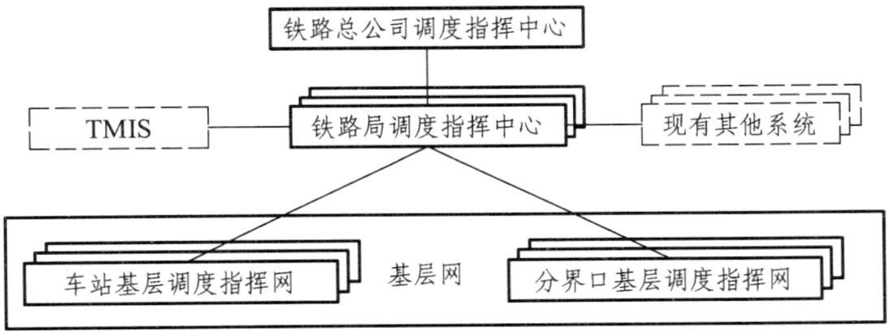

图 4-23　TDCS 系统结构图

铁路总公司调度指挥中心 TDCS 处于最高层，是核心部分，是现代化铁路运输调度指挥系统的心脏，能获得各铁路局分界口、重要铁路枢纽、主要干线等的运输状况和 TDCS 基层网等实时信息。铁路总公司调度指挥中心 TDCS 是为了适应铁路运输发展需要而建立的，它是全路运输生产的总枢纽，是综合通信、信号、计算机、网络、多媒体、运输组织等多门学科技术的系统工程。它极大地改善了调度人员的工作条件，提高了行车指挥的技术水平，并且为铁路总公司领导的决策提供真实可靠的信息，实现调度指挥工作的现代化管理模式。

铁路局调度指挥中心 TDCS 处于第二层，在铁路局所在地建有局调度指挥中心局域网。局调度指挥中心通过专用通道、数据网链路、路由器与铁路总公司、相邻铁路局调度指挥中心远程连接，进行信息交换。TDCS 不仅是一个管理层，同时也是直接调度指挥行车的指挥层，不仅要完成基层网信息的汇总、处理和标准化，给铁路局各级调度提供监视，还要按要求将基层信息通过专用通道、数据网链路传送到上层铁路总公司调度指挥中心。铁路局调度指挥中心 TDCS 具有列车调度指挥功能，其功能不仅是指挥和管理中心，同时也是行车控制中心，对于部分区段和车站，铁路局控制中心还可在 TDCS 的基础上发展调度集中，实现对列车进路的自动控制。

最下层是 TDCS 的基层网，主要包括车站行车调度指挥系统，主要由车站计算机网络设备、车站分机采集及控制设备、车站值班员终端三部分组成。

（二）TDCS 的功能

1. 铁路局 TDCS 功能

铁路局调度指挥中心直接指挥行车，实时掌握铁路局各调度区段的车站、分界口、编组站、枢纽的列车运行情况及信息设备显示状态，并进行宏观显示，完成阶段计划的调整及调度命令的生成和下达等功能，进行信息汇总、处理，向铁路总公司及相邻铁路局 TDCS 提供行车信息。铁路局 TDCS 可以利用显示器或大屏幕所显示的干线宏观图、区段宏观图对现场进行监视，对重点列车进行跟踪，进行列车运行正点率统计和列车运行密度统计分析。同时，在铁路局调度指挥中心，提供 TDCS 与 TMIS 的接口，实现两系统间信息的共享。

铁路局 TDCS 可实现以下功能。

（1）列车车次自动跟踪及无线车次号自动校核。

（2）调度区段各自动闭塞分区、各车站技术设备运用情况和技术作业过程的实时监控。

（3）调度命令、日班计划自动下达。

（4）列车运行自动采点。

（5）列车实绩运行图自动生成。

（6）列车运行方案实时调整、下达。

（7）分界口透明显示和统计分析。

（8）列车正晚点自动计算。

（9）站场实际状况、列车运行实际状况再现。

（10）仿真培训功能及完善的帮助系统。

2. 站段基层网 TDCS 功能

信息的采集是站段基层网 TDCS 的最基本功能，通过安装在每个站的车站分机，系统采集得到现场的动态信息，同时通过传输设备将信息及时发送到铁路局 TDCS 中心。

基层网 TDCS 的主要功能包括以下几点。

（1）列车运行及信号设备状态信息的自动采集与传输。

（2）无线车次号自动校核。

（3）相邻车站信号设备运用状态及列车运行信息显示。

（4）行车日志自动生成。

（5）调度日班计划、列车运行调整计划、调度命令自动接收。

TDCS 可以明确判断列车的行踪，获得列车几秒钟内的位置，并连续跟踪显示，大大提高了调度工作效率，有利于保证行车安全。

二、分散自律调度集中系统（CTC）

CTC 是铁路现代化的重要技术装备，是现代铁路综合信息化建设的重要内容，也是现代铁路的新型运输组织形式。CTC 与我国铁路路情紧密结合，做到以 TDCS 为平台，以调度集中为核心，以行车指挥自动化为目标，实现铁路运输指挥的现代化。由此可见，CTC 是综合了计算机技术、网络通信技术和现代控制技术，采用智能化分散自律设计原则，以列车运行调整计划控制为中心，兼顾列车与调车作业的高度自动化的调度指挥系统。分散自律调度集中系统采用计算机分布式网络控制技术、信息化处理技术，将列车运行调整计划下传到各个车站自律机中自主自动执行；在列车运行调整计划的基础上，解决列车作业与调车作业在时间与空间上的冲突，实现列车和调车作业的统一控制。

CTC 除实现 TDCS 的全部功能外，还可实现列车编组信息管理、调车作业管理、综合维修管理、列/调车进路人工和计划自动选排、分散自律控制等功能。将同一调度区段内、同一联锁控制范围内所有车站（车场、线路所）的信号、联锁、闭塞设备纳入控制范围。调度集中区段的两端站、编组站、区段站，以及调车作业较多、有去往区间岔线列车或中途返回补机的中间站，可不列入调度集中操纵，但出站信号机均应受调度集中控制。

（一）CTC 的组成

分散自律调度集中体系包括铁路局调度中心系统及车站调度集中分机系统两个层次。系统主要由硬件系统和软件系统两部分组成，硬件部分由调度中心子系统、车站子系统及网络通信子系统构成，如图 4-24 所示。

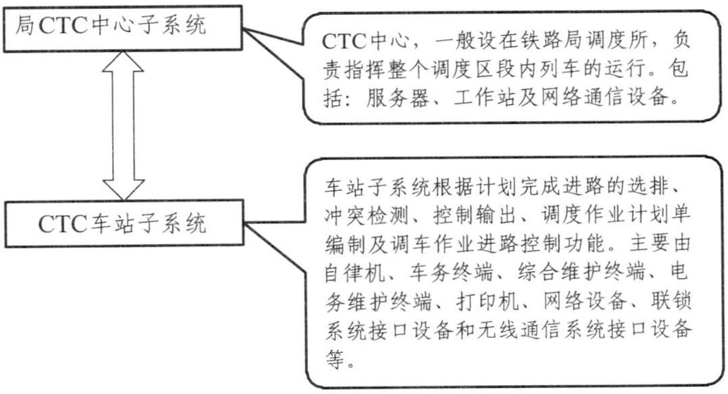

图 4-24　CTC 系统结构图

1. CTC 硬件组成

铁路局集团公司 CTC 硬件构成包括工作站、打印设备、远程维护接入、服务器、大屏显示器、TMIS 接口计算机以及局域网等设备组成。

CTC 服务器是整个分散自律调度集中系统的核心，负责整个系统的数据收发、数据处理及数据储存等工作。行调工作站一般是由 2 台安装了多屏卡的工作站构成，主要完成显现监控管辖区段范围内列车运行位置、指挥列车运行的功能（人工编制和调整列车运行计划、调度命令的下达、与相邻区段行调台交换信息），为 CTC 系统提供具体的列车会让方案，是分散自律调度集中系统完成自动控制功能的主要依据。助理调度员工作站一般由高性能 PC 工作站构成，主要实现调度中心人工进路操作控制、闭塞办理、区段解锁、非常处理等功能。同时还可实现无人车站调车作业计划的编制、调整、指挥以及在自律约束条件下的调车进路人工办理等调车相关功能。

CTC 维护台一般是由高性能 PC 工作站构成，主要用于系统设置、调试和技术支持。在授权的情况下，具有远程维护与技术支持功能。同时具有监视系统运行状况的功能，对系统、现场设备运用情况，操作命令，以及报警信息进行记录、分析、回放、输出和打印。综合维修工作站是由高性能 PC 工作站构成。

大屏显示系统是由高性能工业计算机、多串口卡、驱动卡、驱动分机构成，用于显示车站站场作业情况和区间列车运行情况等信息。通过观察大屏，行车调度指挥人员可以清楚地把握各自负责的调度区段内列车运行情况。

车站硬件系统主要设备包括车站自律机、车务终端、打印机、综合维修终端、电务维护终端、网络设备、电源设备、防雷设备、联锁系统接口设备和无线系统接口设备等。

车务终端采用 2 台双机热备的低功耗工业控制计算机，主要完成运统报表的生成、站间透明的显示、车站调车作业计划的编制、调车进路的办理及其他控制操作。综合维修终端和电务维护终端（微机监测）采用低功耗工业控制机。

车站自律机一般由具有高可靠性能的专用计算机和采控设备组成，并通过串口和无线车次号解码器、无线调度命令转接器进行连接。车站自律机主要完成列车自动进路控制以及按照列车控制执行计划、《站细》《行规》及《技规》对列车进路和调车进路进行可靠分离控制。车站电源系统一般由电源防雷、UPS 不间断电源、各电源模块及汇流排组成。

2. CTC 软件组成

分散自律调度集中系统的软件主要包括：通信服务子系统、自律控制子系统、控制计划编制子系统、列车进路控制子系统、调车进路控制子系统、综合维修子系统、车务终端子系统以及网络安全防护子系统和车地信息传输系统等。分散自律调度集中系统功能与操作分散自律调度集中系统涵盖了分局 DMIS 系统的所有功能，在此基础上，还具备调度集中的控制功能和分散自律控制特点。

（二）CTC 的功能

铁路局集团公司 CTC 具备以下主要功能。

（1）实时监视站场信号设备和列车运行状态，实现站间和区段透明显示。

（2）追踪列车运行位置和到发时刻，自动描绘列车实迹运行图。

（3）利用计算机辅助编制和调整列车运行计划，实现调度指挥计算机化。

（4）通过系统网络向车站下达计划和调度命令。

（5）通过系统网络和无线通信向机车下达调度命令、调车作业单、行车凭证和进路预告等信息。

（7）追踪列车编组状态。

（8）遥控所有联锁设备按钮，具备列车、调车和非正常作业人工遥控功能。

（9）按照列车运行计划和车站《站细》，由自律机自动自主控制列车进路。

（10）按照调车作业计划，由自律机根据机车请求和列车运行状况，自动自主控制调车进路并对调车状况进行监控和报警。

（11）具有完备的网络安全防护功能。

（12）实现 TMIS 和 DMIS 的结合和信息交换。

车站 CTC 的主要功能包括以下几点。

（1）接收存储调度中心的列车运行计划、调车作业计划等，并自动按计划进行进路排列，驱动联锁系统执行。

（2）接收调度中心和本地值班员（信号员）的直接控制操作指令，经检查确认无冲突后驱动联锁系统执行。

（3）确认进路的完整性和信号的正确性，并能对不正常情况进行处理。

（4）列车及调车作业的跟踪。

（5）接收邻站的实际和计划运行图。

（6）列车车次跟踪显示处理。

（7）自动编制车站行车日志。

（8）形成本站的自动报点信息等。

（三）CTC 控制模式

分散自律控制模式以列车运行调整计划自动控制为基本模式，同时具备调度中心、车站人工直接控制的能力；非常站控模式是指当调度集中设备故障、发生危及行车安全的情况或设备天窗维修、施工时，脱离系统控制转为车站传统人工控制的模式。调度集中的控制模式状态应有明确表示。系统应保证在分散自律控制模式下，原车站联锁控制台不起作用；在非常站控模式下，分散自律控制模式控制不起作用。

1. 分散自律控制模式

分散自律控制的基本模式是用列车运行调整计划自动控制列车运行进路。同时在分散自律条件下，调度中心具备人工办理列车、调车进路，车站具备人工办理调车进路的功能。

（1）计划控制方式。计划控制状态可由人工激活或禁止。它是指自律机是否将收到的列车运行计划作为检查进路合理性的依据，并根据计划产生控制进路。计划控制状态是本系统正常的进路控制状态。

（2）人工按钮控制方式。由操作员在操作员台或助理调度员台进行控制，或者由车站值班员在车务终端操作按钮进行控制。人工办理进路时，自律机根据这个计划进行进路的办理和列车计划的冲突检测，假如有冲突，则系统会弹出对话框告警，询问是否强行办理。

2. 非常站控模式

当分散自律调度集中系统发生故障或其他紧急情况时，车站值班员可以按下 6502 控制台上的紧急站控按钮，切断分散自律调度集中系统控制输出继电器的电源，直接通过控制台按钮的方式进行控制。在计算机联锁车站，则是在计算机联锁系统的操作界面上，进入非常站控，此时计算机联锁系统不再执行任何 CTC 的控制指令，由操作员操作按钮进行控制。

◆ 思考题

1. 铁路运输调度的基本任务是什么？组织机构是如何设置的？
2. 列车调度指挥的原则有哪些？

3. 列车调度员的职责有哪些？
4. 什么是调度命令和口头指示？两者有何区别？
5. 哪些情况下需发布调度命令？发布调度命令时应注意哪些环节？
6. 如何组织旅客列车和货物列车正点出发？
7. 列车运行调整的方法有哪些？
8. 列车运行调整阶段计划的编制原则有哪些？
9. 列车运行实际图有何作用？实际图与基本图有哪些区别？
10. 画出各种情况下的列车运行整理符号。
11. “一部计划一条线”的基本含义是什么？

【技能训练题】

1. 已知：（1）甲局管辖范围示意图如图 4-25 所示。

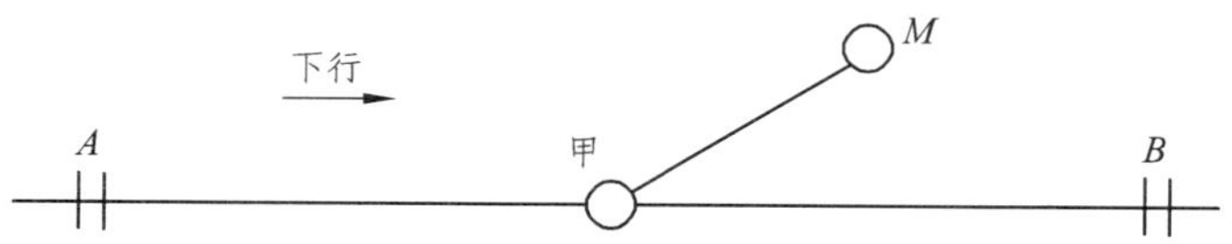

图 4-25 甲局示意图

（2）某月 8 日 15:00 预计当日出入车数见表 4-8。

表 4-8 15:00 预计当日出入车数

项目 方向	入			出		
	重车	空车	计	重车	空车	计
A 口	467	701	1 168	1 785	32	1 817
B 口	1 902	82	1 984	1 089	343	1 432
计	2 369	783	3 152	2 874	375	3 249

（3）9 日（次日）分界口计划出入车数见表 4-9。

表 4-9 次日分界口计划出入车数

项目 方向	入			出		
	重车	空车	计	重车	空车	计
A 口	600	850	1 450	1 563	31	1 594
B 口	1 698	0	1 698	1 129	250	1 379
计	2 298	850	3 148	2 692	281	2 973

（4）9 日计划装车 2 040，计划卸车 1 550（无增加使用车和增加卸空车）。
（5）月计划管内工作车周转时间为 0.78 d。
要求：将表格中空缺的数字推算出来，并填入相应格内。
（1）推算当日运用车保有量（见表 4-10）。
（2）推算当日管内工作车（见表 4-11）。

表 4-10　当日运用车保有量推算表

项目	月计划	昨日存	出入差	解备	列备	结存	差
月计划	3 642					3 642	
推算		3 888	(　　)	0	代客 26	(　　)	(　　)

表 4-11　当日管内工作车推算表

项目	月计划	昨日存	接入			自装自卸	当日卸空	预计存	差
			计	*A* 口	*B* 口				
推算	1 045	1 023	575	138	437	1 088	1 500	(　　)	(　　)

（3）推算当日移交重车（见表 4-12）。

表 4-12　当日移交重车推算表

方向＼项目	月计划	昨日存	接入			自装交出	当日交出	预计存	差
			计	*A* 口	*B* 口				
A 口		877	1 465			305	1 785	(　　)	
B 口		816	329			658	1 089	(　　)	
计	1 597	1 693	1 794	329	1 465	963	2 874	(　　)	(　　)

（4）推算当日及次日空车（见表 4-13）。

表 4-13　空车推算表

项目	月计划	昨日存	接入			交出			装车	卸车	解备	列备	结存	差
			计	*A*	*B*	计	*A*	*B*						
当日	1 000	1 172	783	701	82	375	32	343	2 051	1 500	0	代 26	(　)	(　)
次日		(　)	850	850	0	(　)	(　)	(　)	(　)	(　)	0	代 80	(　)	(　)

（5）当日运用车数验算（见表 4-14）。

表 4-14　运用车数验算表

当日运用车	其中		
	管内工作车	移交重车	空车
(　　)	(　　)	(　　)	(　　)

（6）次日计划指示（见表 4-15）。

表 4-15　次日计划指示推算表

项目	当日运用车	出入差	解备	列备	次日运用车	接运重车	使用车	卸空车	工作量	货车周转时间
月计划	3 742					2 300	2 000	1 500	4 300	0.87d
日计划	(　)	(　)	(　)	(　)	(　)	(　)	(　)	(　)	(　)	(　)

（7）按技术计划管内工作车周转时间推定的次日应卸车数为（　　　　）。

（8）根据推算的各种运用车结果提出计划日工作的重点。

2. 甲铁路局（同上题）9 日 18:00 结算的运输工作完成情况如下：

（1）装车 2 050（无增加使用车数），卸车 1 560（无增加卸空车数）；

（2）分界口接入车数（分子为重车，分母为空车，下同）如下：

A 口 $\dfrac{583}{851}$　　B 口 $\dfrac{1\,658}{0}$

（3）分界口交出车数如下：

A 口 $\dfrac{1\,603}{30}$　　B 口 $\dfrac{1159}{278}$

（4）18:00 运用车数：管内工作车 1 140，移交重车 1 506，空车 1 052。

要求：列式计算该局实际完成的下列指标：u、$u_{管重}$、$u_{移交}$、$u_{空}$、N、θ、$\theta_{管重}$、$\theta_{移交}$、$\theta_{空}$。

3. A—D 间部分列车运行图如图 4-26 所示，各站 $\tau_{不} = 5\text{min}$，$\tau_{会} = 3\text{min}$，$\tau_{连}^{通} = 5\text{min}$，$\tau_{连}^{停} = 3\text{ min}$，货物列车 $t_{起} = 2\text{ min}$，$t_{停} = 1\text{ min}$，T12 次旅客列车各站通过。现预计 T12 次晚点 40 min，其他列车正常，试在图 4-27 空白运行图中编制列车运行调整计划（不考虑抢点）。

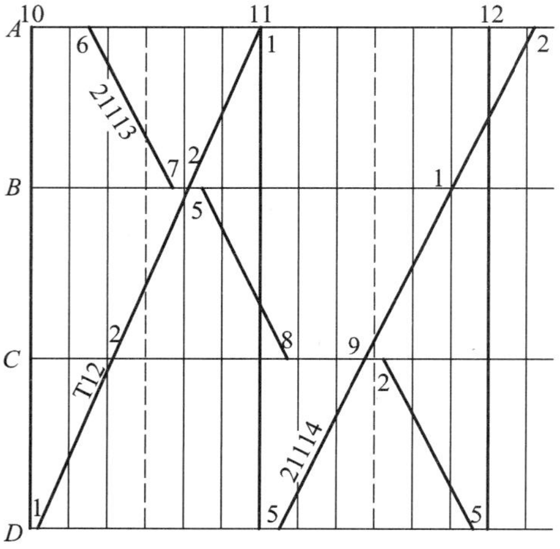

图 4-26　A—D 间部分列车运行图

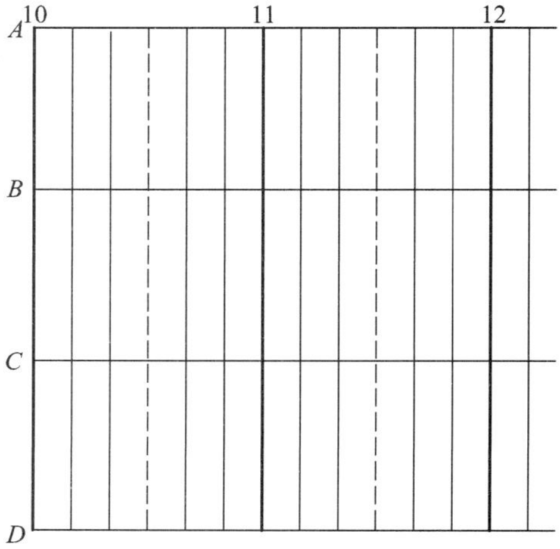

图 4-27　空白运行图

第五章　调度工作分析

规章原文

《调规》普速部分第八十七条 调度工作分析，是通过日常运输综合分析发现问题，制定措施，不断提高调度工作质量，促进运输生产的有效方法。

各级调度必须配备调度分析人员，由具有较强业务水平和实践经验的人员负责本单位的调度分析工作。

> **主要内容**

列车运行情况分析，货车周转时间分析，运用车保有量分析等。

> **重点掌握**

货物列车正点率的统计，以车辆相关法分析货车周转时间，以时间相关法分析货车周转时间等。

调度日常工作完成后，需要对日常工作的完成情况进行分析，其目的是通过分析总结经验、发现问题，制定改进措施、不断提高调度工作质量，进而更好地完成运输调度工作。

各级调度均须配备调度分析人员，由具有较强业务水平和实践经验的人员负责本单位的调度分析工作。

调度工作分析分为日常分析、定期分析和专题分析。

日常分析是铁路总公司和各铁路局调度机构于日班工作终了时，对日班计划执行情况所做的分析，它能及时查明计划完成情况及未完成的原因，从而可以及时采取措施，解决工作中出现的问题。

日常分析包括列车工作计划兑现情况分析，分界站列车交接、排空计划兑现情况分析，运用车分布及车流状况分析，停运列车分析，货车周转（中转、停留、旅行）时间分析，旅客列车、货物列车正晚点（惯性晚点）分析，机车运用情况分析，列车违编、欠重、超重情况分析，装卸车情况及重点物资装车分析，铁路局间分界口能力利用率情况分析，安全情况分析，调度工作质量分析等。

定期分析是根据日常运输及安全工作情况，收集、积累有关资料，按时做出旬、月、季、半年、年度分析，并提出改进日常运输组织工作意见和建议，以便及时采取技术组织措施。

对于铁路运输组织中长时间存在的问题，或某项指标长期不达标，或存在的安全隐患等要进行专题分析。分析人员要深入实际，调查研究，善于发现问题，及时做出必要的专题分析，提出改进意见或措施。

本章主要介绍列车运行情况分析、货车周转时间分析和运用车保有量分析方法。

第一节　列车运行情况分析

列车运行情况分析又称为列车运行正晚点分析，主要是对旅客列车和货物列车按图行车情况和日（班）列车工作计划编制质量及执行情况的综合考核，是分析改善运行秩序和运输指挥工作的主要依据。通过分析，查明各次列车的晚点原因，提出改进意见。

一、货物列车正点统计

货物列车正点统计主要就是计算货物列车正点率，货物列车正点率是考核运输组织工作质量的主要指标之一。

（一）统计范围

凡以货物列车车次（小运转列车车次除外）开行的列车，均按货物列车统计。行包专列单独统计。

（二）统计依据

开行列车的车次以列车运行图为准；加开的列车以日（班）计划确定的车次为准。

1. 列车开行时分的确定

（1）按列车运行图运行线开行的列车，根据图定时分统计。

（2）临时定点运行的列车，根据日（班）计划规定的时分统计。

（3）因影响行车的技术设备施工、维修，由铁路局以书面文件、电报或在运输方案中公布调整列车运行图中的列车运行时分，根据调整的时分统计。

2. 对有下列情况的列车，以列车发、到前下达的调度命令为准

（1）中转列车临时早点提前利用空闲运行线运行时。

（2）停运列车临时恢复运行时。

（3）使用原车次在枢纽内变更始发或到达的编组站时。

（4）在铁路局管内整列重车或空车变更到站时。

（5）编组站（区段站）编组的始发列车利用日（班）计划内中转列车空闲运行线提前开行时。

（三）列车出发及运行的划分

（1）各站编组始发的列车，中间站恢复运行的停运列车，以及图定或日（班）计划规定原车次接续在编组站、区段站进行技术作业中转出发的列车，均按出发统计。

（2）列车由出发至运行区段的终到站（包括中间站），按运行统计。

（3）铁路局分界站为中间站时，除本站编组始发列车和停运列车恢复运行外，均不统计出发。对经过分界站的列车按两个运行统计（即由列车出发至分界站为一个运行，由分界站

至列车运行区段终到站为另一个运行），分界站所属局由分界站接入时分为运行开始，分界站交出时分为运行终止。

（4）在国境、地方铁路分界站，向国外、地方铁路发出的列车，不统计出发；国外、地方铁路分界站向国铁营业线发出的列车，统计编组始发。

（5）在编组站、区段站图定不进行技术作业的列车，以及在中间站临时更换机车继续运行的列车（因自然灾害、事故而机车不能摘走的停运列车除外），不统计出发和运行。

（6）列车在干支线衔接的中间站，由于变更运行方向而变更车次，根据机车交路图如不更换机车时，按一个运行区段统计；如更换机车则按两个运行区段统计（临时更换机车除外）。

（7）重载（长大）列车在中间站组合或拆组，统计出发和运行。

（四）列车出发及运行正点统计

1. 编组始发列车，下列情况按出发正点统计

（1）根据日（班）计划规定的车次，按图定的时分正点或早点不超过 15 min 出发时。

（2）日（班）计划规定以图定运行线到达的中转列车，因临时停运或晚点在执行的日（班）计划内不能到达时，编组站、区段站根据发车前调度命令，利用该运行线提前开行日（班）计划规定的编组始发车次的列车，正点或早点不超过 15 min 出发时。

除上述情况外，利用该运行线开行的编组始发列车，出发按晚点统计。

2. 中转列车，下列情况按出发正点统计

（1）根据日（班）计划规定按图定接续运行线正点、早点出发或晚点不超过到达运行线图定接续中转时间出发时。预计中转列车不能按图定接续运行线运行时，按日（班）计划规定的接续运行线正点、早点出发或晚点不超过到达运行线图定接续的中转时间出发时。

（2）直达列车原利用的运行线已终止，按日（班）计划规定以原车次另行接续的运行正点、早点出发或晚点不超过日（班）计划规定接续的中转时间出发时。

（3）中转列车临时早点，根据发车前调度命令提前利用空闲运行线正点、早点出发或晚点不超过到达运行线固定接续中转时间出发时。

中转列车临时晚点利用空闲运行线出发时，仍按到达运行线固定接续的中转时间统计正晚点。

3. 列车运行，下列情况按运行正点统计

（1）按列车出发所走运行线的时分正点、早点到达或晚点不超过规定旅行时间到达时。

（2）分界站为中间站，列车早点超过 15 min 接入，正点、早点到达时。

4. 临时定点列车正晚点统计方法

（1）按基本列车运行图图定列车开满时，对加开的临时定点列车，根据日（班）计划规定的时分统计正晚点。图定列车实际未开满时加开的临时定点列车，出发按晚点统计，运行按班计划规定的时分统计正晚点。

（2）限速列车、有时间限制的军用列车、在区间整列装卸的列车、停运列车恢复运行以及开行运行图以外的阶梯直达列车在作业站间的临时定点，均按日（班）计划规定的时分统计正晚点。

5. 停运列车正晚点统计方法

（1）日（班）计划规定开往中间站的停运列车（摘走机车），按日（班）计划规定统计运行正晚点。

（2）列车临时在中间站停运，运行按晚点统计。

（3）中间站停运列车临时恢复运行，根据发车前调度命令指定的空闲运行线或临时定点（到局管内前方第一编组站或区段站的时分）统计正晚点。

6. 变更发到站的列车正晚点统计方法：

在局管内整列重车临时变更卸车站或整列空车临时变更配空站（变更后如有剩余车辆不超过该区段单机挂车辆数时可视同整列），以及枢纽内临时变更始发或到达编组站的列车，均根据发、到前的调度命令，有图定时分的按图定时分统计正晚点，变更后的发、到站无图定时分的，出发按有图定时分的第一个车站统计出发正晚点，运行按有图定时分的最终站统计运行正晚点。列车旅行时间按实际发、到站的时分统计。

除上述情况外，临时变更发、到站的列车，出发或运行均按晚点统计。

除由邻局接入的日（班）计划以外开行的列车，根据所走运行线或开车前调度命令指定的时分统计正晚点外，日（班）计划以外开行的列车或日（班）计划中一条运行线规定两个车次时，出发按晚点统计，运行按第 3 项规定统计。

合并运行列车，根据日（班）计划规定的列车车次分别进行统计。

列车车次应保持到列车编组计划或日（班）计划规定的终到站。中途变更车次（包括变更为小运转车次）时：在编组站（区段站）变更，出发按晚点统计，运行按所走运行线统计；在中间站变更，运行按晚点统计。

根据日（班）计划规定在中间站始发或终到的列车，如使用的运行线列车运行图规定为通过时分，按附加的起停车时分统计正晚点。

货物列车正晚点报表见表 5-1。

表 5-1 货物列车正晚点报表

局域区段别	出发									运行								
	货物列车总列数	其中正点列数	正点率（%）	其中			行包专列总数	其中正点列数	正点率（%）	货物列车总列数	其中正点列数	正点率（%）	其中			行包专列总数	其中正点列数	正点率（%）
				五定班列总数	其中正点列数	正点率（%）							五定班列总数	其中正点列数	正点率（%）			
	1	2	3	4	5	6	7	8	9	10	11	12	13	14	15	16	17	18

（五）货物列车正点率的计算

$$\text{货物列车出发正点率}=\frac{\text{出发正点列数}}{\text{出发总列数}}\times 100\%$$

$$\text{货物列车运行正点率}=\frac{\text{运行正点列数}}{\text{运行总列数}}\times 100\%$$

二、货物列车正晚点分析

列车正点率高，说明列车按图行车的情况好，列车运行秩序正常。对于晚点列车，必须逐列分析晚点原因，查明责任。

某铁路局某月上旬货物列车出发晚点的分析资料如表 5-2 所示，由表中不难看出，在所有晚点列车中，由于车务部门责任造成的晚点占 50%，由于机务部门的责任造成的晚点占 40%。由此可见，列车晚点的责任主要在车务部门和机务部门。再进一步分析，由于车流接续不好，造成列车等轴晚点占 28%，由于机车交路问题造成列车晚点占 24%，两者合计占列车晚点总数的 52%。为找出问题的根源，对等轴晚点还应分析其是日（班）计划编制质量问题，还是邻局或邻区段来车计划不准。对于机车交路问题，也应分析是计划时间不足，还是到达列车晚点。若多半是由于日班计划编制质量问题，就要在提高计划人员的业务水平上采取措施。

表 5-2　货物列车出发正晚点分析

部门	车务责任							机务责任					其他责任								合计
原因	编组	等轴	机文	不当	会让	其他	计	机文	机故	出库	其他	计	车辆	工务	电务	客运	货运	外局	其他	计	
晚点列数	1	14		3	5	2	25	12	3		5	20	2	1			2			5	50
%	2	28		6	10	4	50	24	6		10	40	4	2			4			10	100

列车运行图是铁路行车组织工作的基础。列车正常运行是整个运输组织工作的关键。因此，列车运行图完成情况是反映运输工作质量的关键所在。

列车运行图完成情况分析的主要内容有：列车出发和运行正晚点情况；旅行速度完成情况；列车运行安全情况等。

列车出发和运行正晚点情况的考核指标为列车出发正点率和列车运行正点率，按旅客列车和货物列车分别统计。

旅行速度是列车运行图的主要质量指标。对旅行速度完成情况的分析，应对旅行速度、技术速度、速度系数几项指标同时进行，以查明影响旅行速度的两部分因素（技术速度和中间站停站时间）的完成情况。

列车运行安全情况的分析，主要是对出现事故、故障列车运行情况的分析，根据调度员填写的“行车事故概况”登记表进行。要查明事故原因和责任者，及时做出处理，对于重大、大事故一般应在进行深入调查后，做出专门的事故分析。

第二节　货车周转时间分析

PPT：货车周转时间分析

货车周转时间是衡量货车运用质量的主要指标之一，在较大程度上体现运输工作组织水平，因而它必定成为各级运输调度指挥人员关注的目标。在运输分析工作中，不管是日常分析，还是定期分析、专题分析，对货车周转时间的分析都是必不可少的主要内容。

货车周转时间是指货车每完成一次周转（完成一个工作量）平均消耗的时间。其计算方法有车辆相关法和时间相关法两种，货车周转时间完成情况的分析则分别通过这两种不同的计算方法进行。以车辆相关法分析货车周转时间适用于日常分析，而用时间相关法分析货车周转时间适用于定期分析和专题分析。

一、以车辆相关法分析货车周转时间

货车周转时间是从时间利用上衡量货车运用效率的综合指标，它既能综合反映运输生产的工作质量，又能直接衡量铁路运输产品——货物的送达速度。因此，铁路总公司及铁路局运输调度部门要经常分析货车周转时间的完成情况，并及时提出改进措施。

在对货车周转时间进行日常分析时，由于受时间和资料的限制，也是为简便迅速地进行分析，经常采用车辆相关法。在分析时，除对总的货车周转时间进行分析外，还应对管内工作车、移交重车和空车周转时间按同样的方法进行分析，以便发现货车周转时间变化的原因。分析的方法是以实际完成的货车周转时间（$\theta_{实际}$）与技术计划规定的货车周转时间标准（$\theta_{计划}$）相比较。

如表 5-3 示例中，某局货车周转时间实际较计划标准压缩了 0.02 d，总的来说当日运输工作完成情况是好的。但如进一步分析可以看出，这一成绩的取得主要是由于注意了空车的运用，空车周转时间显著降低所达到的。而管内工作车周转时间没有完成，管内工作车保有量超过了标准，说明管内工作车的输送和卸车组织工作没有做好，以致卸车任务都没有完成。虽然移交重车保有量也超出标准数 240 车，但移交重车工作量超额完成 300，说明移交重车方面完成得比较好。今后应该加强管内工作车的输送和卸车组织工作。

表 5-3　某局某日货车周转时间分析资料表

运用车分类	N			u			θ		
	标准	实际	差	标准	实际	差	标准	实际	差
运用车	6 710	6 696	− 14	6 100	6 200	+ 100	1.10	1.08	− 0.02
空车	1 080	740	− 340	3 600	3 700	+ 100	0.30	0.20	− 0.10
管内工作车	3 070	3 156	+ 86	2 900	2 700	− 200	1.06	1.17	+ 0.11
移交重车	2 560	2 800	+ 240	3 200	3 500	+ 300	0.80	0.80	−

二、以时间相关法分析货车周转时间

在对货车周转时间进行定期分析或专题分析时，一般都采用时间相关法按货车周转时间的各项因素进行详细分析。使用这种方法，除查明货车周转时间完成情况外，还可以分析各项因素完成情况对货车周转时间的影响，以查明货车周转时间延长或压缩的详细原因，有针对性地提出改进运输工作的措施。

表 5-4 所示为某局某月货车周转时间完成情况资料。该局货车周转时间实际较计划缩短了 0.02 d，使用车、卸空车、接运重车及工作量均完成或超额完成任务，仅以此来看该局这个月

的运输工作完成得较好。但我们看到该局的旅行速度、中转时间、一次货物作业停留时间均未完成计划（这三项指标都是影响货车周转时间的主观因素），其货车周转时间的缩短是由于货车全周距由 268 缩短为 230 所致，而全周距是影响货车周转时间的客观因素。三项主观因素指标都未完成能说本月运输工作完成情况是好的吗？那么应该以什么为标准来衡量货车周转时间的完成情况？在此我们引进换算货车周转时间的概念。

表 5-4　某局某月货车周转时间完成资料表

指标	全周距	旅行速度	中转距离	中转时间	一次货物作业时间	管内装卸率	使用车数	卸空车数	接运重车数	工作量	运用车保有量	货车周转实际
计划	268	40.5	102	5.0	9.9	0.72	747	550	1 058	1 805	2 026	1.12
实际	230	35.0	102	5.1	11.0	0.75	755	609	1 058	1 813	1 994	1.10

所谓换算货车周转时间，就是在用时间相关法计算货车周转时间公式所涉及的 6 项因素中，客观因素用实际完成数值、主观因素用计划数值，以此求出的货车周转时间，概括地说换算货车周转时间就是在客观因素发生变化的情况下应该完成的货车周转时间，即

$$\theta_{换算}=\frac{1}{24}\left(\frac{l^{实际}}{v_{旅}^{计划}}+\frac{l^{实际}}{L_{中}^{实际}}t_{中}^{计划}+k_{管}^{实际}t_{货}^{计划}\right)$$

式中　$l^{实际}$——实际完成的全周距；

$L_{中}^{实际}$——实际完成的中距；

$k_{管}^{实际}$——实际完成的管内装卸率；

$v_{旅}^{计划}$——计划旅速；

$t_{中}^{计划}$——计划中时；

$t_{货}^{计划}$——计划停时。

在该公式中，货车全周距、货车中转距离、管内装卸率三项客观因素用实际完成数值，中时、停时、旅行速度三项主观因素用计划数值。换算货车周转时间求出后，再用实际完成的货车周转时间和换算货车周转时间进行比较，以此衡量货车周转时间的完成情况，分析运输生产工作质量，剔除由于客观条件变化对指标的影响。

经过计算，本例题中的换算货车周转时间为 1.02 d，而实际完成的货车周转时间为 1.10 d，实际完成的货车周转时间较换算货车周转时间（应该完成的）延长了 0.08 d。

在引进换算货车周转时间的基础上，我们进一步分析 6 项因素分别对货车周转时间的影响，即“单因素法”，就是假定除要分析的一项因素外，其他因素都按计划完成，由此看出该项因素对货车周转时间影响的数值。

例如分析旅行速度对货车周转时间的影响时，将时间相关法计算公式中含有旅速这一因素（$\frac{1}{24}\times\frac{l}{v_{旅}}$）项拿出来，分别以 l 代入计划数值、$v_{旅}$ 带入实际数值求出旅速变化影响值，再以两项因素都用计划数值求出未影响值，这两个数值的差额就是旅速对货车周转时间的影响。

列表分析某局某月份各单项因素完成情况对货车周转时间的影响见表 5-5。

表 5-5　单项因素分析某局某月货车周转时间完成情况计算表

分析＼项目	实际	计划	差
由于全周距影响	$\frac{1}{24}\left(\frac{230}{40.5}+\frac{230}{102}\times 5\right)=0.706$	$\frac{1}{24}\left(\frac{268}{40.5}+\frac{268}{102}\times 5\right)=0.823$	− 0.117
由于中时影响	$\frac{1}{24}\left(\frac{268}{102}\times 5.1\right)=0.558$	$\frac{1}{24}\left(\frac{268}{102}\times 5.0\right)=0.547$	+0.011
由于停时影响	$\frac{1}{24}(0.72\times 11.0)=0.330$	$\frac{1}{24}(0.72\times 9.9)=0.297$	+0.033
由于旅速影响	$\frac{1}{24}\times\frac{268}{35}=0.319$	$\frac{1}{24}\times\frac{268}{40.5}=0.276$	+0.043
由于管内装卸率影响	$\frac{1}{24}\times 0.75\times 9.9=0.309$	$\frac{1}{24}\times 0.72\times 9.9=0.297$	+0.012
由于中距影响	中距计划与实际相等		0
合计			−0.018

从上述资料可以看出，某局该月份货车周转时间从表面上看缩短了 0.02 d，运输工作似乎完成得不错，但这主要是由于全周距缩短 38 km，使货车周转时间缩短了 0.117 d 所致，虽然该月份由于管内装卸率的增大造成周转时间延长了 0.012 d。该局在客观因素全周距和管内装卸率发生变化的情况下应该完成的货车周转时间为 1.02 d，由于主观努力不够使得中、停时和旅速均未按计划完成，使实际货车周转时间比应完成的换算货车周转时间延长了 0.08 d。其中，因中时影响延长 0.011 d，停时延长 0.033 d，旅速延长 0.043 d。今后该局应加强调度组织指挥，抓好车站工作组织，提高货车运用效率。

第三节　运用车保有量分析

各铁路局集团公司保有一定数量的运用车，是完成装卸车任务和分界站移交车任务的保证。运用车的合理分布，是保证完成全路运输生产任务和保持运输状态正常的重要因素。运用车保有量分析，除对运用车总数进行分析外，尚需按去向、车种别进行详细分析。

一、铁路局运用车保有量的分析

运用车的合理分布应按层次进行控制，铁路总公司对各铁路局集团公司运用车数进行控制，铁路局集团公司应对管内各调度区的运用车数进行管理，使其能经常保持在正常范围。如某铁路局集团公司管辖范围分为三个调度区：A 区、B 区和 C 区，表 5-6 所示例题中，该铁路局集团公司运用总车超过 250 车，进一步分析主要是由于 B 区运用车保有量增加所致。

二、各种运用车保有量的分析

对运用车保有量还需按管内工作车保有量、移交重车保有量和空车运用车保有量分别进行掌握，空车保有量有条件时还应按车种别掌握。如表 5-7 示例中，某局运用车保有量总数实际比计划少了 12 车，空车与计划持平，管内工作车实际比计划减少 50 车，说明管内工作车的输送和卸车组织工作做得比较好，移交重车实际比计划多了 38 车，说明移交车组织得不好，进一步分析发现是丁分界站的移交重车增加了 60 车，积压严重。

表 5-6　某局运用车保有量分析表

比　较	铁 路 局	其　中		
		A 区	*B* 区	*C* 区
计划	5 000	1 898	2 336	766
实际	5 250	1 890	2 590	770
差	+ 250	− 8	+ 254	+ 4

通过以上分析可以得出以下调整措施：一是管内工作车保有量不足，将影响卸车任务的完成，所以下一步应组织多装管内工作车；二是应限制经丁分界站的移交车的装车，以减少该分界站的交车压力，并注意做好该分界站的交车工作。

表 5-7　各种运用车保有量分析表

项目		标准	实际	差
运用车		2 026	2 014	− 12
管内工作车		583	533	− 50
空车		430	430	0
移交重车		1 013	1 051	− 38
其中	乙分界站	540	518	− 22
	丁分界站	473	533	+60

三、运用车保有量与工作量、货车周转时间的关系分析

运用车保有量（N）与工作量（u）和货车周转时间（θ）有密切的关系。因此，当运用车保有量有变化时，应按公式 $N = u\theta$，用固定因素法加以分析，即首先按实际完成的工作量和计划的货车周转时间，计算出换算运用车数 $N^1_{换算}$：

$$N^1_{换算} = u_{实际}\theta_{计划}$$

式中　$u_{实际}$——实际完成的工作量；

$\theta_{计划}$——计划周转时间。

然后用下式计算另一种换算运用车数 $N^2_{换算}$：

$$N^2_{换算} = u_{实际}\theta_{换算}$$

式中　$\theta_{换算}$——换算货车周转时间。

换算运用车数可以解释为在工作量变化的情况下所应保有的运用车数，然后将此数与实际运用车标准数进行比较，得出运用车分析结论。在这里需要说明的是，用两种方法求得的换算运用车数是不一定相等的，从理论上讲后者更能说明问题。

以表 5-4 中所列数据为例：某局某月计划运用车保有量 $N_{计划}$ 为 2 026 车，实际运用车保有量 $N_{实际}$ 为 1 994 车，两种换算运用车数：

$$N^1_{换算}=1\,813\times1.12=2\,031\text{（车）}$$

$$N^2_{换算}=1\,813\times1.02=1\,849\text{（车）}$$

实际与计划的差额：$\Delta N = N_{实际}-N_{计划}=1\,994-2\,026=-32$（车）

实际与 $N^1_{换算}$ 的差额：$\Delta N^1 = N_{实际} - N^1_{换算}=1\,994-2\,031=-37$（车）

实际与 $N^2_{换算}$ 的差额：$\Delta N^2 = N_{实际} - N^2_{换算}=1\,994-1\,849=+145$（车）

以上三种计算结果是一种简单的数字比较，从表面上看某局该月实际少占用运用车 32 车；若从完成工作量的多少分析，按月计划规定的货车周转时间与实际完成的工作量计算，节省运用车 37 车；若按换算货车周转时间与实际完成的工作量计算，浪费了 145 车。三种计算结果不同，尤其是后一种计算结果与前两种完全相反，如何下最终结论？从运输工作的整体考虑，从分析运输组织过程中存在问题的出发点考虑，应该排除客观因素的影响，该局该月由于主观指标完成得不好而多占用运用车 145 车。

专题分析案例——本周预订车未兑现原因分析

本周预订车未兑现情况分析如下：

一、总体分析

本周日均有效订车 15 079 车，实际完成 15 040 车，未兑现 39 车，兑现率 99.7%，较上周增加 0.2%。其中：管内日均预订车 11 955 车，实际完成 11 073 车，未兑现 37 车，兑现率 99.7%，较上周增加 0.1%；哈局日均预订车 1 081 车，实际完成 1 081 车，兑现率 100.0%，与上周持平；入关日均预订车 2 043 车，实际完成 2 041 车，未兑现 2 车，兑现率 99.9%，较上周增加 0.6%；本周补订车日均 1 191 车，较上周减少 25 车，占比 7.1%，较上周减少 0.1%。

二、订车未受理 241 车原因分析

（1）7 月 9—12 日，因武汉、郑州、成都局部分车站卸车能力不足、施工等原因总公司停限装影响未受理 5 车。

（2）7 月 7—13 日，因到前阳南、金港总公司停装令影响未受理 236 车。

三、受理未兑现 33 车原因分析

1. 备货影响，未兑现 9 车。

2. 装车影响，未兑现 12 车。

因所配空敞车车辆检修过期，导致落空 5 车；因配空敞车（未在现车系统中标识不良车）因中门立销折断，导致落空 1 车；因配空敞车（已在现车系统中标识不良车）因车门外涨车内立柱腐烂，导致落空 1 车；因军调提出装载方案调整后因组织沟通不到位，导致落空

4 车；因配空敞车车帮外涨、立杆开焊（未在现车系统中标识不良车），导致落空 1 车。

3. 配空影响，未兑现 1 车。

因配空车组织工作不到位，造成欠配空敞车，导致落空 1 车。

4. 订单录入影响，未兑现 11 车。

因企业重复订车后没有及时通知营业室（空车已配），落空 1 车。

因营业室代客户订车后没有仔细核对致使电商系统录入错误，导致落空 10 车。

四、改进措施

1. 加强货运计划员、货运员责任意识；

2. 加强配空车组织工作和；

3. 建立配车状态事先沟通确认机制；

4. 建立健全与货主沟通机制，落实备货入库监督工作。

统计分析科

2019 年 7 月 14 日

◆ 思考题

1. 调度工作分析的目的是什么？
2. 调度工作分析的主要内容是什么？
3. 货物列车正晚点统计中列车出发和运行是如何划分的？
4. 货物列车出发正点和运行正点的规定有哪些？
5. 货车周转时间分析有几种，都是如何分析的？
6. 何谓换算货车周转时间，如何计算？
7. 运用车保有量是如何分析的？

【技能训练题】

1. 甲—乙、乙—丙区段运行图中，由甲站始发至丙站终到的 22103 次列车运行线摘录如图 5-1 所示。

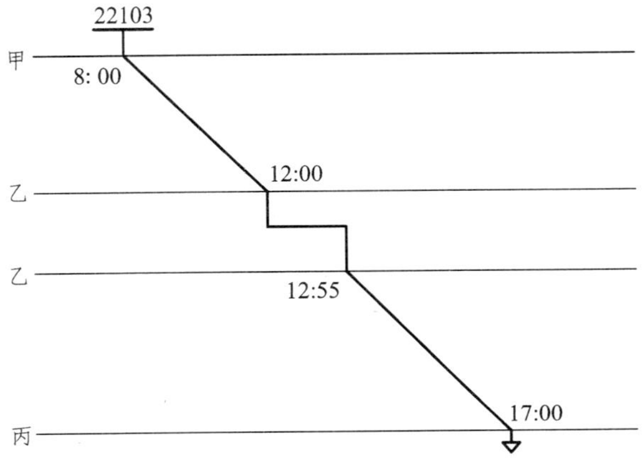

图 5-1　甲—丙站列车运行线摘录

根据下列条件统计 22103 次列车出发及运行正晚点情况。

（1）甲站 07:55 出发，则甲站统计（　　　　）；
乙站 11:58 到达，则甲—乙间统计（　　　　）；
乙站 12:55 出发，则乙站统计（　　　　）；
丙站 16:55 到达，则乙—丙间统计（　　　　）。
（2）甲站 07:44 出发，则甲站统计（　　　　）；
乙站 11:50 到达，则甲—乙间统计（　　　　）；
乙站 12:50 出发，则乙站统计（　　　　）；
丙站 17:00 到达，则乙—丙间统计（　　　　）。
（3）甲站 08:03 出发，则甲站统计（　　　　）；
乙站 12:03 到达，则甲—乙间统计（　　　　）；
乙站 12:58 出发，则乙站统计（　　　　）；
丙站 17:05 到达，则乙—丙间统计（　　　　）。

2. 已知甲局某日运输指标完成情况见表 5-8，试用车辆相关法分析货车周转时间完成情况。

表 5-8　甲局某日运输指标完成情况

		运用车 N			工作量 u			货车周转时间 θ		
		标准	实际	差	标准	实际	差	标准	实际	差
运用车总数		5 000	5 000	0	3 900	4 000	+100	1.28	1.25	−0.03
其中	空车	800	600	−200	2 300	2 500	+200	0.35	0.24	−0.11
	管内工作车	1 200	1 300	+100	900	850	−50	1.33	1.53	+0.20
	移交重车	3 000	3 100	+100	3 750	3 800	+50	0.80	0.82	+0.02

3. 某局某月货车运用指标计划与完成情况见表 5-9，试用时间相关法分析某局该月运输工作完成情况。

表 5-9　某局某月货车运用指标计划与实际

指标	全周距	旅行速度	中转距离	中转时间	一次货物作业时间	管内装卸率	装车数	卸车数	接运重车数	工作量	运用车保有量	货车周转实际
计划	313	25	100	3.0	9.0	0.23	300	350	2 500	2 800	2 800	1.0
实际	267	24	100	3.1	10.0	0.22	330	360	2 900	3 230	2 907	0.9

参考文献

[1] 赵矿英. 铁路行车组织[M]. 北京：中国铁道出版社，2010.

[2] 宋建业. 铁路行车组织基础[M]. 北京：中国铁道出版社，2011.

[3] 余达. 铁路运输调度工作[M]. 北京：中国铁道出版社，2002.

[4] 中国铁路总公司 TG/01—2014. 铁路技术管理规程[S]. 北京：中国铁道出版社，2014.

[5] 铁道部. 铁路货车统计规则. 2017.

[6] 中国铁路总公司. 铁路运输调度规则（普速铁路部分）. 2017.

[7] 中国铁路总公司. 铁路运输调度规则（高速铁路部分）. 2017.